新编
事业单位会计

王健琪　黄毅勤◎主编

中国市场出版社
China Market Press

图书在版编目（CIP）数据

新编事业单位会计/王健琪，黄毅勤主编. —北京：中国市场出版社，2013.5

ISBN 978 - 7 - 5092 - 1050 - 5

Ⅰ．①事…　Ⅱ．①王…②黄…　Ⅲ．①单位预算会计　Ⅳ．①F810.6

中国版本图书馆 CIP 数据核字（2013）第 072151 号

书　　名：	新编事业单位会计
主　　编：	王健琪　黄毅勤
责任编辑：	胡超平
出版发行：	中国市场出版社
地　　址：	北京市西城区月坛北小街 2 号院 3 号楼（100837）
电　　话：	编辑部（010）68037344　读者服务部（010）68022950
	发行部（010）68021338　68020340　68053489
	68024335　68033577　68033539
经　　销：	新华书店
印　　刷：	河北省高碑店市鑫宏源印刷包装有限公司
规　　格：	787×1 092 毫米　1/16　24.5 印张　400 千字
版　　本：	2013 年 5 月第 1 版
印　　次：	2013 年 5 月第 1 次印刷
书　　号：	ISBN 978 - 7 - 5092 - 1050 - 5
定　　价：	39.80 元

前　言

随着我国市场经济的飞速发展，以及经济体制、财政管理体制的改革不断深化，事业单位的管理模式和事业单位的经济活动内容发生了很大变化。为进一步规范事业单位的会计核算，提高会计信息质量，2012 年 12 月 19 日，财政部正式颁布了《事业单位会计制度》（财会〔2012〕22 号）。

新的《事业单位会计制度》兼顾了事业单位财务、预算、资产、成本等方面管理的需要，使事业单位的财务状况、事业成果、预算执行情况得到更为全面、真实、合理的反映，体现了事业单位会计方面的重大突破和创新，实现了与《事业单位财务规则》和相关财政改革及法规政策的较好协调。

为满足广大事业单位财务工作者的学习需要，我们根据 2012 年公布的《事业单位会计准则》、《事业单位财务规则》、《事业单位会计制度》，并结合近几年国家财政改革中的国库集中收付制度、政府收支科目分类、部门预算、政府采购、非税收入管理制度以及事业单位的财务会计实际工作，编写了《新编事业单位会计》一书。

本书特点如下：

1. 体现事业单位会计改革的最新精神。本书共分九章：第一章阐述我国财政体制改革与事业单位会计的内容的变化，财政管理体制改革对事业单位会计的影响；第二章介绍事业单位会计的基本概念和基本理论；第三章至第九章主要围绕事业单位的各项业务活动讲解事业单位的资产、负债、净资产、收入和支出的管理和核算，事业单位年终清理结算与结账，事业单位财务报告。

2. 注重理论与实际结合。本书的编写注重将理论与实践相结合，尽可能做到深入浅出。在内容上，在讲解事业单位日常经济业务事项会计处理基础上，结合当前预算会计改革的实际，重点说明国库集中支付、部门预算等的要求及会计处理。

3. 突出重点，详略适宜。本书编写中，注重"创新、取舍、实用"的编写原则，业务举例和理论分析紧密结合，在大量的会计业务实例讲解的基础上，突出了如何准确运用制度规定进行相应的会计实务处理，有利于会计人员在实践中快速掌握和正确运用最新的事业单位会计制度进行实务性操作。本书各章附有练习思考题，以加深读者对本章内容的理解。

本书可以作为事业单位会计人员培训教材，也可作为财经院校会计专业教学使用，有助于事业单位会计人员尽快掌握新制度的主要变化，规范准确执行新的《事业单位会计制度》。

本书由王健琪、黄毅勤主编，农业部高级会计师张丽萍对全书进行了审阅和指导。参加编写的还有王舫、何旌妍、孙静、朱萍、张超、吕杰、许晶等。我们真心希望通过努力，为规范事业单位的会计核算尽自己一点微薄之力。书中不妥之处，恳请广大读者批评指正。

编者

2013 年 3 月

CONTENTS **目 录**

第一章　事业单位会计基本理论（上）
——事业单位会计与预算管理

第二章　事业单位会计基本理论（下）
——事业单位会计的概念与方法

第三章　资产管理与核算

第四章　负债管理与核算

第五章 收入管理与核算

第六章 支出管理与核算

第九章　**财务报告**

第一章
事业单位会计基本理论（上）
——事业单位会计与预算管理

第一节　事业单位概述

一、事业单位的基本概念

事业单位是指国家以社会公益为目的的，由国家机关举办或者其他组织利用国有资产举办的，从事教育、科研、文化、卫生、体育等活动的社会服务组织。

我国的事业单位构成范围广泛，涉及教科文卫和经济建设各个方面，与人民生活息息相关，在社会政治、经济、文化生活中起着重要作用。具体说，我国事业单位包括教育、科研、文化、卫生、体育、新闻出版、广播电视、社会福利、救助减灾、统计调查、技术推广与与实验、公用设施管理、物资仓储、监测、勘探与勘察、测绘、检验检测与鉴定、法律服务、资源管理事务、质量技术监督事务、经济监督事务、知识产权事务、公证与认证、信息与咨询、人才交流、就业服务、机关后勤服务等27个行业领域。

二、事业单位的特点

（1）事业单位不具有社会生产职能，这是区别于企业单位的一个重要特征。在我国，企业单位的生产职能表现为它能够直接创造各种财富实体，或有助于产品价值的实现。事业单位不具备生产职能，主要以精神产品和各种劳务形式，向社会提供生产或生活的间接服务，比如气象服务等。

（2）事业单位不具有国家管理职能，这是事业单位区别于行政单位的特征。在我国，行政单位具有组织社会公务活动的职能，肩负着国家的行政管理、组织和协调国民经济运行和发展，指导社会文化与精神文明建设，维持社会公共秩序等职能。事业单位则没有国家赋予的管理职能，其本身也难以承担行政单位所负有的责任。

（3）事业单位是社会不可缺少的组成部分，它直接或间接为社会生产和人民生活服务。从总体上看，事业单位可以分为教科文卫和经济建设等几大系列，它们在社会的运行中发挥重大作用。没有教科文卫的充分发展，社会就难以高效运行；没有经济建设大发展，人民生活就难以得到改善。

（4）事业单位一般要接受国家行政机关的领导，但自身已成为法人实体，有自己的管理和核算要求。我国的事业单位绝大部分是由国家出资建立，也有一部分是由民间建立或企业集团建立；即便如此，这些事业单位也要按其业务性质，接受所在行业行政单位的指导或间接管理。

三、事业单位与国家预算的关系

事业单位属于非物质生产部门，主要以精神产品和各种劳务形式，向社会提供生产性或生活性服务，也因其处于非物质生产领域，所有的生产经营活动也以社会效益为基本目的，故其资金活动过程与企业不同。

事业单位的各类业务收支事项也要体现为国家财政预算、决算的编报内容，单位的资金相当大一部分直接或间接来自于政府财政资金，所以预算的编制对事业单位也有特殊的意义，在事业单位会计的指标体系中要与国家预算的收支科目相一致，要能够反映国家预算的执行情况。主要表现为：

（1）事业单位会计主要利用其专门的方法，对其业务资金的活动情况，进行连续、全面、系统的反映，为国家预算管理和单位财务管理提供可靠的数据资料。事业单位的日常核算资料是编报财政财务收支的依据，各级事业单位应逐级汇编上报会计报表，最终形成各级政府的财政决算，它是各级领导机关指导国家预算执行的重要依据。各地区、各部门、各单位只有及时掌握会计报表资料，才能从中发现财政管理和财务管理中的问题，采取措施，组织预算执行中的收支平衡，促进各级预算收支任务的实现。

（2）事业单位业务资金的收支反映事业单位活动的范围和方向，也反映着国家财经方针、政策的执行情况。事业单位会计在核算单位预算收支情况的同时，也应按照国家的有关方针、政策、法规和制度，以及国家财政财务收支计划进行严格检查，如收入是否符合政策、支出是否按计划，资金结余如何分配、各项财产物资是否安全完整等，以此检查事业单位遵守财经法规的情况、单位财务收支的合理性和有效性，保证国家财经政策的执行，保证财政财务收支具有正确的方向。

需要说明的是，事业单位会计是我国特有的会计概念，它不同于西方的非营利组织会计的概念。事业单位在我国涉及范围很广，从其分布行业来看，有科研、教育、文艺、文化、医院、体育、农林水利、城市维护建设事业等各部门，它是国家预算执行的重要组成部分，自然成为预算会计的重要分支。

第二节 事业单位会计与预算管理制度

近年来，我国一直推进公共预算管理制度改革，以财政支出管理为核心，以政府采购、国库集中收付、部门预算改革为主要内容，它涉及预算观念、预算体系、预算管理方式的诸多改变，也直接影响事业单位会计的核算内容。截至目前，相应的配套改革已经基本完成。

一、以推进政府采购为主的财政支出管理改革

政府采购是指各级国家机关、事业单位和团体组织，使用财政性资金采购依法制定的集中采购目录以内的或者采购限额标准以上的货物、工程和服务的行为。政府采购制度是一种管理公共采购活动的制度，其核心是在财政监督下，以法定的形式、方法和程序进行购买。政府采购制度的实施将政府采购活动公开化和透明化，加强了财政收支的透明度，减少了财

政资金的使用成本，提高了财政资金的使用效率。

2002 年 6 月 29 日第九届全国人民代表大会常务委员会第二十八次会议审议通过了《中华人民共和国政府采购法》，自 2003 年 1 月 1 日起施行。自此，我国的政府采购工作步入法制化的轨道。

我国的政府采购法分别对政府采购当事人、政府采购方式、政府采购程序、政府采购合同、质疑与投诉、监督检查、法律责任等问题作了较为全面的规定。主要内容如下：

1. 采购当事人

《政府采购法》中所说的政府采购当事人是指在政府采购活动中享有权利和承担义务的各类主体，包括采购人、供应商和采购代理机构等。采购人有权自行选择采购代理机构，任何单位和个人不得以任何方式为采购人指定采购代理机构，采购人可以根据采购项目的特殊要求，规定供应商的特定条件，但不得以不合理的条件对供应商实行差别待遇或者歧视待遇。

2. 政府采购方式和采购程序

政府采购方式可以采用公开招标、邀请招标、竞争性谈判、单一来源采购、询价、国务院政府采购监督管理部门认定的其他采购方式。其中，公开招标应作为政府采购的主要采购方式。

负有编制部门预算职责的部门在编制下一财政年度部门预算时，应当将该财政年度政府采购的项目及资金预算列出，报本级财政部门汇总。部门预算的审批，按预算管理权限和程序进行。

政府采购程序需要按不同的采购方式采用不同的程序。如货物和服务项目实行招标方式采购的，自招标文件开始发出之日起至招标人提交投标文件截止之日止，不得少于 20 日。采取单一来源方式采购的，采购人与供应商应当遵循《政府采购法》规定的原则，在保证采购项目质量和双方商定合理价格的基础上进行采购。

3. 政府采购合同

政府采购合同适用合同法。采购人和供应商之间的权利和义务，应当按照平等、自愿的原则以合同方式约定。

4. 政府采购资金的直接拨付方式

由于政府采购资金主要来源于财政性资金及与财政性资金相配套的单位自筹资金，常见的拨付方式有：财政全额直接拨付方式、财政差额直接拨付方式和采购卡支付方式三种。

二、以实行国库单一账户为核心的国库管理制度改革

国库集中收付制度包括国库集中收付制度和收入收缴管理制度，它由财政部门代表政府设置国库单一账户体系，所有的财政性资金通过国库单一账户体系收缴、支付和管理。国库集中收付制度的实行，改变了财政资金管理分散、单位开户多头和重复的混乱状况，也使主管会计单位、二级会计单位、基层会计单位之间的资金领拨关系发生变化，对财政部门加强资金的统一调度和管理起到重要作用。

2001 年 3 月财政部颁布了《财政国库管理制度改革试点方案》。为了保证财政国库管理制度改革试点工作顺利进行，财政部、中国人民银行对《中央单位财政国库管理制度改革试点资金支付管理办法》进行了修订，财政部还制定了《财政国库管理制度改革试点会计核算暂行办法》和《财政国库管理制度改革试点会计核算暂行办法补充规定》等，使国库管理制度改革的办法和措施逐步实施到位。主要内容如下：

（1）国库集中收付。国库集中收付就是实行国库单一账户体系，所有财政收入直接缴入国库单一账户，所有财政支出均由国库单一账户直接支付到商品或劳务提供者的财政性资金管理模式。由财政部门开设的银行账户、财政部门为预算单位开设的银行账户以及特设银行账户组成。

国库集中收付包括国库集中收缴和国库集中支付两个部分。国库集中收缴取消了"自收汇缴"方式。国库集中支付包括财政直接支付和财政授权支付两种方式。

①财政直接支付。在国库单一账户制度下，财政直接支付是指由财政部门开具支付指令，通过国库单一账户体系将财政资金直接支付到货品或劳务供应商账户的支付方式。实行财政直接支付的支出主要包括工资支出、工程采购支出、物品和服务采购支出、转移支出等。财政直接支付主要通过转账方式进行，也可以采用"国库支票"支付。

②财政授权支付。财政授权支付是指预算单位根据财政部门的授权自行开具支付令，通过国库单一账户体系将资金支付到货品或劳务供应者账户的支付方式。实行财政授权支付的支出主要包括未纳入工资支出，工程

采购支出，物品、服务采购支出等购买性支出和零星支出。

在财政授权支付下，财政部门应先为预算单位在商业银行开设零余额账户，用于反映财政授权用款额度的下达、使用情况。事业单位支用财政授权支付额度可通过银行转账或现金方式结算，在每月用款额度内，由用款单位签发财政授权支付凭证支用款项。

（2）各预算单位零余额账户开设后，原则上其他银行账户应予取消。但财政管理制度改革还需要一个过渡期，在预算单位还有非财政性资金往来的情况下，完全取消预算单位已开设的银行账户在技术上也有一定难度。

预算单位在国库单一账户体系之外暂时保留部分账户，必须报财政部门审批、备案。

建立国库单一账户体系，所有财政性资金都纳入国库单一账户体系管理，收入直接缴入国库或财政专户，支出通过国库单一账户体系支付到商品和劳务供应者或用款单位。各单位经费不再层层转拨，而是由财政部门按预算标准核定的预算计划，直接将资金划到个人（工资部分）和收款单位的账户上，或按月下达预算用款额度，各预算单位在用款额度内安排当月支出。

三、以部门预算为主的预算编制改革

我国《预算法》规定，"中央政府预算由中央各部门的预算组成"，"各部门预算由本部门所属各单位预算组成"。但按传统方法下，编制的预算涵盖的只是部分预算内容。1999 年 7 月，财政部以贯彻全国人大的要求为契机，提出了《关于改进 2000 年中央预算编制的意见》，开始着手实施部门预算改革。2006 年 7 月，为深入贯彻落实党中央、国务院关于建立公共财政体制、深化部门预算改革的要求，进一步加强对地方部门预算改革工作的指导，解决改革中存在的模式不够统一、操作不够规范、进展不够均衡等问题，财政部在总结近年来地方部门预算改革经验基础上，于 8 月印发了《关于完善和推进地方部门预算改革的意见》，进一步完善和规范了地方部门预算编制的主要内容、方法，提出了下一步深化部门预算改革的方向和重点，并明确提出"十一五"期间全国县级以上都要实行比较规范的部门预算。

部门预算以每个部门为预算的基本组织形式，通过"一个部门一本账"、"预算内外资金统筹"等措施，全面详细地反映了各政府部门的收支情况。与此同时还引入了绩效预算、零基预算、综合管理定额和支出标准等概念、方法。经过几年的调整和改革，到 2007 年，中央部门预算改革不断深化，预算编制工作逐步走向规范化、制度化和科学化，与公共财政体系相适应的新的财政预算编制、管理体系已经初步确立。改革的成效主要体现在以下几个方面：

（1）初步建立起与国家宏观政策及部门履行职能紧密结合的预算分配机制；

（2）强化了预算约束，增强了预算的计划性和严肃性；

（3）预算编制时间与编制方式发生重大改变，预算编制的准确性进一步提高；

（4）预算编制的责任主体更为明确，预算真正成为部门自己的预算；

（5）提高了预算透明度，强化全国人大对预算的监督。

2007 年我国实行了新的政府收支分类，它既是前期有关预算管理改革的延续，又是提高政府预算透明度的重要措施；它不仅对预算编制、预算执行具有十分重要的意义，也对各级政府职能的调整、建立公共财政起到十分重要的推动作用。新的政府收支分类主要包括三个方面的内容：

（1）对政府收入进行统一分类，全面、规范、细致地反映政府各项收入；

（2）建立新的政府支出功能分类体系，更加清晰地反映政府各项职能活动；

（3）建立新型的支出经济分类体系，全面、规范、明细反映政府各项支出的具体用途。

四、现代预算管理制度的改革对事业单位会计的影响

预算管理是一个严密的体系，它涉及多个部门参与到预算管理的过程中。如前所述的一系列的改革，即现代预算管理制度的改革，会对预算资金产生深远的影响，对以财政资金为核算对象的预算会计产生深远影响，对参与到预算管理中的各组成部分，如事业单位会计也产生

影响。

政府采购制度的实施，解决了过去财政支出后看不清用途的问题，使财政资金的使用和监督具有连贯性。

国库集中收付制度下，直接打破了原有的事业单位拨款模式，所有财政资金都纳入国库单一账户进行管理，财政不仅对拨款进行监督，也对其使用进行监督。

实行部门预算管理，规范了政府收支分类，一方面反映了政府活动的资金来源，另一方面也反映了政府开展了哪些职能活动，如何理财。

事业单位会计最直接的核算变化源于上述改革导致的原始凭证的变化、会计科目的变化、会计报表的变化。

第三节　事业单位财务管理制度

一、事业单位财务管理的概念和作用

(一) 事业单位财务管理的概念

事业单位财务管理是指事业单位在执行事业计划、开展业务活动过程中，有关经费的筹集、运用、报销、管理和监督等事项，对事业单位的财务活动所进行的预算、控制、分析、考核等的总称。

(二) 事业单位财务管理的作用

1. 事业单位财务管理是正确实现单位预算的重要手段

事业单位预算的成立，既是预算执行的开始，也是财务工作的开始。正确圆满地实现预算，不仅取决于预算执行的组织工作，同时还要依靠大量的财务管理工作。只有在执行预算的每一个环节，积极开展财务管理、财务分析活动，实施必要的财务监督，才能保证预算的圆满实现。

2. 事业单位财务管理是发展各项事业的有力保证

在建设社会主义市场经济体制的过程中，需要同时加强社会主义精神文明和物质文明建设，促进社会的和谐发展。精神文明建设包括思想道德建设和教育科学文化建设两方面。精神文明建设事业的发展，必须有一定的财力作为基础。事业单位财务管理的根本任务，就是按照党和国家的方针、政策，通过资金的筹集、安排、使用、分析和监督，圆满地实现预算，以促进各项事业的迅速发展。因此，事业单位财务管理是发展各项事业的有力保证。

3. 事业单位财务管理是提高社会消费基金经济效益的有力工具

由各项事业的特点决定，事业单位在执行事业计划、完成工作任务过程中所消耗的资金，是一种非生产性资金，属于国民收入再分配的消费基金范畴。为了使这部分资金得以合理筹集和节约使用，并实现最大的使用价值，这就要求充分运用事业单位财务管理这一有力工具，在开展业务活动中，不断挖掘潜力，开源节流，精打细算，用较少的钱，办较多的事，并把事办好。事业单位财务管理在提高经济效益方面，主要表现为以较少的消费基金消耗，取得较多的事业成果，这也意味着社会总产品和国民收入的增长。因此，加强事业单位财务管理工作，对提高社会消费基金的经济效益具有重要意义。

二、《事业单位财务规则》概述

（一）事业单位财务规则的概念

事业单位财务管理规则是国家财政制度的重要组成部分，是根据有关法律、法规和政策对事业单位有关资金的筹集、分配、使用等业务进行计划、组织、执行和控制等工作，所规定的基本行为准则或行为规范。它具有以下三层含义：

第一，是国家财政制度的重要组成部分；

第二，具有法律性质；

第三，涵盖事业单位所有的财务活动。

（二）修订《事业单位财务规则》的必要性

原《事业单位财务规则》是 1996 年 10 月 5 日经国务院批准，由财政部发布，自 1997 年 1 月 1 日起施行的。随着财政和各项社会事业改革不断深入，原《规则》某些方面已经不能完全适应改革和发展的要求，如一些规定已经与近年来推行的部门预算、国库集中收付制度等财政改革相脱节。同时，按照依法理财、科学理财和民主理财的要求，财政部门大力推进科学化精细化管理，强化"两基"工作，对事业单位财务管理提出了新的要求，事业单位财务监督也有待进一步加强。因此，为了进一步适应支持各项社会事业加快发展的新形势以及财政改革和发展的新要求，适时修订《规则》是十分必要的。

根据《国务院关于〈事业单位财务规则〉的批复》（国函［1996］81号）的规定，财政部对《事业单位财务规则》（财政部令第8号）进行了修订，修订后的《事业单位财务规则》已经财政部部务会议审议通过并以财政部令第68号令予以公布，于2012年4月1日起施行。

（三）《事业单位财务规则》的基本框架

修订后的《事业单位财务规则》在基本维持原《事业单位财务规则》结构的基础上，增设了"财务监督"一章，增加了二十一条，共分十二章六十八条。对比如表1-1所示：

表1-1 新旧《事业单位财务规则》对比

章	1997年《事业单位财务规则》	2012年《事业单位财务规则》
第一章	总则：1～5条。	总则：1～5条。（增加内容见下文）
第二章	单位预算管理：6～10条	单位预算管理：6～13条
第三章	收入管理：11～13条	收入管理：14～17条
第四章	支出管理：14～19条	支出管理：18～27条
第五章	结余及其分配：20～21条	结转与结余管理：28～31条
第六章	专用基金管理：22～24条	专用基金管理：32～34条
第七章	资产管理：25～32	资产管理：35～46条
第八章	负债管理：33～35条	负债管理：47～50条
第九章	事业单位清算：36～38条	事业单位清算：51～53条
第十章	财务报告与财务分析：39～42条	财务报告与财务分析：54～57条
第十一章	附则：43～47条	财务监督：58～61条
第十二章		附则：62～68条

增加的内容具体包括：

一是进一步明确《规则》的适用范围。明确《规则》适用于各级各类事业单位的财务活动。同时，为适应事业单位分类改革的需要，在附则中规定了参照公务员法管理的事业单位以及公益服务性组织和社会团体对于本规则的适用问题。

二是强化事业单位的预算管理。进一步完善事业单位的预算管理办法，加强事业单位预算编制和执行管理，并明确事业单位决算管理的有关要求。

三是规范事业单位收入管理。修改完善"财政补助收入"的定义，并进一步明确事业收入的范围，增加收入管理的有关要求。

四是规范事业单位支出管理。修改完善支出的分类和"事业支出"的定义，并根据财政改革的有关要求，全面强化支出管理要求。

五是完善事业单位结转和结余资金管理。分别界定了"结转"和"结余"概念，在此基础上，将结转和结余划分为财政拨款结转和结余资金、非财政拨款结转和结余资金两部分，并分别作了原则性规定。

六是加强事业单位资产管理。根据改革实践，进一步完善资产的分类和定义，规范资产的配置、使用、处置以及对外投资管理，建立资产的共享共用制度。

七是加强事业单位负债管理。明确事业单位建立健全财务风险控制机制，规范和加强借入款项管理，防范财务风险。

八是建立健全事业单位财务监督制度。增设"财务监督"一章，具体规定财务监督的主要内容、监督机制和内外部监督制度。此外，新《规则》还根据需要对事业单位财务管理的主要任务、专用基金管理、财务分析指标等内容作了进一步的修改完善。

三、《事业单位财务规则》的内容

下面将《事业单位财务规则》的主要内容作个介绍。

(一) 总则

为了进一步规范事业单位的财务行为，加强事业单位财务管理和监督，提高资金使用效益，保障事业单位健康发展，制定本规则。

《规则》第四条规定，事业单位财务管理的主要任务是合理编制单位预算，严格预算执行，完整、准确编制单位决算，真实反映单位财务状况；依法组织收入，努力节约支出；建立健全财务制度，加强经济核算，实施绩效评价，提高资金使用效益；加强资产管理，合理配置和有效利用资产，防止资产流失；加强对单位经济活动的财务控制和监督，防范财务风险。

《规则》第三条规定事业单位财务管理的基本原则是：执行国家有关法律、法规和财务规章制度；坚持勤俭办事业的方针；正确处理事业发展需要和资金供给的关系，社会效益和经济效益的关系，国家、单位和个人三者利益的关系。

（二）单位预算管理

《规则》第六条规定"事业单位预算是指事业单位根据事业发展目标和计划编制的年度财务收支计划"，"事业单位预算由收入预算和支出预算组成"。明确了单位预算要符合事业单位改革和发展的要求，符合预算绩效管理的要求。

《规则》第七条规定"国家对事业单位实行核定收支、定额或者定项补助、超支不补、结转和结余按规定使用的预算管理办法"，"定额或者定项补助根据国家有关政策和财力可能，结合事业特点、事业发展目标和计划、事业单位收支及资产状况等确定。定额或者定项补助可以为零"，"非财政补助收入大于支出较多的事业单位，可以实行收入上缴办法"。规定进一步严格事业单位预算执行制度，增强预算编制的刚性和严肃性，尽量减少预算执行过程中的追加调整。将原来的"结余留用"改为"结转和结余按规定使用"，赋予了新的内涵。

《规则》第十二条规定"事业单位应当按照规定编制年度决算，由主管部门审核汇总后报财政部门审批"。第十三条规定"事业单位应当加强决算审核和分析，保证决算数据的真实、准确，规范决算管理工作"。强调加强决算管理，体现预决算管理的完整性，有利于改变重预算、轻决算的倾向。

这些规定进一步明确了国家对事业单位的预算管理办法，是结合事业单位具体情况作出的。增加了事业单位应编制年度决算的规定，明确了定额或者定项补助可以为零，非财政补助收入大于支出较多的事业单位可以实行收入上缴办法。

（三）收入管理

《规则》新制度第十四条规定"收入是指事业单位为开展业务及其他活动依法取得的非偿还性资金"。第十五条规定"事业单位收入包括：财政补助收入，即事业单位从同级财政部门取得的各类财政拨款；事业收入，即事业单位开展专业业务活动及其辅助活动取得的收入；上级补助收入，即事业单位从主管部门和上级单位取得的非财政补助收入；附属单位上缴收入，即事业单位附属独立核算单位按照有关规定上缴的收入；经营收入，即事业单位在专业业务活动及其辅助活动之外开展非独立核算经营活动取得的收入；其他收入，即本条上述规定范围以外的各项收入，包括投资收益、利息收入、捐赠收入等"。将事业单位从同级财政部门取得的除"事业经费"以外的基本建设、社会保障、住房改革等财政拨款，都纳入财政补助收入范畴，其相关的支出也相应纳入事业支出的范围。

《规则》第十六条规定"事业单位应当将各项收入全部纳入单位预算，统一核算，统一管理"。第十七条规定"事业单位对按照规定上缴国库或者财政专户的资金，应当按照国库集中收缴的有关规定及时足额上缴，不得隐瞒、滞留、截留、挪用和坐支"。

新的《规则》建立起了以"各类财政拨款"为核心的，包括单位各类收支在内新的管理模式，实现了真正意义上的"大收大支、收支统管"。

（四）支出管理

《规则》第十八条规定"支出是指事业单位开展业务及其他活动发生的资金耗费和损失"。第十九条规定"事业单位支出包括：事业支出，即事业单位开展专业业务活动及其辅助活动发生的基本支出和项目支出；经营支出，即事业单位在专业业务活动及其辅助活动之外开展非独立核算经营活动发生的支出；对附属单位补助支出，即事业单位用财政补助收入之外的收入对附属单位补助发生的支出；上缴上级支出，即事业单位按照财政部门和主管部门的规定上缴上级单位的支出；其他支出，即本条上述规定范围以外的各项支出，包括利息支出、捐赠支出等"。第二十一条规定"事业单位的支出应当严格执行国家有关财务规章制度规定的开支范围及开支标准；国家有关财务规章制度没有统一规定的，由事业单位规定，报主管部门和财政部门备案。事业单位的规定违反法律制度和国家政策的，主管部门和财政部门应当责令改正"。

《规则》增加了支出管理要求，并且明确规定事业单位应当将各项支出全部纳入单位预算，建立健全支出管理制度；明确规定经营支出应当与经营收入配比。

（五）结转和结余管理

《规则》第二十八条规定"结转和结余是指事业单位年度收入与支出相抵后的余额"。"结转资金是指当年预算已执行但未完成，或者因故未执行，下一年度需要按照原用途继续使用的资金。结余资金是指当年预算工作目标已完成，或者因故终止，当年剩余的资金"。"经营收支结转和结余应当单独反映"。

一是在预算管理方法上将"结余留用"改为"结转和结余按规定使用"。即事业单位应按照同级财政部门的要求使用财政拨款结转和结余资金。二是将原"结余"划分为"结转和结余"，将结转和结余又划分为财政拨款结转和结余资金、非财政拨款结转和结余资金两部分。三是对财政拨款和非财政拨款的结转和结余资金实施区别管理。明确财政拨款结转和结余的管理，应当执行按照同级财政部门的规定，财政拨款结余不再提取职工福利基金，不再转入事业基金。只有非财政拨款结余可以按照国家有关规定提取职工福利基金，剩余部分作为事业基金用于弥补以后年度单位收支差额。非财政拨款结转按照规定结转下一年度继续使用。

（六）专用基金管理

《规则》第三十二条规定"专用基金是指事业单位按照规定提取或者设置的有专门用途的资金"，"专用基金管理应当遵循先提后用、收支平衡、专款专用的原则，支出不得超出基金规模"。第三十三条规定"专用基金包括：修购基金，即按照事业收入和经营收入的一定比例提取，并按照规定在相应的购置和修缮科目中列支（各列 50％），以及按照其他规定转入，用于事业单位固定资产维修和购置的资金。事业收入和经营收入较少的事业单位可以不提取修购基金，实行固定资产折旧的事业单位不提取修购基金；职工福利基金，即按照非财政拨款结余的一定比例提取以及按照其他规定提取转入，用于单位职工的集体福利设施、集体福利待遇等的资金；其他基金，即按照其他有关规定提取或者设置的专用资金"。

新的规则明确了各项基金的管理要求、提取比例和管理办法。

（七）资产管理

《规则》第三十七条至第四十六条明确了事业单位应当建立健全单位

资产管理制度，加强和规范资产配置、使用和处置管理，维护资产安全完整，保障事业健康发展。事业单位应当按照科学规范、从严控制、保障事业发展需要的原则合理配置资产。事业单位应当建立健全各种资产的内部管理制度。事业单位资产处置应当遵循公开、公平、公正和竞争、择优的原则，严格履行相关审批程序。事业单位出租、出借资产，应当按照国家有关规定经主管部门审核同意后报同级财政部门审批。事业单位应当提高资产使用效率，按照国家有关规定实行资产共享、共用。

（八）负债管理

《规则》第四十九条明确了事业单位应当对不同性质的负债分类管理，及时清理并按照规定办理结算，保证各项负债在规定期限内归还。《规则》第五十条规定事业单位应当建立健全财务风险控制机制，规范和加强借入款项管理，严格执行审批程序，不得违反规定举借债务和提供担保。

（九）事业单位清算

《规则》第五十二条明确了清算应当在主管部门和财政部门的监督指导下，对单位的财产、债权、债务等进行全面清理，编制财产目录和债权、债务清单，提出财产作价依据和债权、债务处理办法，做好资产的移交、接收、划转和管理工作，并妥善处理各项遗留问题。

（十）财务报告和财务分析

《规则》第五十四条明确了事业单位应当定期向主管部门和财政部门以及其他有关的报表使用者提供财务报告。《规则》第五十五条规定事业单位报送的年度财务报告包括资产负债表、收入支出表、财政拨款收入支出表、固定资产投资决算报表等主表，有关附表以及财务情况说明书等。

其中对财务情况说明书规定了包含内容。

规则明确了财务分析的内容和指标。第五十七条规定"财务分析的内容包括预算编制与执行、资产使用、收入支出状况等"。"财务分析的指标包括预算收入和支出完成率、人员支出与公用支出分别占事业支出的比率、人均基本支出、资产负债率等。主管部门和事业单位可以根据本单位的业务特点增加财务分析指标"。具体规定了事业单位四大类财务分析指标的含义和计算方法。新制度规定的事业单位财务分析指标具体包括：

（1）预算收入和支出完成率，衡量事业单位收入和支出总预算及分项预算完成的程度。计算公式为：

$$预算收入完成率 = 年终执行数 \div \left(年初预算数 \pm 年中预算调整数 \right) \times 100\%$$

其中：年终执行数不含上年结转和结余收入数；

$$预算支出完成率 = 年终执行数 \div \left(年初预算数 \pm 年中预算调整数 \right) \times 100\%$$

其中：年终执行数不含上年结转和结余支出数。

（2）人员支出、公用支出占事业支出的比率，衡量事业单位事业支出结构。计算公式为：

$$人员支出比率 = 人员支出 \div 事业支出 \times 100\%$$

$$公用支出比率 = 公用支出 \div 事业支出 \times 100\%$$

（3）人均基本支出，衡量事业单位按照实际在编人数平均的基本支出水平。计算公式为：

$$人均基本支出 = (基本支出 - 离退休人员支出) \div 实际在编人数$$

（4）资产负债率，衡量事业单位利用债权人提供资金开展业务活动的能力，以及反映债权人提供资金的安全保障程度。计算公式为：

$$资产负债率 = 负债总额 \div 资产总额 \times 100\%$$

（十一）财务监督

《规则》第五十八条规定"事业单位财务监督主要包括对预算管理、收入管理、支出管理、结转和结余管理、专用基金管理、资产管理、负债管理等的监督"。第五十九条规定"事业单位财务监督应当实行事前监督、事中监督、事后监督相结合，日常监督与专项监督相结合"。第六十条规定"事业单位应当建立健全内部控制制度、经济责任制度、财务信息披露制度等监督制度，依法公开财务信息"。

以上规定明确了事业单位财务监督的范围包括预算管理、收入管理、支出管理等。强调了事前、事中、事后监督相结合，日常监督、专项监督相结合的财政监督方式；规定了事业单位建立完善内控制度、经济责任制度、财务信息披露制度等监督体系，应当依法接受主管部门和财政、审计部门的监督。

（十二）附则

规定了参照公务员法管理的事业单位以及公益服务性组织和社会团体对于本规则的适用问题；明确事业单位基本建设投资的财务管理，应当执行本规则；并新增了"部分行业根据成本核算和绩效管理的需要，可以在行业事业单位财务管理制度中引入权责发生制"这一内容。

四、《事业单位财务规则》的内容创新

（一）引入权责发生制原则

《规则》第六十六条规定，部分行业根据成本核算和绩效管理的需要，可以在行业事业单位财务管理制度中引入权责发生制。权责发生制的引入打破了旧《规则》收支计量与确认的局限性。原《规则》规定，事业单位在其经营性业务的会计核算中采用权责发生制，对非营利性业务采取收付实现制。实行政府采购和国库集中支付制度后，事业单位既要接受财政部门对预算资金的价值管理，又要对自身预算资金的价值与实物双重管理，而价值管理与实物管理往往存在一定的时间差异性，采取收付实现制的核算方法，造成会计事项的不配比。另外，随着财政部门预算、国库集中支付、政府采购改革的不断深化，事业单位在资金使用方面日益注重绩效考核，因此，《规则》在事业单位财务核算中引入权责发生制，按照实质重于形式的原则，收付实现制与权责发生制并用，则可以全面真实地反映单位的资产和负债，有助于更好地加强财务管理，如实反映单位的业务收支及结余情况，有助于准确地进行成本核算，考核业务成果、制订收费标准、筹划资金来源、进行经营决策，全面反映单位的资金运行全貌，有利于对事业单位资金使用情况进行综合评比。

（二）固定资产确认与后续计量有突破

《规则》第四十条将固定资产的确认从原来的一般设备单位价值在 500 元以上、专用设备单位价值在 800 元以上，提高到单位价值在 1 000 元以

上（其中专用设备单位价值在 1 500 元以上）。随着经济的发展和物价的普遍提高，旧《规则》对固定资产价值的规定标准明显偏低，使得一些具有明显的低值易耗品特征的物品由于单位价值达到了规定金额而要求必须在固定资产中核算，从而影响了会计信息质量。因此，提高对固定资产价值的确认标准符合当前市场经济的价值要求。

旧《规则》规定"固定资产"与"固定基金"存在对等关系，以固定资产账面原值核算固定基金，使得事业单位的净资产不能反映资产的实际价值状况，同时也虚增成本虚减结余。事业单位在购建固定资产进行会计核算时，借记"事业支出——××购置费"或"专用基金——修购基金"或"专项支出"等科目、贷记"银行存款"或"零余额账户用款额度"或"应付账款"等科目，同时，借记"固定资产"、贷记"固定基金"，显然虚增了成本和虚减了结余。《规则》第三十三条规定，事业收入和经营收入较少的事业单位可以不提取修购基金，实行固定资产折旧的事业单位不提取修购基金。

《规则》虽只在此处提到了与事业单位固定资产计提折旧相关的字眼，在固定资产管理条款中并未提及折旧事宜，但无论如何，这较旧《规则》有了历史性的转折，应该说在事业单位中固定资产及折旧确认与计量问题上，相关部门开始考虑和引用企业会计固定资产计提折旧的基本做法，使固定资产价值管理与实物管理不再背离，并使其向市场化的方向更进一步。

（三）严格了投资管理

旧《规则》在事业单位对外投资的管理上，只规定"应当按照国家有关规定报经主管部门、国有资产管理部门和财政部门批准或者备案"，其主要是强调资产的国有性质不变。为规范事业单位对外投资行为，提高资产使用效益，防止国有资产流失，《规则》明确规定，在保证单位正常运转和事业发展的前提下，按照国家有关规定可以对外投资的，应当履行相关审批程序。事业单位不得使用财政拨款及其结余进行对外投资，不得从事股票、期货、基金、企业债券等投资，国家另有规定的除外。财政部门、主管部门应加强对事业单位对外投资的日常监督和专项检查。

（四）加强了财务监督

目前，事业单位监督审核程序不完善，监督力度薄弱，事业单位内、外部财务监督部门执法不严，单位财务监督管理特散无力，直接导致财务管理的低效能和国有资产的侵蚀流失。《规则》新设"财务监督"一章，明确事业单位财务监督，实行事前监督、事中监督、事后监督相结合，日常监督与专项监督相结合，要求事业单位应当建立健全内部控制制度、经济责任制度、财务信息披露制度等监督制度，并依法公开财务信息。

（五）财务分析多元化

《规则》打破了旧《规则》财务分析的片面性，新增了预算收入和支出完成率分析，用于衡量事业单位收入和支出总预算及分项预算完成的程度。同时新增了资产负债率指标分析，衡量事业单位利用债权人提供资金开展业务活动的能力，以及反映债权人提供资金的安全保障程度。新增的财务分析指标丰富了财务分析内容，较全面、完整地披露了事业单位重要经济活动，如科研、政府采购、基本建设等绩效目标、效果、影响和管理等方面的重大会计信息，在一定程度上遏制了容易造成公共财政重大投入（支出）管理目标不明、责任不清、效率不高、浪费严重甚至官僚主义等现象。

第四节　行政事业单位内部控制规范

2012 年 11 月 29 日财政部发布了《行政事业单位内部控制规范（试行）》的通知，规定自 2014 年 1 月 1 日起施行。

为了进一步提高行政事业单位内部管理水平，规范内部控制，加强廉政风险防控机制建设，《行政事业单位内部控制规范（试行）》是根据《中华人民共和国会计法》、《中华人民共和国预算法》等法律法规和相关规定所制定的。它适用于各级党的机关、人大机关、行政机关、政协机关、审判机关、检察机关、各民主党派机关、人民团体和事业单位（以下统称单位）经济活动的内部控制。为了方便学习者在学习事业单位的会计核算和管理规范时能够更清楚地掌握相关知识，在这里针对事业单位的内控规范一并讲解。

一、事业单位内部控制规范的主要内容

（一）内部控制的概念及其目标

内部控制，是指单位为实现控制目标，通过制定制度、实施措施和执行程序，对经济活动的风险进行防范和管控。

单位内部控制的目标主要包括：合理保证单位经济活动合法合规、资产安全和使用有效、财务信息真实完整，有效防范舞弊和预防腐败，提高公共服务的效率和效果。

（二）建立和实施内部控制的原则

单位建立与实施内部控制，应当遵循下列原则：

（1）全面性原则。内部控制应当贯穿单位经济活动的决策、执行和监督全过程，实现对经济活动的全面控制。

（2）重要性原则。在全面控制的基础上，内部控制应当关注单位重要经济活动和经济活动的重大风险。

（3）制衡性原则。内部控制应当在单位内部的部门管理、职责分工、业务流程等方面形成相互制约和相互监督。

（4）适应性原则。内部控制应当符合国家有关规定和单位的实际情况，并随着外部环境的变化、单位经济活动的调整和管理要求的提高，不断修订和完善。

（三）事业单位的风险评估

事业单位应当建立经济活动风险定期评估机制，对经济活动存在的风险进行全面、系统和客观评估。经济活动风险评估至少每年进行一次；外部环境、经济活动或管理要求等发生重大变化的，应及时对经济活动风险进行重估。

事业单位开展经济活动风险评估应当成立风险评估工作小组，单位领导担任组长。经济活动风险评估结果应当形成书面报告并及时提交单位领导班子，作为完善内部控制的依据。

事业单位进行风险评估时主要针对单位层面和经济活动业务层面的风险进行评估，经济业务层面又分为预算业务控制、收支业务控制、政府采购业务控制、资产控制、建设项目控制、合同控制等内容。具体内容详见《行政事业单位内部控制规范（试行）》的具体内容。

（四）事业单位内部控制的控制方法

（1）不相容岗位相互分离。合理设置内部控制关键岗位，明确划分职责权限，实施相应的分离措施，形成相互制约、相互监督的工作机制。

（2）内部授权审批控制。明确各岗位办理业务和事项的权限范围、审批程序和相关责任，建立重大事项集体决策和会签制度。相关工作人员应当在授权范围内行使职权、办理业务。

（3）归口管理。根据本单位实际情况，按照权责对等的原则，采取成立联合工作小组并确定牵头部门或牵头人员等方式，对有关经济活动实行统一管理。

（4）预算控制。强化对经济活动的预算约束，使预算管理贯穿于单位经济活动的全过程。

（5）财产保护控制。建立资产日常管理制度和定期清查机制，采取资产记录、实物保管、定期盘点、账实核对等措施，确保资产安全完整。

（6）会计控制。建立健全本单位财会管理制度，加强会计机构建设，提高会计人员业务水平，强化会计人员岗位责任制，规范会计基础工作，加强会计档案管理，明确会计凭证、会计账簿和财务会计报告处理程序。

（7）单据控制。要求单位根据国家有关规定和单位的经济活动业务流程，在内部管理制度中明确界定各项经济活动所涉及的表单和票据，要求相关工作人员按照规定填制、审核、归档、保管单据。

（8）信息内部公开。建立健全经济活动相关信息内部公开制度，根据国家有关规定和单位的实际情况，确定信息内部公开的内容、范围、方式和程序。

（五）评价与监督

《行政事业单位内部控制规范（试行）》规定，单位应当建立健全内部监督制度，明确各相关部门或岗位在内部监督中的职责权限，规定内部监督的程序和要求，对内部控制建立与实施情况进行内部监督检查和自我评价。内部监督应当与内部控制的建立和实施保持相对独立。

二、事业单位会计与事业单位内部控制

事业单位的内部控制有两个层面：一是单位层面的内部控制，主要针对内控制度的建设和完善、工作的组织、人员的安排管理以及财务报告的控制；二是经济业务活动层面的内部控制，重点关注的是预算管理、收支管理、政府采购管理、资产管理、建设项目管理、合同管理等。

从会计管理的角度，事业单位应该重视的控制工作主要包括：会计工作领导、内部会计控制制度、会计基础工作规范、会计核算技术、财务管理制度、财政管理制度、财经纪律、会计电算化、事业单位国有资产管理等。重点是围绕单位的经济业务活动进行的财务内部控制。

一般而言，财务内部控制流程共包含 7 项具体内部控制操作规范，按业务种类将财务内部控制划分 4 项内容：预算管理、资金管理、资产管理、财务报告管理。其中，资金管理又分为货币资金管理、银行账户管理、资金支付管理三个具体项目；资产管理又分为固定资产管理、资产评估管理两个具体项目。

三、事业单位业务层面的内部控制

（一）预算业务控制

（1）单位应当建立健全预算编制、审批、执行、决算与评价等预算内部管理制度。

（2）单位的预算编制应当做到程序规范、方法科学、编制及时、内容完整、项目细化、数据准确。

（3）单位应当根据内设部门的职责和分工，对按照法定程序批复的预算在单位内部进行指标分解、审批下达，规范内部预算追加调整程序，发挥预算对经济活动的管控作用。

（4）单位应当根据批复的预算安排各项收支，确保预算严格有效执行。

（5）单位应当加强决算管理，确保决算真实、完整、准确、及时，加

强决算分析工作，强化决算分析结果运用，建立健全单位预算与决算相互反映、相互促进的机制。

（6）单位应当加强预算绩效管理，建立"预算编制有目标、预算执行有监控、预算完成有评价、评价结果有反馈、反馈结果有应用"的全过程预算绩效管理机制。

以预算管理为例：

预算管理涉及行政事业单位日常工作的各个环节，渗透到各项活动的不同方面，每个部门和单位人员都是预算的参与者。从目前各单位的实际情况来分析，各单位对预算管理的认识水平还不高，预算编制目标不够明确，编制流程不够科学化，预算编制人员业务素质参差不齐，难以保证预算编制的质量。有些单位预算管理不严格，个别领导干部在执行预算时随意性较大，使得预算预算执行效果不佳。所以，应该加强预算的规范化、标准化管理，建立科学、高效、有序的预算管理体系，根据有关法律法规及相关规定，结合事业单位管理的特点和要求，对预算管理操作规范作出规定。图1-1为某事业单位根据实际情况编制的预算管理流程图和预算风险管理示意图。

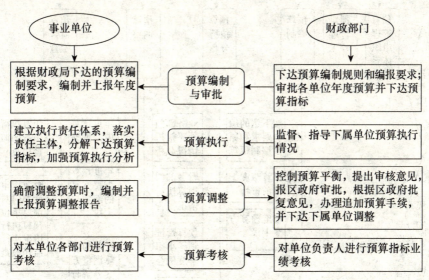

图1-1　预算管理基本流程图

依据以上的预算管理流程图，明确了财政部门和预算单位各自的预算管理职责。财政部门对预算编制、审批、下达、执行、考核、评价等工作流程进行统一规范管理，建立相应预算流程，实现在财政部门主导下编制预算，增加预算调控能力，层层落实预算管理责任。各单位的预算管理应涵盖收入支出预算的编制、预算的执行、预算的调整、决算的全过程和各个环节，将预算管理的重点由执行结果逐步过渡到执行过程。

根据管控的基本要求，按照不同的部门职责和人员岗位，设置管理控制点，分工负责，最终进行监督检查。比如，要检查各预算单位所有收入是否全部纳入部门预算，坚决取缔账外账，严肃查处"小金库"。要定期检查各预算单位的批复预算执行情况，重点检查政府采购资金、专项资金和基本建设资金的落实情况。未经区财政局审批，各预算单位不得任意改变资金项目和资金用途，等等。

图 1-2 为某预算单位针对预算管理中存在的主要问题，对风险点进行的描述：

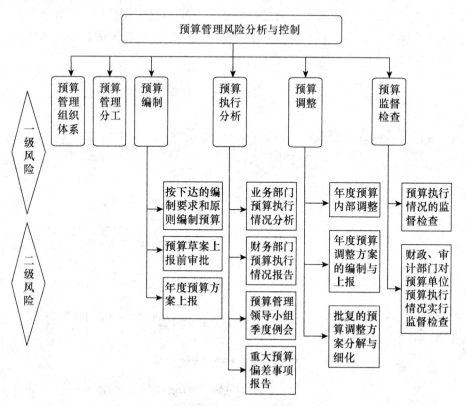

图 1-2　预算管理风险点示意图

预算管理中的一级风险点有：预算管理组织体系、预算管理分工、预算编制、预算执行分析、预算调整以及预算监督检查。其中，预算编制的二级风险点有：按下达的编制要求和原则编制预算、预算草案上报前审批、年度预算方案上报；预算执行分析的二级风险点有：业务部门预算执行情况分析、财务部门预算执行情况报告、预算管理领导小组季度例会、重大预算偏差事项报告；预算调整的二级风险点有：年度预算内部调整、年度预算调整方案的编制与上报、批复的预算调整方案分解与细化；预算监督检查的二级风险点有：预算执行情况的监督检查，财政、审计部门对预算单位预算执行情况实行监督检查。

针对风险产生的环节和原因，对控制活动进行描述，明确控制责任部门和岗位，明确执行依据。

对于内部控制管理规范，任何单位不能只满足于制定出制度规范，关键是按照规范去做，并且定期进行效果的分析，以便及时发现管理控制中存在的问题，进行改进。有些单位已制定了管理流程和风险控制措施，以期取得较好的效果。

（二）收支业务控制

（1）单位应当建立健全收入内部管理制度。

（2）单位的各项收入应当由财会部门归口管理并进行会计核算，严禁设立账外账。

（3）有政府非税收入收缴职能的单位，应当按照规定项目和标准征收政府非税收入，按照规定开具财政票据，做到收缴分离、票款一致，并及时、足额上缴国库或财政专户，不得以任何形式截留、挪用或者私分。

（4）单位应当建立健全票据管理制度。

（5）单位应当建立健全支出内部管理制度，确定单位经济活动的各项支出标准，明确支出报销流程，按照规定办理支出事项。

（6）单位应当按照支出业务的类型，明确内部审批、审核、支付、核算和归档等支出各关键岗位的职责权限。实行国库集中支付的，应当严格按照财政国库管理制度有关规定执行。

（7）根据国家规定可以举借债务的单位应当建立健全债务内部管理制度，明确债务管理岗位的职责权限，不得由一人办理债务业务的全过程。

（三）政府采购业务控制

（1）单位应当建立健全政府采购预算与计划管理、政府采购活动管理、验收管理等政府采购内部管理制度。

（2）单位应当明确相关岗位的职责权限，确保政府采购需求制定与内部审批、招标文件准备与复核、合同签订与验收、验收与保管等不相容岗位相互分离。

（3）单位应当加强对政府采购业务预算与计划的管理。

（4）单位应当加强对政府采购活动的管理。

（5）单位应当加强对政府采购项目验收的管理。

（6）单位应当加强对政府采购业务质疑投诉答复的管理。

（7）单位应当加强对政府采购业务的记录控制。

（8）单位应当加强对涉密政府采购项目安全保密的管理。

（四）资产控制

（1）单位应当对资产实行分类管理，建立健全资产内部管理制度。

（2）单位应当建立健全货币资金管理岗位责任制，合理设置岗位，不得由一人办理货币资金业务的全过程，确保不相容岗位相互分离。

（3）单位应当加强对银行账户的管理，严格按照规定的审批权限和程序开立、变更和撤销银行账户。

（4）单位应当加强货币资金的核查控制。指定不办理货币资金业务的会计人员定期和不定期抽查盘点库存现金，核对银行存款余额，抽查银行对账单、银行日记账及银行存款余额调节表，核对是否账实相符、账账相符。

（5）单位应当加强对实物资产和无形资产的管理，明确相关部门和岗位的职责权限，强化对配置、使用和处置等关键环节的管控。

（6）单位应当根据国家有关规定加强对对外投资的管理。

（五）建设项目控制

（1）单位应当建立健全建设项目内部管理制度。

（2）单位应当建立与建设项目相关的议事决策机制，严禁任何个人单独决策或者擅自改变集体决策意见。

（3）单位应当建立与建设项目相关的审核机制。

（4）单位应当依据国家有关规定组织建设项目招标工作，并接受有关部门的监督。

（5）单位应当按照审批单位下达的投资计划和预算对建设项目资金实行专款专用，严禁截留、挪用和超批复内容使用资金。

（6）单位应当加强对建设项目档案的管理。做好相关文件、材料的收集、整理、归档和保管工作。

（7）经批准的投资概算是工程投资的最高限额，如有调整，应当按照国家有关规定报经批准。

（8）建设项目竣工后，单位应当按照规定的时限及时办理竣工决算，组织竣工决算审计，并根据批复的竣工决算和有关规定办理建设项目档案和资产移交等工作。

（六）合同控制

（1）单位应当建立健全合同内部管理制度。

（2）单位应当加强对合同订立的管理，明确合同订立的范围和条件。

（3）单位应当对合同履行情况实施有效监控。

（4）财会部门应当根据合同履行情况办理价款结算和进行账务处理。

（5）合同归口管理部门应当加强对合同登记的管理，定期对合同进行统计、分类和归档，详细登记合同的订立、履行和变更情况，实行对合同的全过程管理。

（6）单位应当加强对合同纠纷的管理。合同发生纠纷的，单位应当在规定时效内与对方协商谈判。合同纠纷协商一致的，双方应当签订书面协议；合同纠纷经协商无法解决的，经办人员应向单位有关负责人报告，并根据合同约定选择仲裁或诉讼方式解决。

复习思考题

1. 事业单位有何特征？
2. 为什么要实行国库单一账户管理制度？
3. 制定事业单位财务规则的作用是什么？
4. 新的《事业单位财务规则》有哪些方面的突破？

练习题

一、判断题

1. 我国的事业单位就是外国的非营利组织。(×)

2. 在我国,事业单位涉及教科文卫和经济建设各个方面,多达27个行业领域。(√)

3. 我国实施政府采购制度就是要将政府采购活动公开化和透明化,以便加强财政收支的透明度,提高财政资金的使用效率。(√)

4. 我国实行国库单一账户体系后,所有财政收入应直接缴入国库单一账户。在过渡期内,事业单位不能额外再单独开设银行存款户。(×)

5. 新的政府收支分类,可以更加清晰反映政府各项职能活动和各项支出的具体用途。(√)

二、单项选择题

1. 下列单位属于事业单位的是 (B)。

A. 北京市财政局　　　　　　B. 北京市第四中学

C. 北京市石油公司　　　　　D. 北京市科协

2. 2012年公布的《事业单位财务规则》的实施时间是 (B)。

A. 2012年1月1日　　　　　B. 2012年4月1日

C. 2013年1月1日　　　　　D. 2014年1月1日

3. 2012年公布的《事业单位财务规则》新增的内容是 (D)。

A. 单位预算管理　　　　　　B. 专用基金管理

C. 事业单位清算　　　　　　D. 财务监督

4.《规则》指出"收入是指事业单位为开展业务及其他活动依法取得的非偿还性资金",不应包括 (C)。

A. 财政补助收入　　　　　　B. 事业收入

C. 债务收入　　　　　　　　D. 附属单位上缴收入

5. 事业单位是我国特有的一种单位类型,有其特殊的性质和地位。下列不包含在事业单位特点中的是 (D)。

A. 事业单位不具有社会生产职能,不直接创造各种财富

B. 事业单位不具有国家管理职能,不直接参与国家行政管理

C. 事业单位一般要接受国家行政机关的领导，也有自身的管理和核算要求

D. 事业单位间接为社会生产和人民生活服务，其在社会运行中的作用可由其他单位替代

第二章
事业单位会计基本理论
（下）
—— 事业单位会计的概念与方法

第一节　事业单位会计的概念

一、关于事业单位会计

（一）什么是会计

会计是以货币为主要计量单位，以经济活动过程中产生的会计资料为依据，采用专门的技术方法，对会计主体的经济活动进行核算与监督并提供会计信息的一种管理活动。

会计通过对经济业务事项的确认、计量、记录和报告，提供真实、准确、可靠的会计信息。财务会计报告的目标是向财务会计报告使用者提供与单位财务状况、经营成果和现金流量等有关的会计信息，反映单位管理层受托责任履行情况，有助于财务会计报告使用者做出经济决策。目前，我国会计分为企业会计和预算会计两大体系。

（二）什么是预算会计

预算会计是以国家预算管理为中心的宏观管理信息系统和管理手段，是反映和监督中央和地方政府预算以及行政事业单位收支预算执行情况的会计体系。

预算会计包括财政总预算会计、行政单位会计和事业单位会计。此外，中国人民银行在办理国库业务过程中设立的国库会计、税务部门在办理税款征解过程中设立的收入征解会计以及建设单位会计等，在执行总预算会计过程中，均承担一定的预算会计业务，也属于预算会计的范畴。预算会计主要包括以下三个方面的含义：

（1）预算会计的主体是各级政府、行政单位及各类事业单位。

（2）预算会计的客体是财政性资金运动、单位预算资金运动以及有关经营活动的收支过程和结果。

（3）预算会计是一种独立、系统的专业会计，但是与企业会计采用相同的会计理论基础、会计要素确认、计量、报告方法，它与企业会计共同组成了我国完整的会计体系。

（三）什么是事业单位会计

事业单位会计是各类事业单位对其预算资金以及经营收支过程和结果进行全面、系统、连续的核算和监督的专业会计。作为非物质生产部门的事业单位，主要以精神产品和各种劳务形式，向社会提供生产性或生活性服务，是国民经济不可缺少的组成部分。因其处于非物质生产领域，所有的生产经营活动也以社会效益为基本目的，故其资金活动过程与企业不同。

事业单位的业务活动多种多样，其收入既有财政预算拨款、上级主管单位补助、各种捐赠收入，又有独立开展业务的收入、经营收入等；其支出也围绕各项业务的开展而形成。因此，事业单位会计的对象就是各类事业单位业务资金的取得、使用及其结果。

二、事业单位会计的特点

事业单位会计对象所反映的资金运动，属于国家对国民收入的再分配过程。尽管事业单位所属行业或部门不尽相同，各自从事的业务活动也存在明显差异，但他们都具有不以营利为目的、不具有社会管理职能的特点。事业单位会计共同的特点主要有：

（1）收入来源多渠道。事业单位资金来源渠道多元化，既有财政预算拨款，又有上级主管单位补助、其他单位或个人捐赠，还有开展业务活动、经营活动取得的收入。

（2）支出使用多用途。有事业支出、经营支出、经营收入等，事业单位按照不同的项目核算资金的使用情况，提供其收支结余情况，以便考核其使用效果。

（3）事业活动与经营活动分别核算。事业单位一般应以收付实现制为会计核算基础，但经营性收支业务可以采用权责发生制。有经营收入的事业单位，也可以进行成本核算。

（4）有关财政资金的收支项目要适应国家预算管理的要求。事业单位的有关业务需要履行政府授权的职责，开展必要的有偿服务，当然要按照国家预算管理的规定要求进行管理和核算；还可以开办经济实体，进行对外投资。

三、事业单位会计核算的信息质量要求

会计核算的信息质量要求是指进行会计核算必须遵循的基本规则和要求。它是指导会计工作的规范和衡量会计工作成败的标准，对会计核算具有重要的指导意义。

（一）客观性要求

《事业单位会计准则》第十二条规定：事业单位应当以实际发生的经济业务或者事项为依据进行会计核算，如实反映各项会计要素的情况和结果，保证会计信息真实可靠。

客观性要求是会计信息的生命，是对会计核算的基本质量要求。会计信息是宏观经济管理的重要信息来源，是包括投资者在内的有关方面做出经济决策的重要依据，如果会计信息不能真实反映企业的实际情况，会计工作就失去了存在的意义。错误或不真实的会计信息会误导会计信息使用者，最终导致经济决策的失误。

（二）全面性要求

《事业单位会计准则》第十三条规定：事业单位应当将发生的各项经济业务或者事项统一纳入会计核算，确保会计信息能够全面反映事业单位的财务状况、事业成果、预算执行等情况。

事业单位的会计信息应当符合国家宏观经济管理的要求，满足国家、部门和单位内部管理的需要。会计核算应当全面、准确地反映单位资金使用和经济活动的全过程。

全面性要求是对会计核算完整性的质量要求，倘若核算或报告发生遗漏，会导致事业单位的财务状况、事业成果、预算执行会计信息不完整，对会计信息的使用者产生误导。

（三）及时性要求

《事业单位会计准则》第十四条规定：事业单位对于已经发生的经济业务或者事项，应当及时进行会计核算，不得提前或者延后。

会计信息的价值在于帮助有关方面及时做出经济决策。会计信息具有一定的时效性，其价值会随着时间的流逝而逐渐降低。因此，单位的会计核算必须讲求时效，以便会计信息的及时利用。在会计核算中坚持及时性原则，一是及时收集会计信息；二是及时处理会计信息；三是及时传递报告会计信息。

（四）可比性要求

《事业单位会计准则》第十五条规定：事业单位提供的会计信息应当具有可比性。

同一事业单位不同时期发生的相同或者相似的经济业务或者事项，应当采用一致的会计政策，不得随意变更，即会计信息要求纵向可比。确需变更的，应当将变更的内容、理由和对单位财务状况及事业成果的影响在附注中予以说明。同类事业单位中不同单位发生的相同或者相似的经济业务或者事项，应当采用统一的会计政策，确保同类单位会计信息口径一致，相互可比，即会计信息要求横向可比。

（五）相关性要求

《事业单位会计准则》第十六条规定：事业单位提供的会计信息应当与事业单位受托责任履行情况的反映、会计信息使用者的管理、决策需要相关，有助于会计信息使用者对事业单位过去、现在或者未来的情况作出评价或者预测。

会计信息的价值在于其与决策相关，有助于经济决策。单位提供的会计信息，必须满足预算管理和国家宏观经济管理的需要，满足内部加强管理的需要。如果提供的会计信息没有满足会计信息使用者的需要，对会计信息使用者的决策没有什么作用，就不具有相关性。即使会计信息客观真实地反映了企业经营状况，也毫无价值。

（六）明晰性要求

《事业单位会计准则》第十七条规定：事业单位提供的会计信息应当清晰明了，便于会计信息使用者理解和使用。

明晰性（也称可理解性），要求单位的会计信息应当简明、易懂，数字记录和文字说明能够一目了然地反映经济业务事项的来龙去脉，便于财务会计报告使用者理解和使用。

四、事业单位会计规范

会计规范，是会计工作的法律、法规、制度的总称，是会计行为的标准。事业单位的经济管理活动涉及内部、外部多方关系，运用会计处理经济活动时，不仅对单位的财务收支、利益分配产生影响，对国家、其他单位和职工也会产生影响。因此，会计人员在处理经济业务时，应有一个有约束力的规范处理各方的利益关系。事业单位的会计法规包括：会计法、事业单位会计准则、事业单位会计制度和行业事业单位会计制度，如图 2-1 所示。

《中华人民共和国会计法》是从事各类会计工作、办理会计事务的法律规范，是指导会计工作的最高层次的法律法规，也是制定其他会计法律法规的依据。

《事业单位会计准则》在事业单位会计标准体系中起着统驭作用，为事业单位会计制度体系建立统一的核算原则和框架，在内容上规范包括事业单位会计目标，会计基本假设，会计核算基础，会计信息质量要求，会计要素的定义、项目构成及分类、一般确认计量原则，财务报告等基本事项。《事业单位会计准则》是制定《事业单位会计制度》、行业事业单位会计制度等的基础和依据。

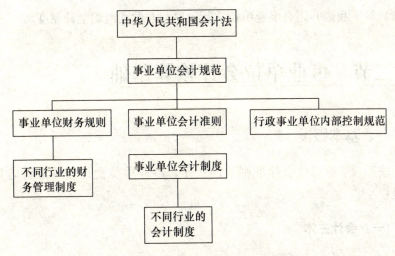

图 2-1　我国事业单位相关法律法规体系

《事业单位会计制度》通过详细规定会计科目使用及财务报表编制，较为全面地规范了事业单位经济业务或者事项的确认、计量、记录和报告。特定的行业事业单位会计制度体现了行业特点，如《医院会计制度》通过详细规定公立医院的会计科目使用及财务报表编制，较为全面地规范了公立医院经济业务或者事项的确认、计量、记录和报告。一般来讲，如果事业单位所处的行业存在国家统一规定的行业事业单位会计制度，则该事业单位适用特定的行业事业单位会计制度（如公立医院适用《医院会计制度》）。

另外，《事业单位财务规则》、《行政事业单位内部控制规范》对事业单位会计工作也提出了要求，《事业单位会计准则》、《事业单位会计制度》及行业事业单位会计制度体现了与《事业单位财务规则》、《行政事业单位内部控制规范》协调，通过日常会计核算与监督将事业单位的财务管理和内部控制落到实处。

我国现行的《事业单位财务规则》于 2012 年 4 月 1 日起施行；《事业单位会计准则》和《事业单位会计制度》于 2013 年 1 月 1 日施行，《行政事业单位内部控制规范》将于 2014 年 1 月 1 日施行。我国现行的《事业单位会计准则》、《事业单位会计制度》、《事业单位财务规则》等，适用于各级各类国有事业单位。为更好地满足不同类型事业单位的会计核算，财政部还制定了《科学事业单位会计制度》、《高等学校会计制度》、《医院会计制度》等。我国非国有事业单位执行《民间非营利组织会计制度》。

第二节　事业单位会计核算基础

一、基本假设

按照《事业单位会计准则》的规定，事业单位会计核算应符合以下假设：

（一）会计主体

《事业单位会计准则》第五条规定：事业单位应当对其自身发生的经济业务或者事项进行会计核算。

会计主体是指会计信息所反映的特定单位或组织，它规范了会计工作的空间范围。事业单位的会计主体是各级各类事业单位。明确会计主体假设的主要意义在于：一是能划定会计所要处理的各项交易或事项的范围；二是能把握会计处理的原则和要求；三是能将会计主体的经济活动与会计主体所有者及职工个人的经济活动区分开来。

（二）持续经营

《事业单位会计准则》第六条规定：事业单位会计核算应当以事业单位各项业务活动持续正常地进行为前提。

作为会计主体的事业单位能够持续不断地运行下去，是单位正常会计核算的基本前提。明确持续经营假设的主要意义在于：会计核算以单位持续正常的业务活动为前提，可以使会计原则建立在非清算基础之上，从而为解决很多常见的资产计价和收入确认提供了基础。

（三）会计分期

《事业单位会计准则》第七条规定：事业单位应当划分会计期间，分期结算账目和编制财务会计报告。会计期间至少分为年度和月度。会计年度、月度等会计期间的起讫日期采用公历日期。我国《预算法》第十条规定：预算年度自公历1月1日起，至12月31日止。

将会计主体持续运行的时间人为地划分为时间阶段，目的是为了分阶段结算账目、编制会计报表。明确会计期间假设的主要意义在于：它界定了会计信息的时间段落，为分期结算会计账目和编制财务会计报告，贯彻落实相关会计核算原则奠定了理论与实务基础。

（四）货币计量

《事业单位会计准则》第八条规定：事业单位会计核算应当以人民币作为记账本位币。发生外币业务时，应当将有关外币金额折算为人民币金额计量。《预算法》第十一条规定：预算收入和预算支出以人民币元为计算单位。

明确货币计量假设的主要意义在于：确认了以货币作为统一的计量单位，使会计信息具有可比性，为各项会计核算原则的确立奠定了基础。

二、会计核算基础

会计核算基础指各期收入与费用的确认条件。在会计核算中，收入与费用的确认标准有两种，即收付实现制和权责发生制。

权责发生制，是指以收入和费用实际发生的时间为标准来确认本期收入和支出的一种计量基础。根据权责发生制的要求，凡是在当期已经实现的收入和已经发生或应当负担的费用，不论款项是否已经收付，都应当作为当期的收入和费用；凡是不属于当期的收入和费用，即使款项已在当期收付，也不能作为当期的收入和费用。

收付实现制，是以货币资金实际收付的时间为标准来确认本期收入和支出的一种计量基础。根据收付实现制的要求，凡是在本期内收到的款项和支出的费用，不论是否属于本期的收入和支出，均作为本期的收入和支出进行会计核算。由于计量基础存在可选择性，不同的计量基础会对事业单位的会计核算产生重大影响，因此，将收付实现制作为会计假设比作为一般核算原则更为准确。

事业单位收入与支出的会计核算一般采用收付实现制；部分经济业务或者事项采用权责发生制核算。由于不同的确认基础会对事业单位的会计核算产生重大影响，采用两种确认基础的核算内容必须划分清楚，通常事业单位中经营性收支业务选择权责发生制确认。事业单位以收付实现制为主进行核算，减少了会计职业判断成分。

明确事业单位会计核算基础的主要意义在于：确认了以各时期收入与费用的确认标准，为收入与费用的确认原则的确立奠定了基础。

《事业单位会计准则》第九条规定：事业单位会计核算一般采用收付实现制；部分经济业务或者事项采用权责发生制核算的，由财政部在会计制度中具体规定。行业事业单位的会计核算采用权责发生制的，由财政部在相关会计制度中规定。由于事业单位业务的多样性，不同单位实行不一样的收支确认原则，而且在执行中还可能有程度上的差别，这是事业单位会计的重要特点。

事业单位应当以收付实现制作为计量基础。有经营性收支业务的事业单位为正确核算经营收入和成本，也可以权责发生制作为会计确认、计量和报告的计量基础。但是，采用两种计量基础的核算内容必须划分清楚。

三、事业单位的会计要素和会计等式

（一）事业单位的会计要素

会计要素是对会计对象进行的基本分类，是对经济业务事项进行确认和计量的依据，也是设计会计报表结构和内容的依据。对会计要素进行严格的定义，能够为会计核算奠定坚实的基础。《事业单位会计准则》中对事业单位的会计要素作出明确规定，包括资产、负债、净资产、收入、支出或者费用五个部分。

1. 资产

资产是指事业单位占有或者使用的能以货币计量的经济资源，包括各种财产、债权和其他权利。事业单位的资产按照流动性分为流动资产和非流动资产。

流动资产是指预计在一年内（含一年）变现或者耗用的资产，包括货币资金、短期投资、应收及预付款项、存货等。

货币资金包括库存现金、银行存款、零余额账户用款额度等。

短期投资是指事业单位依法取得的，持有时间不超过 1 年（含 1 年）的投资。

应收及预付款项是指事业单位在开展业务活动中形成的各项债权，包括财政应返还额度、应收票据、应收账款、其他应收款等应收款项和预付账款。

存货是指事业单位在开展业务活动及其他活动中为耗用而储存的资产，包括材料、燃料、包装物和低值易耗品等。

事业单位的非流动资产包括长期投资、在建工程、固定资产、无形资产等。

长期投资是指事业单位依法取得的，持有时间超过 1 年（不含 1 年）的各种股权和债权性质的投资。

在建工程是指事业单位已经发生必要支出，但尚未完工交付使用的各种建筑（包括新建、改建、扩建、修缮等）和设备安装工程。

固定资产是指事业单位持有的使用期限超过 1 年（不含 1 年），单位价值在规定标准以上，并在使用过程中基本保持原有物质形态的资产，包括房屋及构筑物、专用设备、通用设备等。单位价值虽未达到规定标准，但是耐用时间超过 1 年（不含 1 年）的大批同类物资，应当作为固定资产核算。

无形资产是指事业单位持有的没有实物形态的可辨认非货币性资产，包括专利权、商标权、著作权、土地使用权、非专利技术等。

2. 负债

负债是指事业单位所承担的能以货币计量，需要以资产或劳务偿付的债务。事业单位的负债按照流动性分为流动负债和非流动负债。

流动负债是指预计在一年内（含一年）偿还的负债，包括短期借款、应付及预收款项、应付职工薪酬、应缴款项等。

短期借款是指事业单位借入的期限在 1 年内（含 1 年）的各种借款。

应付及预收款项是指事业单位在开展业务活动中发生的各项债务，包括应付票据、应付账款、其他应付款等应付款项和预收账款。

应付职工薪酬是指事业单位应付未付的职工工资、津贴补贴等。

应缴款项是指事业单位应缴未缴的各种款项，包括应当上缴国库或者财政专户的款项、应缴税费，以及其他按照国家有关规定应当上缴的款项。

非流动负债是指流动负债以外的负债。事业单位的非流动负债包括长期借款、长期应付款等。

长期借款是指事业单位借入的期限超过 1 年（不含 1 年）的各种借款。

长期应付款是指事业单位发生的偿还期限超过 1 年（不含 1 年）的应付款项，主要指事业单位融资租入固定资产发生的应付租赁款。

3. 净资产

事业单位的净资产是指资产扣除负债后的余额。事业单位的净资产包括事业基金、非流动资产基金、专用基金、财政补助结转结余、非财政补助结转结余等。

事业基金是指事业单位拥有的非限定用途的净资产，其来源主要为非财政补助结余扣除结余分配后滚存的金额。

非流动资产基金是指事业单位非流动资产占用的金额。

专用基金是指事业单位按规定提取或者设置的具有专门用途的净资产。

财政补助结转结余是指事业单位各项财政补助收入与其相关支出相抵后剩余滚存的、须按规定管理和使用的结转和结余资金。

非财政补助结转结余是指事业单位除财政补助收支以外的各项收入与各项支出相抵后的余额。其中，非财政补助结转是指事业单位除财政补助收支以外的各专项资金收入与其相关支出相抵后剩余滚存的、须按规定用途使用的结转资金；非财政补助结余是指事业单位除财政补助收支以外的各非专项资金收入与各非专项资金支出相抵后的余额。

4. 收入

收入是指事业单位为开展业务及其他活动依法取得的非偿还性资金。

财政补助收入是指事业单位从同级财政部门取得的各类财政拨款，包括基本支出补助和项目支出补助。

事业收入是指事业单位开展专业业务活动及其辅助活动取得的收入。其中：按照国家有关规定应当上缴国库或者财政专户的资金，不计入事业收入；从财政专户核拨给事业单位的资金和经核准不上缴国库或者财政专户的资金，计入事业收入。

上级补助收入是指事业单位从主管部门和上级单位取得的非财政补助收入。

附属单位上缴收入是指事业单位附属独立核算单位按照有关规定上缴的收入。

经营收入是指事业单位在专业业务活动及其辅助活动之外开展非独立核算经营活动取得的收入。

其他收入是指财政补助收入、事业收入、上级补助收入、附属单位上缴收入和经营收入以外的各项收入，包括投资收益、利息收入、捐赠收入等。

5. 支出或者费用

事业单位的支出或者费用是指事业单位开展业务及其他活动发生的资金耗费和损失。包括事业支出、对附属单位补助支出、上缴上级支出、经营支出和其他支出等。

事业支出是指事业单位开展专业业务活动及其辅助活动发生的基本支出和项目支出。

对附属单位补助支出是指事业单位用财政补助收入之外的收入对附属单位补助发生的支出。

上缴上级支出是指事业单位按照财政部门和主管部门的规定上缴上级单位的支出。

经营支出是指事业单位在专业业务活动及其辅助活动之外开展非独立核算经营活动发生的支出。

其他支出是指事业支出、对附属单位补助支出、上缴上级支出和经营支出以外的各项支出，包括利息支出、捐赠支出等。

（二）事业单位的会计等式

事业单位要进行业务活动，必须取得一定数量的资金。事业单位的资金供给者有两种类型：一种是出资人，另一种是债权人。事业单位的出资人提供资金给事业单位永久使用，不要求收回但要按指定的用途（即限定资金的使用范围），这是出资人履行出资义务后享有的权利。事业单位债权人的出现是因为出资人投入的资金不敷使用，而由债权人直接供应资金，而按期收回本金和利息是债权人尽了出资义务后所享有的权利。两项资金投入后形成事业单位的资产，事业单位有多少资产，资金供应者就有多少权利，会计等式正是反映的这种关系。

同时，会计等式也反映会计要素的基本关系，它是复式记账赖以建立的基础，也是设计会计报表结构的基本依据。会计平衡等式为：

$$资产＝负债＋净资产$$

或： $资产＝负债＋净资产＋（收入－支出或费用）$

第三节　会计科目、会计账户与记账方法

一、事业单位的会计科目

会计要素是会计对象的具体化，而每一会计要素又包括若干具体项目。会计科目是为了进行具体会计核算而对会计要素进行分类的项目。例如：资产包括现金、银行存款、应收账款、固定资产等项目；负债包括短期借款、应付账款、应付职工薪酬等，每一会计要素的具体项目称之为会计科目。

在我国事业单位会计中，要对事业单位的资产、负债、净资产、收入、支出进行更为详细的分类，并按分类的结果设置账户，登记账簿，取得会计所需的各种资料，这样才能将复杂的各类业务变成有用的经济信息，从而成为会计核算工作的基础。事业单位会计科目的分类和具体内容如表 2-1 所示：

表 2-1　　　　　　　　　事业单位会计科目名称和编号

科目编号	科目名称	科目编号	科目名称
一、资产类		三、净资产类	
1001	库存现金	3001	事业基金
1002	银行存款	3101	非流动资产基金
1011	零余额账户用款额度	310101	长期投资
1101	短期投资	310102	固定资产
1201	财政应返还额度	310103	在建工程
120101	财政直接支付	310104	无形资产
120102	财政授权支付	3201	专用基金
1211	应收票据	3301	财政补助结转
1212	应收账款	330101	基本支出结转
1213	预付账款	330102	项目支出结转
1215	其他应收款	3302	政补助结余

续表

科目编号	科目名称	科目编号	科目名称
1301	存货	3401	非财政补助结转
1401	长期投资	3402	事业结余
1501	固定资产	3403	经营结余
1502	累计折旧	3404	非财政补助结余分配
1511	在建工程	四、收入类	
1601	无形资产	4001	政补助收入
1602	累计摊销	4101	事业收入
1701	待处理资产损溢	4201	上级补助收入
二、负债类		4301	附属单位上缴收入
2001	短期借款	4401	经营收入
2101	应缴税费	4501	其他收入
2102	应缴国库款	五、支出类	
2103	应缴财政专户款	5001	事业支出
2201	应付职工薪酬	5101	上缴上级支出
2301	应付票据	5201	对附属单位补助支出
2302	应付账款	5301	经营支出
2303	预收账款	5401	其他支出
2305	其他应付款		
2401	长期借款		
2402	长期应付款		

二、事业单位的会计账户

（一）会计账户与会计科目的关系

账户是指具有一定格式，用来分类、连续地记录经济业务，反映会计要素增减变动及其结果的一种工具。会计科目只是规定了对会计对象具体内容进行分类核算的项目，为了序时、连续、系统地记录由于经济业务的发生而引起的会计要素的增减变动，提供各种会计信息，还必须依据账户作为记录的载体。

账户与会计科目是两个既有区别又相互联系的概念。它们都被用来分门别类地反映会计对象的具体内容。账户是根据会计科目开设的，会计科目只是账户的名称，它只能表明该科目核算的经济内容和结构，而账户除了名称之外，还具有一定的格式，可以对会计对象进行连续、系统的记录，以反映该账户所记录经济内容的增减变化及其结果。由于账户按照会计科目命名，两者完全一致，所以在实际工作中，会计科目与账户常被作为同义词来理解，互相通用，不加区别。

（二）会计账户的结构

账户是用来分类记录经济业务的，要反映事业单位发生的经济业务对会计要素在数量上产生的影响，提供各项会计要素的增加、减少、结存情况的资料，必须规定账户的结构。会计账户的结构是指在账户中反映其经济业务内容增减变化的格式。

事业单位发生的经济业务多种多样，但经济业务的发生所引起的相关会计要素的变动从数量上看不外乎是增加和减少两种情况。因此，账户最基本内容是登记增加额、登记减少额两个部分。

账户的基本结构是由会计要素数量变化情况决定的。在实际工作中，账户一般可以划分为增加、减少、余额三方，分别登记经济业务的增加、减少，以及增减变动的结果。账户中所记录的金额，包括本期增加发生额、本期减少发生额和余额。余额按其表示的时间不同，分为期初余额和期末余额。因此，这四项金额的关系可以用下列等式表示：

$$期末余额＝期初余额＋本期增加发生额－本期减少发生额$$

三、事业单位会计的记账方法

（一）记账方法及其种类

记账是会计处理中最重要的基础性工作。记账方法是指会计人员利用一定的形式和技术，运用货币为计量单位，以文字和数字的形式，在账簿中连续、系统地记录经济业务的会计工作方法。

在会计的发展历史中，记账方法包括单式记账法和复式记账法。

（二）单式记账法

单式记账法是指对发生的经济业务，只在一个账户中进行记录的记账方法。例如，企业用银行存款购买材料业务，只在账户中记录银行存款的付出，不记录材料的收入。单式记账法曾在人类发展历史上相当的时间内被广泛采用。直至 19 世纪后半叶，德国最大的企业仍然采用单式记账法。

单式记账法是一种比较简单、不完整的记账方法。它在选择单方面记账时，重点考虑的是现金、银行存款以及债仅债务方面发生的经济业务。由于没有一套完整的账户体系，账户之间也不能形成相互对应关系，所以不能全面、系统地反映经济业务的来龙去脉，也不便于检查账户记录的正确性。

（三）复式记账法

1. 复式记账法的定义

复式记账法，是指对发生的每一项经济业务，都以相等的金额，在相互关联的两个或两个以上账户中进行记录的记账方法。例如，上述用银行存款购买材料业务，应以相等的金额，一方面在银行存款账户中记录银行存款的付出，另一方面在原材料账户中记录材料收入。

从单式记账法到复式记账法，是会计发展史上的重要里程碑，并已被世界各国广泛采用。2000 年以前，我国在行政事业单位、企业等不同的领域、行业中曾经分别使用过的复式记账法包括收付记账法、增减记账法和借贷记账法。2000 年以后，收付记账法、增减记账法不再使用，现在的复式记账法主要是指借贷记账法。

2. 复式记账法的优点

复式记账法相对于单式记账法具有以下的优点：

（1）由于对每一项经济业务，都在两个或两个以上相互关联的账户中进行记录，这样，在将全部经济业务都相互联系地记入各有关账户以后，通过账户记录不仅可以清晰地反映每一项经济业务的来龙去脉，而且通过全部经济业务的数据还能够全面、系统地了解经济活动的全过程和结果。

（2）由于每项经济业务发生后，都以相等的金额在有关账户中进行记录，因而可据以进行试算平衡，以检查账户记录是否正确。

3. 复式记账法的理论依据

复式记账法的科学性在于，它的建立以会计等式作为理论依据。会计等式的平衡原理，揭示了任何经济业务的发生都会引起会计要素中有关项目的增减变动，但却不会破坏等式两边会计要素的平衡关系。复式记账法根据会计等式的平衡原理，要求以相等的金额，在相互关联的两个或两个以上账户进行双重记录，可以保持会计要素之间的平衡关系不变。因此，复式记账法是依据会计等式建立的一种记账方法。

四、借贷记账法

（一）借贷记账法的记账符号

借贷记账法是以"借"、"贷"作为记账符号，反映各项会计要素增减变动情况的一种记账方法。"借"、"贷"两字的含义，最初是从借贷资本家的角度来解释的，即用来表示债权（应收款）和债务（应付款）的增减变动。借贷资本家对于收进的存款，记在贷主的名下，表示债务；对于付出的放款，记在借主的名下，表示债权。这时，"借"、"贷"两字表示债权债务的变化。随着社会经济的发展，经济活动的内容日益复杂，记录的经济业务已不再局限于货币资金的借贷业务，而逐渐扩展到财产物资、经营损益等。为了求得账簿记录的统一，对于非货币资金借贷业务，也以"借"、"贷"两字记录其增减变动情况。这样，"借"、"贷"两字就逐渐失去原来的含义，而转化为纯粹的记账符号。因此，现在讲的"借"、"贷"已失去原来的字面含义，只作为记账符号使用，用以标明记账的方向。

（二）借贷记账法的账户结构

在借贷记账法下，账户的基本结构是：左方为借方，右方为贷方。但哪一方登记增加，哪一方登记减少，则取决于账户的性质和反映的经济内容。

1. 资产、负债及净资产类账户的结构

按照会计等式建立的资产负债表，资产项目一般列在左方，负债及净资产项目一般列在右方。为了使账户中的记录与资产负债表的结构相吻合，各项资产的期初余额，应分别记入各该账户的借方；各项负债及净资产的期初余额，应分别记入各该账户的贷方。这样，在账户中登记经济业务时，资产的增加，应记在与资产期初余额的同一方向，即账户的借方；

资产的减少，应记在资产增加的相反方向，即账户的贷方；同样道理，负债及净资产的增加，应记在账户的贷方；负债及所有者权益的减少，应记在账户的借方。期末将借、贷方金额进行比较，其差额为期末余额；资产类账户的期初余额和本期借方发生额（增加额）之和一般大于（或等于）贷方发生额（减少额）之和。所以，期末如有余额一般在借方；负债及净资产类账户的期初余额和本期贷方发生额（增加额）之和一般大于（或等于）借方发生额（减少额）之和，所以，期末如有余额一般在贷方。显然，这两类账户结构不同，登记增加、减少和余额的方向正好相反。

资产类账户结构图如图 2-2：

借方	会计科目（账户名称）		贷方
期初余额	×××		
增加额	×××	减少额	×××
本期发生额（增加额合计）	×××	本期发生额（减少额合计）	×××
期末余额	×××		

图 2-2　资产类账户的结构

根据资产类账户的结构，资产类账户期末余额的计算公式如下：

$$期末余额＝期初借方余额＋借方本期发生额－贷方本期发生额$$

负债及净资产类账户结构图如图 2-3：

借方	会计科目（账户名称）		贷方
		期初余额	×××
减少额	×××	增加额	×××
本期发生额（减少额合计）	×××	本期发生额（增加额合计）	×××
		期末余额	×××

图 2-3　负债、净资产类账户的结构

根据负债及所有者权益类账户的结构，负债、所有者权益类账户期末余额的计算公式如下：

$$期末余额＝期初贷方余额＋贷方本期发生额－借方本期发生额$$

2. 收入和支出类账户的结构

（1）支出类账户。

支出是资产耗费的转化形态，在抵销收入之前，可以将其看成是一种资产。所以，支出类账户的结构类似资产类账户，账户的借方登记支出的增加额，账户的贷方登记支出的减少或转销额。期末结转后，一般没有余额；未结转之前，如有余额，应在借方，表示尚未结转的支出。

支出类账户结构图如图2-4：

借方		会计科目（账户名称）		贷方
期初余额	×××			
增加额	×××	减少额		×××
本期发生额（增加额合计）	×××	本期发生额（减少额合计）		×××
期末余额	×××			

图 2-4　支出类账户的结构

（2）收入类账户。

由于收入最终将增加净资产，所以收入类账户的结构类似净资产类账户，账户的贷方登记收入或利润的增加额，账户的借方登记收入或利润的减少额或结转额。期末结转后，一般没有余额，如有余额，则表示尚未结转的收入。

收入类账户结构图如图2-5：

借方		会计科目（账户名称）		贷方
		期初余额		×××
减少额	×××	增加额		×××
本期发生额（减少额合计）	×××	本期发生额（增加额合计）		×××
		期末余额		×××

图 2-5　收入类账户的结构

综合上述四类账户的结构，可以归纳出借贷记账法账户的基本结构：

（1）账户分左右两方，左方为借方，右方为贷方。

（2）账户借方登记资产增加、支出或费用增加、负债及净资产减少、收入减少或结转；账户贷方登记负债及净资产增加，收入增加，资产减少，支出或费用减少或转销；期末如有借方余额，表示期末资产余额；如为贷方余额，表示期末负债及净资产余额。

借贷记账法账户基本结构归纳如图 2-6：

借方	账户名称（会计科目）	贷方
期初余额：资产余额		期初余额：负债及净资产余额
本期发生额： 　　资产的增加额 　　支出或费用的增加额 　　负债及净资产的减少额 　　收入减少或结转额		本期发生额： 　　负债及净资产的增加额 　　收入的增加额 　　资产的减少额 　　支出或费用减少或转销额
期末余额：资产余额		期末余额：负债及净资产余额

图 2-6　借贷记账法账户结构总结

（三）借贷记账法的记账规则

借贷记账法的记账规则，概括地说就是"有借必有贷，借贷必相等"。根据复式记账的原理，在借贷记账法下，任何一项经济业务发生都必须以相等的金额，借贷相反的方向，在两个或两个以上相互关联的账户中进行登记。现举例说明如下：

（1）用银行存款 2 000 元购买材料。这项业务的发生，使原材料和银行存款两个资产项目一增一减。增加记借方，减少记贷方，借贷金额相等。

（2）向银行借入短期借款 100 000 元，直接偿还应付账款。这项业务的发生，使短期借款和应付账款两个负债项目一增一减。增加记贷方，减少记借方，借贷金额相等。

（3）接受投资者投入设备一台，价值 260 000 元。这项业务的发生，使资产项目的固定资产和净资产项目的非流动资产基金同时增加 260 000 元。资产增加记借方，净资产增加记贷方，借贷金额相等。

（4）用银行存款 80 000 元归还长期借款。这项业务的发生，使资产项目银行存款和负债项目长期借款同时减少 80 000 元。资产减少记贷方，长期负债减少记借方，借贷金额相等。

第四节　会计凭证、账簿

一、会计凭证

会计凭证是记录经济业务发生和完成情况、明确经济责任并按一定格式编制的作为记账依据的书面证明。会计凭证按添置程序和用途，分为原始凭证和记账凭证。原始凭证是在经济业务发生或完成时，取得或填制书面证明，它是表明经济业务执行和完成情况的唯一合法凭据。记账凭证是会计人员根据审核后的原始凭证，按照会计制度的要求确定会计分录的凭证，是登记账簿的依据。

（一）原始凭证

原始凭证是指在经济业务发生或完成时取得或填制的，载明经济业务的具体内容，明确经济责任，具有法律效力的书面证明。原始凭证是会计核算的原始资料，也是填制记账凭证的依据。

1. 原始凭证的种类

事业单位的不同经济业务使用的原始凭证，主要有以下几种：

（1）支出凭证；

（2）收款凭证；

（3）往来结算凭证；

（4）银行结算凭证；

（5）缴拨款凭证；

（6）财产物资收付凭证。

2. 原始凭证的审核

对原始凭证进行审核，是确保会计信息质量，充分发挥会计监督积极作用的重要环节，也是会计机构、会计人员的法定职责。原始凭证的审核要点如下：

（1）审核原始凭证是否合法、合理。

审核原始凭证所反映的经济业务是否符合国家的政策、法令、制度的规定，有无违反财政纪律等违法乱纪的行为；是否符合厉行节约、反对铺张浪费的原则，有无违反该原则的现象。

（2）审核原始凭证是否真实、完整。

审核填制原始凭证的日期、所记录经济业务的内容的数据等是否符合实际情况，项目填写是否齐全，手续是否完备，外来原始凭证的填制单位公章、填制人员签字以及自制原始凭证的经办部门和经办人员的签名或盖章是否齐全。

（3）审核原始凭证是否正确、清楚。

审核原始凭证中摘要的填写是否符合要求，数量、单价、金额、合计数的计算和填写是否正确，大小写金额是否相符，书写是否清楚。

（二）记账凭证

记账凭证是会计人员根据审核无误的原始凭证或汇总原始凭证编制的，记载经济业务内容，确定账户名称、记账方向和金额的一种记录，是登记账簿的直接依据。记账凭证的主要作用在于对原始凭证进行分类、整理，按照复式记账的要求，运用会计科目，编制会计分录，据以登记账簿。

1. 记账凭证要素

记账凭证必须具备下列基本内容：

（1）填制单位名称；

（2）填制凭证的日期；

（3）凭证的种类和编号；

（4）经济业务摘要；

（5）会计科目名称及金额；

（6）所附原始凭证的张数；

（7）制单、复核、记账人员和会计主管人员的签章。

事业单位常见记账凭证的格式如表 2-2：

表 2-2　　　　　　　　　记账凭证　　　　　　　　　发字第 365 号

2012 年 12 月 15 日　　　　　　　　　附单据 2 张

摘要	科目名称		金额
	借方	贷方	
销售给春光公司甲产品一批，货款未付	应收账款	主营业务收入	20 000

财务主管：　　　　记账：　　　　审核：　　　　制单：

2. 记账凭证的填制

记账凭证填制的正确与否，直接关系到记账的真实性和正确性。会计人员填写记账凭证，必须注意以下几点：

（1）填制记账凭证必须以审核无误的原始凭证为依据。记账凭证可以根据每一张原始凭证填制，也可以根据汇总原始凭证填制。但不同内容和类别的原始凭证不能汇总填列在一张记账凭证上。

（2）记账凭证的摘要栏是对经济业务的简要说明，也是登记账簿的重要依据，必须针对不同性质的经济业务的特点，考虑到登记账簿的需要，正确地填写，不可漏填或错填。

（3）填制收、付款凭证的日期应按货币资金的实际收付日期填写，与原始凭证所记载的日期不一定相同；而转账凭证原则上按收到原始凭证的日期填写，但经济业务实际发生的日期应在摘要栏上注明。

（4）记账凭证的摘要栏是对经济业务的简要说明，填写时既要简明，又要确切。

（5）会计科目使用必须正确，应借、应贷账户的对应关系必须清楚。

（6）记账凭证在一个月内应当连续编号，以便查核。记账凭证填写完毕，应进行复核与检查，并按所使用的记账方法进行试算平衡。

3. 记账凭证的审核

为了保证账簿记录和会计信息的质量，记账凭证必须经过有关稽核人员的审核，才能登记账簿。审核记账凭证时，除了要对原始凭证进行复审外，还应对以下内容进行审核：

（1）审核记账凭证是否附有原始凭证，原始凭证的构成要素是否齐全、内容是否合法、真实，记账凭证所记录的经济业务与所附原始凭证所反映的经济业务是否相符。

（2）审核记账凭证的应借、应贷会计科目是否正确，账户对应关系是否清楚，所使用的会计科目及其核算内容是否符合会计制度的规定，金额计算是否准确；是否存在少计收入、多计费用，擅自扩大成本开支范围等问题。

（3）审核摘要是否填写清楚、项目填写是否完整、有关人员签章是否齐全等。

二、会计账簿

会计账簿是以会计凭证为依据，用以全面、系统、序时、分类记录和反映各项经济业务的簿记。设置和登记账簿是会计核算的中心环节。

　　会计账簿的种类较多，按照不同的标准进行的分类如图 2-7 所示：

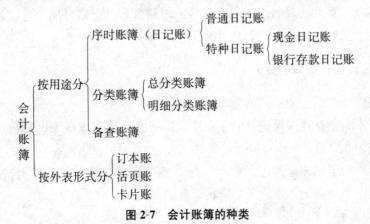

图 2-7　会计账簿的种类

（一）会计账簿的设置

　　事业单位通常要设置如下账簿：

　　（1）总分类账簿。简称总账，根据总账科目（一级科目）开设账户来分类登记全部经济业务，提供总括核算资料。

　　（2）明细分类账簿。简称明细账，根据总账科目设置，按照其所属明细科目开设账户，用以分类登记某一类经济业务，提供明细核算资料。

　　（3）序时账簿。也称日记账，是按照经济业务完成时间的先后顺序进行逐日逐笔登记的账簿。在古代会计中也称为"流水账"。日记账又可分为普通日记账和特种日记账。普通日记账是将企业每天发生的所有经济业务，不论其性质如何，按其先后顺序，编成会计分录记入账簿，所以又称为分录日记账。由于普通日记账要序时地记录全部的经济业务，其记账工作量较大，因而在实际工作中应用并不广泛；特种日记账是按经济业务性质单独设置的账簿，它只把特定项目按经济业务顺序记入账簿，反映其详细情况，如现金日记账和银行存款日记账。

（二）会计账簿的基本结构

　　各种账簿所记录的经济业务不同，账簿的格式可以多种多样。但各种主要账簿均应具备下列基本内容：

　　（1）封面，写明账簿名称和记账单位名称。

（2）扉页，填写启用的日期和截止的日期、页数、册次，经管账簿人员一览表和签章，会计主管签章，账户目录等。

（3）账页，账页的基本内容包括账户的名称、记账日期、凭证种类和号数栏、摘要栏、金额栏、总页次和分户页次。

（三）会计账簿的登记

账簿的登记应遵守以下要求：

（1）为了保证账簿记录的正确性，账簿必须根据审核无误的会计凭证进行登记。

（2）为了保证账簿记录的严密性，各种账簿必须按编定的页次逐页、逐行顺序连续登记，不能隔页、跳行登记。

复习思考题

1. 事业单位会计的概念是什么？

2. 会计核算的基本假设是什么？明确会计核算基本假设有什么意义？

3. 与企业会计比较，事业单位会计核算有什么特点？

4. 事业单位会计要素与企业比较有哪些不同？为什么会有不同？

5. 试述事业单位的会计等式，分析经济业务发生时会引起会计等式的哪些变化。

6. 试述借贷记账法的要点。

7. 在事业单位会计中，一般有哪些原始凭证，使用哪些账簿？

练习题

一、判断题

1. 事业单位都以收付实现制作为会计核算基础。（×）

2. 会计等式"资产＝负债＋净资产"同会计等式"资产＝负债＋所有者权益"所体现的经济关系，实际上是一样的。（×）

3. 事业单位会计科目没有"预算外资金收入"科目。（√）

4. 预算会计是为国家预算管理服务的管理手段之一，由与政府工作直接相关的行政单位会计和财政会计组成。（×）

5.《事业单位会计准则》对事业单位会计核算的信息质量要求增加了全面性要求。（√）

二、单项选择题

1. 事业单位会计不具有的特点是（D）。

A. 来源多渠道　　　　　　B. 支出多用途

C. 不计算盈利　　　　　　D. 采用权责发生制

2. 事业单位会计规范是会计行为的标准，下列不属于事业单位会计规范的是（D）。

A. 会计法　　　　　　　　B. 事业单位会计准则

C. 事业单位财务规则　　　D. 注册会计师法

3. 事业单位的会计等式是（A）。

A. 资产＝负债＋净资产　　B. 资产＝负债＋所有者权益

C. 资产＝权益　　　　　　D. 资产＝负债＋收入－支出

4. 下列属于事业单位资产类的会计科目的是（C）。

A. 专用基金　　　　　　　B. 事业收入

C. 财政应返还额度　　　　D. 长期借款

5. 目前，我国事业单位采用的记账方法是（C）。

A. 单式记账法　　　　　　B. 增减记账法

C. 借贷记账法　　　　　　D. 收付记账法

CHAPTER

3

第三章
资产管理与核算

第一节　资产概述

一、资产的概念

新的《事业单位会计准则》中规定：资产是指事业单位占有或者使用的能以货币计量的经济资源，包括各种财产、债权和其他权利。它是事业单位开展业务活动，实现其自身目标不可或缺的物质保障。

资产具有以下特征：

第一，它是事业单位拥有或控制的经济资源，具有为事业单位服务的潜能或某些特定权利，事业单位可以自主地运用其进行经济活动，并承担由此产生的各种风险。

第二，它是具有价值，可以用货币来计量，并据以登记入账、核算、反映的经济资源。

第三，它必须通过已经发生的交易或事项为事业单位所取得，必须由单位拥有或控制。

二、资产的分类

资产按不同的标准可以有不同分类。按其是否具有实物形态可分为有形资产和无形资产；按其与货币的关系分为货币性资产和非货币性资产；

按其流动性分为流动资产和非流动资产；按与产权的关系分为自有资产和租入资产等。

事业单位为了有效地管理各项资产，通常将资产按照流动性，分为流动资产和非流动资产。

流动资产是指预计在 1 年内（含 1 年）变现或者耗用的资产。包括货币资金、短期投资、应收及预付款项、存货等。货币资金包括库存现金、银行存款、零余额账户用款额度等。周转快、变现能力强，以及实物形态不断变化是流动资产的主要特点。

非流动资产是指流动资产以外的资产。这些资产一般不易变现，流动性较弱，主要包括长期投资、在建工程、固定资产、无形资产等。

三、资产的管理

事业单位为了科学管理和有效地运用资产，准确及时地掌握各项资产的增减变化及结存情况，应当对各项资产进行分类核算，反映和监督各类资产的变化，并在资产负债表中分项目进行披露。

事业单位资产大部分属于国有资产范畴，为保障资产安全，并使其发挥更大的效益，应切实加强事业单位的国有资产管理。财政部于 2006 年 5 月 30 日出台的《事业单位国有资产管理暂行办法》明确提出，事业单位国有资产管理活动，坚持资产管理与预算管理相结合的原则，坚持所有权与使用权相分离的原则，坚持资产管理与财务管理、实物管理与价值管理相结合的原则。在 2012 年 4 月 1 日实施的《事业单位财务规则》中也指出：事业单位应健全单位资产管理制度，加强和规范资产配置、使用和处置管理，维护资产安全完整，保证事业健康发展。

第二节　货币资金的核算

货币资金是以货币形态存在的资产，包括现金、银行存款、零余额账户用款额度等。在现代商品经济的社会中，商品和劳务的交换必须通过货币计量来进行。比如，购买材料、支付工资等都必须通过货币资金进行结算。

一、库存现金

事业单位的库存现金（即现金），是指存放于单位内部，用于满足单位日常开支的货币资金。现金是流动性最强的一种货币性资产，可以立即投入到流通领域，既可随时用于购买物品、支付费用、偿还债务，也可随时存入银行。因此，对于现金的核算以及管理便显得十分的重要。

（一）现金管理的基本内容

为了保证现金的安全，事业单位应严格遵守国家有关现金管理制度的规定，加强对现金收支的日常管理，正确进行现金收支的核算。现金管理的内容包括现金的实物管理、现金的使用管理、现金的限额管理和现金的内部控制制度等。

1. 现金的实物管理

对库存在单位的现金实物，应切实做好保管工作，防止遗失、被盗和毁损。一是建立健全现金实物管理的各种制度；二是明确现金管理的主要责任人，各单位的现金应由出纳保管，出纳应是第一责任人。对主要责任人要进行资金的日常安全教育，提高其安全意识。同时可采取一些配套相关的安全措施，如使用保险柜，安装防盗门、防盗窗、报警器，配备保安人员及防火设施，减少库存数量，逐日清点等。

2. 现金的使用管理

由于现金属于流动性很强的资金形式，在使用过程中若管理不善容易造成损失，健全制度、明确范围、加强管理极为重要。

（1）遵守现金使用范围。国务院发布的《现金管理暂行条例》对现金的支付范围做了明确规定，各单位应在规定的范围内使用现金，不属于现金结算范围的款项收付，一律通过银行进行转账结算。各单位可在下列范围内使用现金：

① 个人的工资、津贴。

② 个人的劳务报酬。

③ 结算起点以下的零星支出。

④ 向个人收购农副产品和其他物资的价款。

⑤ 根据国家规定颁发给个人的科学技术、文化艺术、体育等各类

奖金。

　　⑥ 各种劳保、福利费用以及国家规定的对个人的其他支出。

　　⑦ 出差人员必须携带的差旅费。

　　⑧ 中国人民银行确定需要支付现金的其他支出。

　　（2）事业单位应严格执行现金收付手续，遵守现金管理的相关规定。注意如下"不准"：

　　① 出纳人员要根据经审核无误的合法凭证办理现金收付，不准用不符合财务制度的凭证顶替现金，即不得"白条抵库"。

　　② 不准谎报用途套取现金。

　　③ 不准用银行账户代其他单位和个人存入或支取现金。

　　④ 不准将单位收入的现金，以个人名义存储，不准保留账外公款，即不得"公款私存"。

　　⑤ 不得设置"小金库"等。

　　（3）各单位收入的现金应于当日送存银行，当日送存确有困难，由开户银行确定送存时间。需要支付现金时，从本单位限额库存的现金中支付，或从银行提取，不得从单位的现金收入中直接支付，即不得"坐支"，实行"收支两条线"。若因特殊情况确需坐支现金的，应事先报经开户银行审查批准，由开户银行核定坐支范围和限额。坐支单位应定期向开户银行报送坐支金额和使用情况。

　　3. 现金的库存限额管理

　　现金库存限额是指为了保证事业单位日常零星开支的需要，允许事业单位留在单位现金的最高数额。现金限额的管理主要包括以下内容：

　　（1）日常零星开支所需现金的最高库存限额由事业单位提出申请，开户银行根据事业单位的实际情况予以核定，一般为三至五天的日常零星开支需要量。边远和交通不便地区的事业单位，库存现金限额可适当放宽，但不得超过十五天的正常需要量。

　　（2）每天下班时，库存现金结存数不得超过核定的限额，超过部分应送存银行，恢复零余额账户用款额度，以保证现金的安全。如需调整库存限额，应向开户银行提出申请，由开户银行核定。

　　4. 现金的内部控制制度

　　现金的流动性最强，诱惑力也最大，最容易被人挪用和侵吞。因此，任何单位加强对现金控制的目的并不在于发现差错，而是要减少发生差错、舞弊、欺诈的机会。

内部控制制度一般包括以下内容：

（1）岗位分设，互相监督。为了保证现金的安全，防止各种错误、欺诈的发生，现金的收付、结算、审核、登记等工作不得由一人兼管，即会计与出纳要分开，会计管账不管钱，出纳管钱不管账，即现金的收进和支付由出纳完成，但反映现金收入、付出的凭证的填制、总账的登记由会计完成，互相牵制。现金收付业务量较大、条件较好的单位，应单独设置现金出纳员，专门负责现金的收付工作，并登记现金日记账；现金收付业务量不大、条件不具备的单位，应确定专人兼管现金出纳工作。现金出纳人员不得兼管收入费用、债权债务的登记工作，不得兼任稽核和档案保管工作。

（2）遵守现金管理的有关规定。库存现金限额一旦核定，就要严格遵守，多余的现金送存银行，如果当天不能送存，第二天一定要送存银行；不足部分应从银行提款补充，不能用收入来弥补；所有的支出，超过一定限额时，应使用支票或其他结算方式，不能用现金支付。

（3）建立现金的各种会计处理规程和制度。包括现金凭证的传递，账簿登记的程序、规则，原始凭证的复核制度、收据或发票的编号或销号制度，现金日记账的日清月结制度等。财务人员要严格遵守已经建立的各种现金处理规程和制度。

（4）做好日常的现金收支的内部控制。办理任何现金收支，都必须以合法的原始凭证为依据。收付现金的各种原始单据，应根据各单位的具体情况，指定专人进行审核，出纳员按月连续编号，作为现金出纳的顺序号。出纳员付出现金后，应当在原始单据上加盖"现金付讫"戳记，并在当天入账，不准以借据抵现金、不入账。收到现金后，属于各项收入的现金，都应开给对方收据。一切现金收入必须当天入账，尽可能在当天存入银行，不能当天存入银行的，应于次日上午送存银行。

（5）定期或不定期地对现金进行清查，做到日清月结，账实相符。如发现长款或短款，应及时查明原因，做出处理。如果单位违反现金收支日常管理的规定，开户银行有权责令其停止违法行为，并根据情节轻重给予警告或罚款；情节严重的，可在一定期限内停止对该单位的现金支付。现金收付业务较多的单位，现金出纳人员应每日编制"库存现金日报表"，连同原始单据交会计人员复核整理后填制记账凭单。

（二）库存现金核算的主要内容

1. 库存现金的账户设置

为了有效地反映事业单位库存现金的收入、支出以及结存情况，事业单位应该设置"库存现金"账户，从而有效地核算和管理库存现金。库存现金账户属于资产类账户，借方反映现金的增加，贷方反映现金的减少，期末的借方余额反映事业单位持有的库存现金数额。

事业单位有外币现金的，应当分别按照人民币、各种外币设置"现金日记账"进行明细核算。有关外币现金业务的账务处理参见"银行存款"科目的相关规定。

2. 库存现金的账务处理

（1）从银行等金融机构提取现金，按照实际提取的金额，借记"库存现金"，贷记"银行存款"等科目；将现金存入银行等金融机构，按照实际存入的金额，借记"银行存款"等科目，贷记"库存现金"。

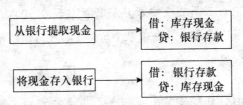

（2）因内部职工出差等原因借出的现金，按照实际借出的现金金额，借记"其他应收款"科目，贷记"库存现金"；出差人员报销差旅费时，按照应报销的金额，借记"事业支出"等有关科目，按照实际借出的现金金额，贷记"其他应收款"科目，按其差额，借记或贷记"库存现金"。

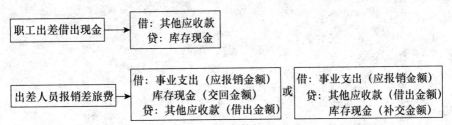

（3）因开展业务等其他事项收到现金，按照实际收到的金额，借记"库存现金"，贷记"其他收入"等有关科目；因购买服务或商品等其他事项支出现金，按照实际支出的金额，借记"经营支出"等有关科目，贷记

"库存现金"。

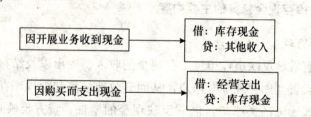

现金收入业务较多、单独设有收款部门的事业单位，收款部门的收款员应当将每天所收现金连同收款凭据等一并交财务部门核收记账；或者将每天所收现金直接送存开户银行后，将收款凭据及向银行送存现金的凭证等一并交财务部门核收记账。

同时，事业单位应该设置"现金日记账"，由会计人员按照业务发生的顺序，根据收付款凭证，逐笔登记。每日终了，计算现金收入合计、现金支出合计以及结余数，将结余数与实际库存数相核对，做到账实相符。

【例3-1】 某事业单位财务部门20××年10月份发生如下现金业务：

（1）10月1日，开具现金支票从银行提取现金20 000元作为备用金。

财务人员根据"现金支票存根联"，填制记账凭证。会计处理如下：

借：库存现金 20 000

贷：银行存款 20 000

（2）10月5日，职工李某出差归来，报销差旅费1 500元，并且退回多预支的现金500元，以现金支付。

根据"差旅费报销单"以及"收款收据"，填制记账凭证。会计处理如下：

收到退回现金时：

借：库存现金 500

贷：其他应收款 500

报销差旅费时：

借：事业支出 1 500

贷：其他应收款 1 500

（3）10月10日，本单位某部门交来变卖废旧物品收入现金300元。

借：库存现金 300

贷：其他收入 300

（4）10月15日，本单位销售产品，价税合计936元以现金结算。

　　借：库存现金　　　　　　　　　　　　　　　　　　　　936

　　　　贷：经营收入　　　　　　　　　　　　　　　　　　800

　　　　　　应交税金——应交增值税　　　　　　　　　　136

【例3-2】　某事业单位财务部门20××年10月份发生如下现金付款业务：

（1）10月12日，用现金500元购买本单位办公用品。

根据购买发票，或者收据填制记账凭证。会计处理如下：

　　借：事业支出　　　　　　　　　　　　　　　　　　　500

　　　　贷：库存现金　　　　　　　　　　　　　　　　　　500

（2）10月15日，张某因公出差，借款800元。

依据有关领导审批的"借款单"，填制记账凭证。会计处理如下：

　　借：其他应收款　　　　　　　　　　　　　　　　　　800

　　　　贷：库存现金　　　　　　　　　　　　　　　　　　800

（3）10月25日，张某出差归来，经过审核可以报销的差旅费为700元，用现金支付100元的差额。

根据"差旅费报销单"以及"付款收据"，填制记账凭证。会计处理如下：

　　借：事业支出　　　　　　　　　　　　　　　　　　　700

　　　　贷：其他应收款　　　　　　　　　　　　　　　　600

　　　　　　库存现金　　　　　　　　　　　　　　　　　100

（4）10月26日，将本日超过库存限额的现金500元送交银行。

根据银行出具的"现金交款单"，填制记账凭证。会计处理如下：

　　借：银行存款　　　　　　　　　　　　　　　　　　　500

　　　　贷：库存现金　　　　　　　　　　　　　　　　　　500

（三）现金清查的核算

作为流动性极强的一项资产，事业单位应该定期或者不定期地对现金进行清查，从而保证现金安全。现金清查的方法主要有两种：一种是出纳人员每日工作结束后进行的清点和核对，这属于定期清查；另外一种是由单位的财务及有关部门组成专门的清查小组，不定期地对现金进行突击检查，这属于不定期清查。要注意定期清查要与不定期的清查相结合。对于现金的盘亏和盘盈都要查明原因，并且按照相关规定处理。

1. 事业单位现金盘盈的处理

当事业单位发现现金盘盈时，首先通过"其他应付款"科目进行核算，然后查明原因，再做进一步的处理。

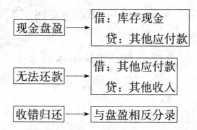

【例 3-3】 某事业单位财务部门 20××年 10 月份进行现金清查发现如下情况。会计处理如下：

（1）现金的实际数比账面数多出 200 元，暂时没有查明原因。

借：库存现金　　　　　　　　　　　　　　　　　　　200

　　贷：其他应付款　　　　　　　　　　　　　　　　　200

（2）假设经过调查，发现盘盈的 200 元现金为错收现金所致，则相应的归还盘盈款。

借：其他应付款　　　　　　　　　　　　　　　　　　200

　　贷：库存现金　　　　　　　　　　　　　　　　　　200

（3）假设经过调查，没有发现盘盈的原因，或者无法找到还款人。

借：其他应付款　　　　　　　　　　　　　　　　　　200

　　贷：其他收入　　　　　　　　　　　　　　　　　　200

2. 事业单位现金盘亏的处理

当事业单位发现现金盘亏时，首先通过"其他应收款"科目进行核算，然后查明原因，再做进一步的处理。

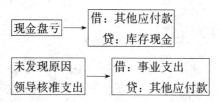

【例 3-4】 某事业单位财务部门 20××年 10 月份进行现金清查发现如下情况。会计处理如下：

（1）现金的实际数比账面数少 300 元，暂时没有查明原因。

借：其他应收款　　　　　　　　　　　　　　　　　　300

　　　贷：库存现金 300

　　（2）假设经过调查，发现盘亏的 300 元现金为出纳人员错付现金所致，由相应的责任人赔偿。

　　　借：库存现金 300

　　　贷：其他应收款 300

　　（3）假设经过调查，没有发现盘亏的原因，经单位领导批准作事业支出处理。

　　　借：事业支出 300

　　　贷：其他应付款 300

二、银行存款

（一）银行存款户的开立

　　银行存款是指事业单位存入或者转入开户银行以及其他金融机构的货币资金，包括人民币存款和外币存款。单位日常收入的现金，除按照现金保管限额存放在单位内以备日常开支的需要外，超过规定限额的资金，必须及时交存开户银行，为了便于通过银行进行大额存款的收支结算，事业单位必须在所在地或者就近开设银行账户。实行国库集中支付方式后，财政为各预算单位在商业银行开立零余额账户，用于反映财政授权用款额度的下达使用情况。各预算单位零余额账户开设后，单位的一切开支和资金往来都应通过零余额账户办理，其他一切账户应予以取消。但由于我国经济还处于转轨时期，预算单位还有一些非财政性资金往来，在国库单一账户体系之外，还要暂时保留部分账户。但保留的账户要符合有关规定，在清理的基础上报财政部门审批、备案。

（二）银行存款户的管理

　　事业单位应加强对本单位银行账户开户的管理，根据中国人民银行颁布的《银行账户管理办法》，除另有规定外，事业单位只能在银行开立一个基本存款账户。对开立的银行存款户应按以下原则管理：

　　（1）认真贯彻执行国家的政策、法令，严格遵守银行的各项结算制度和现金管理制度，事业单位必须在经国家有关部门正式批准的银行或非银行的金融机构开立账户，办理有关存取款及转账业务，接受银行监督。

（2）事业单位内部各部门取得的事业收入、经营收入都应按规定纳入单位财务部门的统一监管之下，原则上只由单位财务部门开立账户。银行存款户只供本单位使用，不准出租、出借或转让给其他单位或个人使用；同时杜绝开户过多、过滥的现象。

（3）各种收支款凭证，必须如实填明款项来源或用途，不得巧立名目，弄虚作假，套取现金，套购物资，严禁利用账户搞非法活动。

（4）银行存款户必须有足额的资金保证支付，加强支票管理，不准签发空头支票和其他远期支付凭证。

此外，还应重视和银行的对账工作，认真及时地与银行对账单进行核对，保证账账相符，账款相符。如有不符，要及时与银行查对清楚。

（三）银行存款的核算

1. 账户的设置与管理

事业单位应设置"银行存款"账户，用来核算单位存入银行和其他金融机构的各种存款。该账户属于资产类账户，其借方登记财政或者上级主管部门拨入经费和其他原因使事业单位增加的存款数额，贷方登记因事业单位支取和转账结算而减少的存款数额，本期借方余额反映事业单位的银行存款实存数额。

事业单位按开户银行和其他金融机构的名称以及存款种类等，分别设置"银行存款日记账"，由出纳人员根据收付款凭证逐笔的顺序登记，每日终了计算出余额。事业单位发生的外币银行存款业务，应该将外币金额折合成为人民币记账，并且采用两种币种记账，登记外国货币的金额以及汇率。发生的外币收支业务，应按照人民币和各种外币设置明细账。

2. 银行存款的账务处理

（1）将款项存入银行或其他金融机构，借记"银行存款"，贷记"库存现金"、"事业收入"、"经营收入"等有关科目。

将款项存入金融机构 ⟶ 借：银行存款
　　　　　　　　　　　　　贷：库存现金、事业收入等

（2）提取和支出存款时，借记"事业支出"等有关科目，贷记"银行存款"。

$$
提取或支出存款 \longrightarrow \boxed{\begin{array}{l} 借：事业支出等 \\ 贷：银行存款 \end{array}}
$$

【例3-5】 某事业单位20××年10月份发生如下业务。会计处理如下：

（1）事业单位本月销售商品收到对方支付的款项，价税合计11 700元，其中增值税数额为1 700元。该款项已经通过银行存款收讫。

借：银行存款	11 700
贷：经营收入	10 000
应交税费——应交增值税（销项税额）	1 700

（2）事业单位本月通过银行存款支付外购煤气费5 000元（用于产品生产的能源）。

借：经营支出	5 000
贷：银行存款	5 000

（3）修缮职工宿舍，按照合同双方的规定，先预付部分合同款500 000元，通过银行转账支票结算。

借：预付账款	500 000
贷：银行存款	500 000

3. 银行存款清查的核算

为了详细、序时地反映银行存款的收支和结存情况，加强对银行存款的管理，便于同银行进行账目核对，事业单位应按开户银行和其他金融机构的名称，以及存款的种类，分别设置"银行存款日记账"，出纳人员根据收付款凭证逐笔顺序登记，每日终了应结出余额。银行存款日记账应定期与银行对账单核对，至少每月核对一次。对于银行存款日记账与银行对账单金额不相符的情况，应该逐笔查明原因，分别处理。如果出现金额不相符的情况是因为存在未达账项，则应该编制"银行存款余额调节表"。

（四）外币存款的核算

根据《事业单位会计制度》的规定，事业单位发生外币业务的，应当按照业务发生当日（或当期期初，下同）的即期汇率，将外币金额折算为人民币记账，并登记外币金额和汇率。并在"银行存款"账户下分别按人民币和各种外币设置"银行存款日记账"进行明细核算。具体规定如下：

（1）以外币购买物资、劳务等，按照购入当日的即期汇率将支付的外币或应支付的外币折算为人民币金额，借记"事业支出"等有关科目，贷记"银行存款"、"应付账款"等科目的外币账户。

用外币购买物资、劳务 → 借：事业支出（按当日汇率折算的人民币金额）
　　　　　　　　贷：银行存款等

（2）以外币收取相关款项等，按照收取款项或收入确认当日的即期汇率将收取的外币或应收取的外币折算为人民币金额，借记"银行存款"、"应收账款"等科目的外币账户，贷记"其他收入"等有关科目。

以外币收取款项 → 借：银行存款（按当日汇率折算的人民币金额）
　　　　　贷：其他收入等

（3）期末，根据各外币账户按期末汇率调整后的人民币余额与原账面人民币余额的差额，作为汇兑损益，借记或贷记"银行存款"、"应收账款"、"应付账款"等科目，贷记或借记"事业支出"、"经营支出"等科目。

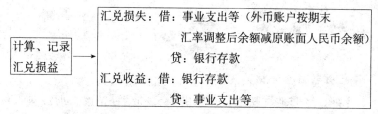

计算、记录汇兑损益 → 汇兑损失：借：事业支出等（外币账户按期末
　　　　　　　　　汇率调整后余额减原账面人民币余额）
　　　　　　　贷：银行存款
汇兑收益：借：银行存款
　　　　　贷：事业支出等

期末，各种外币账户的外币余额应当按照期末的即期汇率折算为人民币，作为外币账户期末人民币余额。调整后的各种外币账户人民币余额与原账面人民币余额的差额，作为汇兑损益计入相关支出。

【例3-6】 某事业单位11月末银行存款美元户为 20 000 美元，汇率为 1 美元＝6.26 元人民币，账面人民币余额为 125 200 元。12月份接受某外国友人向事业单位的捐赠 40 000 美元，当日汇率为 1 美元＝6.25 人民币；年底前从国外某出版社订购图书一批，支付 10 000 美元，当日汇率为 1 美元＝6.28 人民币。会计核算如下：

接受捐赠时:40 000×6.25＝250 0009(元)

借：银行存款——美元户　　　　　　　　　　　　　　250 000
　　贷：其他收入　　　　　　　　　　　　　　　　　　　　250 000

支付书款时:10 000×6.28＝62 800(元)

借：事业支出　　　　　　　　　　　　　　　　62 800
　　贷：银行存款——美元户　　　　　　　　　　　62 800

年度终了，按当日汇率 1：6.20 计算银行存款美元户的人民币余额，并调整其与原账面人民币余额的差额。计算如下：

美元户人民币账面期末余额＝125 200＋250 000－62 800＝312 400（元）

美元户美元余额＝20 000＋40 000－10 000＝50 000（元）

美元户按年末汇率调整后的人民币余额＝50 000×6.20＝310 000（元）

应调整的差额＝312 400－310 000＝2 400（元）

据此作会计分录为：

借：事业支出　　　　　　　　　　　　　　　　2 400
　　贷：银行存款　　　　　　　　　　　　　　　　2 400

三、零余额账户用款额度

（一）零余额账户的开立和使用

如前所述，在国库单一账户体系下，要求所有财政性资金都要纳入国库单一账户体系进行管理，即零余额账户成为事业单位办理日常转账结算和现金收付、工资和奖金发放的基本存款账户。在采用授权支付的情况下，为使财政性资金拨付使用顺利实现，财政部门在商业银行为事业单位开设零余额账户，用于财政授权支付和清算。

1. 零余额账户的开立

事业单位应首先提出开户申请，由一级预算单位核算汇总，填写《预算单位财政授权支付银行开户情况汇总申请表》，报财政部门批准设立，财政部门审核同意后通知代理银行。代理银行根据财政部门批准事业单位开设零余额账户的通知文件以及《银行账户管理办法》的规定，具体办理开设预算单位零余额账户的业务。

2. 零余额账户的使用

事业单位零余额账户实行用款额度管理，并且只能用于财政部门授权事业单位支付额度内的支付，及与国库单一账户及财政专户管理的资金清算。该账户可以办理转账、提现等业务，也可以向本单位按账户规定保留的相应账户划拨工会经费、住房公积金及提租补贴，以及财政部门批准的特殊款项。

　　财政部门向事业单位的代理银行下达零余额账户用款额度时，该单位的单位零余额账户用款额度增加。事业单位可以根据经批准的单位预算和用款计划，自行向单位零余额账户的代理银行开具支付令，从单位零余额账户向收款人支付款项，或从单位零余额账户提取现金。代理银行在将事业单位开具的支付令与事业单位的单位预算和用款计划进行核对，并向收款人支付款项后，于当日通过事业单位的零余额账户与财政国库单一账户进行资金清算。资金清算后，事业单位零余额账户的余额为零。尽管如此，只要事业单位从单位零余额账户中支取的款项小于财政部门下达的单位零余额账户用款额度，事业单位零余额账户的用款额度仍然存放在代理银行。事业单位仍然可以继续通过单位零余额账户使用剩余的用款额度，实现支付。因此，零余额账户用款额度尽管只是一个用款额度，但它是事业单位可以随时使用的一项特殊的流动资产。

　　事业单位实行零余额账户管理后，"银行存款"账户的核算内容改为预算单位的自筹资金收入、以前年度结余、各项往来款项、不必上缴财政的零星杂项收入、有偿服务收入等。

（二）零余额账户用款额度的核算

　　为核算事业单位零余额账户的用款情况，事业单位应设置"零余额账户用款额度"账户，借方登记增加的零余额账户用款额度，贷方登记减少的零余额账户用款额度，该账户期末借方余额，反映事业单位尚未支用的零余额账户用款额度。本科目年末应无余额。制度具体规定如下：

　　（1）在财政授权支付方式下，收到代理银行盖章的《授权支付到账通知书》时，根据通知书所列数额，借记"零余额账户用款额度"，贷记"财政补助收入"科目。

收到财政授权可使用额度 ——→ 借：零余额账户用款额度
　　　　　　　　　　　　　　贷：财政补助收入

　　（2）按规定支用额度时，借记有关科目，贷记"零余额账户用款额度"。

支用额度 ——→ 借：事业支出等
　　　　　　　　贷：零余额账户用款额度

　　（3）从零余额账户提取现金时，借记"库存现金"科目，贷记"零余额账户用款额度"。

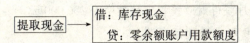

（4）因购货退回等发生国库授权支付额度退回的，属于以前年度支付的款项，按照退回金额，借记"零余额账户用款额度"，贷记"财政补助结转"、"财政补助结余"、"存货"等有关科目；属于本年度支付的款项，按照退回金额，借记"零余额账户用款额度"，贷记"事业支出"、"存货"等有关科目。

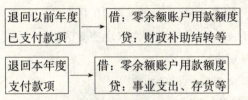

（5）年度终了，依据代理银行提供的对账单作注销额度的相关账务处理，借记"财政应返还额度——财政授权支付"科目，贷记"零余额账户用款额度"。事业单位本年度财政授权支付预算指标数大于零余额账户用款额度下达数的，根据未下达的用款额度，借记"财政应返还额度——财政授权支付"科目，贷记"财政补助收入"科目。

下年初，事业单位依据代理银行提供的额度恢复到账通知书作恢复额度的相关账务处理，借记"零余额账户用款额度"，贷记"财政应返还额度——财政授权支付"科目。事业单位收到财政部门批复的上年末未下达零余额账户用款额度的，借记"零余额账户用款额度"，贷记"财政应返还额度——财政授权支付"科目。

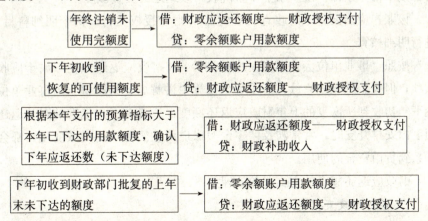

【例3-7】 某事业单位20××年10月份收到《财政授权支付用款额度

到账通知书》，本月获得财政授权支付额度为 200 000 元，会计处理如下：

借：零余额账户用款额度   200 000

     贷：财政补助收入——财政授权支付   200 000

【例 3-8】 某事业单位 20××年 10 月份填写《财政资金授权支付凭证》，购买开展业务所需要的材料，授权支付金额为 25 000 元，会计处理如下：

借：存货   25 000

     贷：零余额账户用款额度   25 000

【例 3-9】 某事业单位 20××年 10 月份发生业务如下：

（1）预算单位从零余额账户提取现金 3 000 元，其会计处理如下：

借：库存现金   3 000

     贷：零余额账户用款额度   3 000

（2）用现金支付差旅费支出 3 000 元，会计处理如下：

借：事业支出   3 000

     贷：库存现金   3 000

四、财政应返还额度

"财政应返还额度"账户用来核算实行国库集中支付的事业单位应收财政返还的资金额度，反映事业单位年终结转结余资金的数额。该账户借方用来记录和反映年末事业单位尚未使用的计划内（或额度内）的财政资金数，贷方用来记录和反映下年度实际支出的冲减数额或返还的额度，本科目期末借方余额，反映事业单位应收财政返还的资金额度。

该账户应当设置"财政直接支付"、"财政授权支付"两个明细科目，进行明细核算。

按照《事业单位会计准则》中的划分，"财政应返还额度"属于应收款项，但我们感觉把它放在货币资金核算中讲解更容易理解。当事业单位在下年初收到所恢复的上年财政应返还额度，或者在下年批准的财政返还额度内安排开支时，常常涉及"零余额账户用款额度"的增减变化，都会联系到货币资金的使用。

财政应返还额度的主要账务处理如下：

1. 实行财政直接支付的

年度终了，事业单位根据本年度财政直接支付预算指标数与当年财政直接支付实际支出数的差额，借记"财政应返还额度"（财政直接支付），贷记"财政补助收入"科目。

下年度恢复财政直接支付额度后，事业单位以财政直接支付方式发生实际支出时，借记"事业支出"等有关科目，贷记"财政应返还额度"（财政直接支付）。

2. 实行财政授权支付的

（1）年度终了，事业单位依据代理银行提供的对账单作注销额度的相关账务处理，借记"财政应返还额度"（财政授权支付），贷记"零余额账户用款额度"科目。下年初，事业单位依据代理银行提供的《额度恢复到账通知书》作恢复额度的相关账务处理，借记"零余额账户用款额度"科目，贷记"财政应返还额度"（财政授权支付）。

（2）年度终了，事业单位本年度财政授权支付预算指标数大于零余额账户用款额度下达数的，根据未下达的用款额度，借记"财政应返还额度"（财政授权支付），贷记"财政补助收入"科目。下年初，事业单位收到财政部门批复的上年末未下达零余额账户用款额度时，借记"零余额账户用款额度"科目，贷记"财政应返还额度"（财政授权支付）。

【例3-10】　某事业单位实行国库单一账户制度。年终，本年度财政直接支付预算指标数为150万元，而财政直接支付的实际支出数额为145万元，该单位存在尚未使用的财政直接支付预算指标为5万元。年末会计处理如下：

借：财政应返还额度（财政直接支付）　　　　　　　　　　　50 000
　　贷：财政补助收入　　　　　　　　　　　　　　　　　　50 000

【例3-11】　某事业单位本年度财政下达的授权支付预算指标数为68万元，但年度内财政授权的实际支付数为63万元，该事业单位零余额账户代理银行收到的零余额账户用款额度为67万元。年末会计处理如下：

尚未使用的额度：67－63＝4万元，这部分未使用的额度在本年从零余额账户注销后，应在下年为事业单位恢复并返还到该单位的零余额账户。

借：财政应返还额度（财政授权支付）　　　　　　　　　　　40 000
　　贷：零余额账户用款额度　　　　　　　　　　　　　　　40 000

尚未收到的额度：68－67＝1万元，这部分属于代理银行还未收到的额度，应在财政部门下年批复后获得零余额账户用款额度使用权。

借：财政应返还额度（财政授权支付）　　　　　　　10 000

　　贷：财政补助收入　　　　　　　　　　　　　　　　　10 000

第三节　应收款项的核算

一、应收款项的组成

应收款项是指事业单位在业务活动中，因销售产品或提供劳务给客户所形成的应收取的款项，或预先支付供货单位货款从而取得索取货款、货物、劳务补偿的要求权。事业单位的应收款项主要有：应收账款、应收票据、预付账款、其他应收款等。至于"财政应返还额度"虽属于应收款项，由于已在上节中讲解故将不在本节中赘述。

应收账款是事业单位因开展经营活动销售产品、提供有偿服务等而应收取的款项。

应收票据是事业单位因开展经营活动销售产品、提供有偿服务等而收到的商业汇票，包括银行承兑汇票和商业承兑汇票。

其他应收款是事业单位除财政应返还额度、应收票据、应收账款、预付账款以外的其他各项应收及暂付款项，如职工预借的差旅费、拨付给内部有关部门的备用金、应向职工收取的各种垫付款项等。

预付账款是事业单位按照购货、劳务合同规定预付给供应单位的款项。

二、应收账款

（一）应收账款概述

应收账款是指因销售商品或提供劳务而应向购货单位或顾客收取的款项。应收账款在资产负债表中列作流动资产。应收账款的预计正常回收期最多不超过一年。

会计上所指的应收账款，有其特定的范围，主要是指销售过程中因赊销所形成的债权，不包括供应过程中因超过付款金额而形成的债权，也不包括应收的职工欠款、应收债务人的利息等其他应收款。

(二) 应收账款的核算

1. 应收账款的账户设置

为了反映事业单位应收账款的发生、收回以及结存情况，应该设置"应收账款"账户。该账户属于资产类账户，其借方登记应收账款的发生额，贷方登记应收账款的收回、转让以及核销的金额。期末余额在借方，反映单位尚未收回的应收账款数额。在不设置"预收账款"账户的单位，预收账款也可以在"应收账款"账户中核算。

2. 应收账款的账务处理

（1）发生应收账款时，按照应收未收金额，借记"应收账款"，按照确认的收入金额，贷记"经营收入"等科目，按照应缴增值税金额，贷记"应缴税费——应缴增值税"科目。

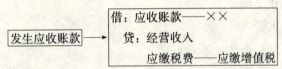

发生应收账款 → 借：应收账款——××
　　　　　　　　贷：经营收入
　　　　　　　　　　应缴税费——应缴增值税

（2）收回应收账款时，按照实际收到的金额，借记"银行存款"等科目，贷记"应收账款"。

收回应收款项 → 借：银行存款
　　　　　　　　贷：应收账款

为了加强对应收账款的核算，事业单位还应该按照不同的购货单位以及个人和接受劳务单位（或个人）进行明细核算。

【例3-12】 20××年10月3日，某事业单位向C公司提供服务，应收取服务费50 000元，尚未收到。会计处理如下：

借：应收账款——C公司　　　　　　　　　　　　50 000

　　贷：事业收入　　　　　　　　　　　　　　　　　　50 000

【例3-13】 20××年10月26日，某事业单位收到C公司的服务费50 000元，已经通过银行办理转账。会计处理如下：

借：银行存款　　　　　　　　　　　　　　　　50 000

　　贷：应收账款——C公司　　　　　　　　　　　　50 000

3. 坏账的会计处理

坏账是指事业单位无法收回的应收账款。一般而言可确认为坏账的应收账款应该符合以下条件：第一，因债务人破产或死亡，以其破产财产或者遗产清偿后，仍然不能收回的应收账款；第二，逾期三年或以上、有确凿证据表明确实无法收回的应收账款。

坏账应按规定报经批准后予以核销，核销的应收账款应在备查簿中保留登记。坏账的账务处理如下：

（1）转入待处置资产时，按照待核销的应收账款金额，借记"待处置资产损溢"科目，贷记"应收账款"。

（2）报经批准予以核销时，借记"其他支出"科目，贷记"待处置资产损溢"科目。

（3）已核销应收账款在以后期间收回的，按照实际收回的金额，借记"银行存款"等科目，贷记"其他收入"科目。

【例 3-14】　某医院当年度有病人拖欠的医药费 58 000 元，预计全部无法收回。会计处理如下：

转入待处置资产时：

借：待处置资产损溢　　　　　　　　　　　　　　　　58 000

　　贷：应收账款　　　　　　　　　　　　　　　　　58 000

经批准准予核销时：

借：其他支出　　　　　　　　　　　　　　　　　　58 000

　　贷：待处置资产损溢　　　　　　　　　　　　　　58 000

【例 3-15】　某事业单位上年已经做坏帐损失处理的应收账款 3 000 元，今年 3 月收回。会计处理如下：

借：银行存款　　　　　　　　　　　　　　　　　　3 000

　　贷：其他收入　　　　　　　　　　　　　　　　　3 000

三、应收票据

（一）应收票据的主要内容

应收票据是指事业单位因从事经济活动以及销售产品所持有的尚未到期核算的商业汇票。商业汇票是指由出票人签发的指定付款人在一定时间内支付一定金额给收款人或者持票人的票据。它是交易双方以商品赊销业务为基础而使用的一种信用凭证。

商业汇票按承兑人不同分为银行承兑汇票和商业承兑汇票。票据到期时，倘若付款人无力付款，承兑人应承担向收款人无条件付款的责任。银行承兑汇票的承兑人是银行，由在承兑银行开立存款账户的存款人签发，承兑银行向出票人收取面额万分之五的手续费。商业承兑汇票由银行以外的付款人承兑，承付人可以是付款人自己，也可以是其他人；出票人可以是付款人，也可以是收款人。

商业汇票到期前，票据的持有人如急需资金，一是可以将商业汇票背书转让，二是可以将符合条件的商业承兑汇票连同贴现凭证向银行申请贴现。背书是指在票据背面或者在粘单上记载有关事项并签章的票据行为。背书转让的，背书人应承担票据责任。所谓应收票据贴现是指事业单位将未到期的商业汇票背书后送交银行，银行受理后，从票据到期值中扣除按银行贴现率计算确定的贴现息，然后将余额支付给事业单位的融资行为。

（二）应收票据的账户设置

事业单位应该设置"应收票据"账户，用来核算因销售产品或提供有偿服务而收到的商业汇票。该科目属于资产类科目，借方登记收到的承兑商业汇票金额，贷方登记到期收回、已背书转让或者已经贴现的商业汇票的票面金额，期末借方余额反映事业单位持有的商业汇票的票面金额。"应收票据"账户应当按照开出、承兑商业汇票的单位等进行明细核算。

（三）应收票据的账务处理

（1）因销售产品、提供服务等收到商业汇票，按照商业汇票的票面金额，借记"应收票据"，按照确认的收入金额，贷记"经营收入"等科目，按照应缴增值税金额，贷记"应缴税费——应缴增值税"科目。

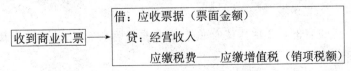

（2）持未到期的商业汇票向银行贴现，按照实际收到的金额（即扣除贴现息后的净额），借记"银行存款"科目，按照贴现息，借记"经营支出"等科目，按照商业汇票的票面金额，贷记"应收票据"。

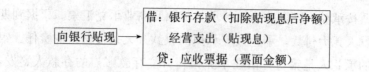

（3）将持有的商业汇票背书转让以取得所需物资时，按照取得物资的成本，借记有关科目，按照商业汇票的票面金额，贷记"应收票据"，如有差额，借记或贷记"银行存款"等科目。

（4）商业汇票到期时，应当分别以下情况处理：

①收回应收票据，按照实际收到的商业汇票票面金额，借记"银行存款"科目，贷记"应收票据"。

②因付款人无力支付票款，收到银行退回的商业承兑汇票、委托收款凭证、未付票款通知书或拒付款证明等，按照商业汇票的票面金额，借记"应收账款"科目，贷记"应收票据"。

```
付款人无力付款 ──→  借：应收账款
                    贷：应收票据
```

【例 3-16】 甲事业单位发生如下经济业务：

（1）销售一批产品给 A 公司，货物已经发出，价税合计 11 700 元，其中增值税 1 700 元。双方约定，3 个月后付款。A 公司给甲单位开具了一张不带息的 3 个月到期的银行承兑汇票，票面金额 11 700 元。会计处理如下：

借：应收票据	11 700
贷：经营收入	10 000
应缴税费——应缴增值税（销项税额）	1 700

（2）假设：3 个月后，该单位委托开户银行收回应收票据价款 11 700元。会计处理如下：

借：银行存款	11 700
贷：应收票据	11 700

（3）假设：3 个月后，未能收到应收票据的价款。

第三章 资产管理与核算 | 79

未能收到应收票据的价款，则应收票据转为应收账款。会计处理如下：

借：应收账款   11 700

  贷：应收票据   11 700

（4）假设：1个月后，甲事业单位由于资金周转困难，持该票据向银行贴现，贴现率为12%。

贴现息＝11 700×12%×(2÷12)＝234(元)

贴现净额＝11 700－234＝11 466(元)

借：银行存款   11 466

  经营支出   234

  贷：应收票据   11 700

（5）假设：1个月后，甲事业单位将持有的未到期的银行承兑汇票背书转让给某企业，用于购买A材料一批，取得增值税专用发票上注明价款62 000元，增值税10 540元，并签发转账支票补付货款差额2 340元。材料已收到。会计处理如下：

借：存货——A材料   62 000

  应缴税费——应缴增值税（进项税额）   10 540

  贷：应收票据   70 200

    银行存款   2 340

（四）应收票据的管理

事业单位应该建立严格的应收票据的管理制度。按照收到的商业票据分别建立"应收票据备查簿"，逐笔登记每一应收票据的种类、号数、出票日期、到期日、票面金额、交易合同号和付款人、承兑人、背书人姓名或单位名称、背书转让日、贴现日期、贴现率和贴现净额、收款日期、收回金额和退票情况等资料。应收票据到期结清票款或退票后，应当在备查簿内逐笔注销。

四、预付账款

预付账款是单位根据业务的需要，根据合同约定预先付给供应单位的款项。预付账款与应收账款虽然都是事业单位的流动资产，但两者性质不同。应收账款是事业单位应收客户的款项；预付账款是事业单位预先支付给商品供应商的账款，所以，最好分别设置账户进行核算。

（一）预付账款账户的设置

为了有效地反映、核算以及监督预付账款的支付和结算情况，事业单位应当设置"预付账款"科目。该科目属于资产类科目，借方登记实际支付的金额，贷方登记收到所购物品或者接受劳务时发票账单等所列示的金额。期末借方余额，反映事业单位实际预付但尚未结算的款项。如果出现贷方余额则表示预付款小于收到货物的应付款项，即为应付账款。

（二）预付账款的账务处理

（1）发生预付账款时，按照实际预付的金额，借记本科目，贷记"零余额账户用款额度"、"财政补助收入"、"银行存款"等科目。

```
发生预付账款 ——→  借：预付账款（预付金额）
                   贷：零余额账户用款额度等
```

（2）收到所购物资或劳务，按照购入物资或劳务的成本，借记有关科目，按照相应预付账款金额，贷记本科目，按照补付的款项，贷记"零余额账户用款额度"、"财政补助收入"、"银行存款"等科目。

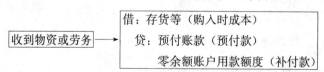

```
收到物资或劳务 ——→  借：存货等（购入时成本）
                     贷：预付账款（预付款）
                         零余额账户用款额度（补付款）
```

收到所购固定资产、无形资产的，按照确定的资产成本，借记"固定资产"、"无形资产"科目，贷记"非流动资产基金——固定资产、无形资产"科目；同时，按资产购置支出，借记"事业支出"、"经营支出"等科目，按照相应预付账款金额，贷记本科目，按照补付的款项，贷记"零余额账户用款额度"、"财政补助收入"、"银行存款"等科目。

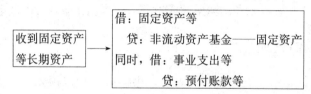

```
收到固定资产   ——→  借：固定资产等
等长期资产            贷：非流动资产基金——固定资产
                     同时，借：事业支出等
                         贷：预付账款等
```

【**例 3-17**】　某事业单位向甲公司订购所需材料，双方约定该事业单位预付 50 000 元定金，通过银行存款支付。3 天后，收到甲公司发来的材料以及发票，含增值税在内一共 65 000 元。该事业单位验收材料入库，并开出转账支票，补足货款 15 000 元。会计处理如下：

（1）预付货款时：

| 借：预付账款 | 50 000 |
| 贷：银行存款 | 50 000 |

（2）收到材料时：

| 借：材料 | 65 000 |
| 贷：预付账款 | 65 000 |

（3）补付货款：

| 借：预付账款 | 15 000 |
| 贷：银行存款 | 15 000 |

【例 3-18】 某事业单位向甲公司订购所需材料，双方约定该事业单位预付 50 000 元定金，通过银行存款支付。3 天后，收到甲公司发来的材料以及发票，含增值税在内一共 25 000 元。该事业单位验收材料入库，并收到甲公司退还的货款 25 000 元。会计处理如下：

（1）预付货款时：

| 借：预付账款 | 50 000 |
| 贷：银行存款 | 50 000 |

（2）收到材料时：

| 借：材料 | 25 000 |
| 贷：预付账款 | 25 000 |

（3）收到退还的货款：

| 借：银行存款 | 25 000 |
| 贷：预付账款 | 25 000 |

（三）发生损失的账务处理

逾期三年或以上、有确凿证据表明因供货单位破产、撤销等原因已无望再收到所购物资，且确实无法收回的预付账款，按规定报经批准后予以核销。核销的预付账款应在备查簿中保留登记。

（1）转入待处置资产时，按照待核销的预付账款金额，借记"待处置资产损溢"科目，贷记本科目。

转入待处置资产 → 借：待处置资产损溢
　　　　　　　　　 贷：预付账款

（2）报经批准予以核销时，借记"其他支出"科目，贷记"待处置资产损溢"科目。

（3）已核销预付账款在以后期间收回的，按照实际收回的金额，借记"银行存款"等科目，贷记"其他收入"科目。

> 核销后又收回的预付账款 → 借：银行存款
> 　　　　　　　　　　　　　　贷：其他收入

五、其他应收款的核算

（一）其他应收款的核算内容

其他应收款是指事业单位除财政应返还额度、应收票据、应收账款、预付账款以外的其他各项应收及暂付款项，如职工预借的差旅费、拨付给内部有关部门的备用金、应向职工收取的各种垫付款项等。

其他应收款的确认应当严格符合资产的定义，并将无法收回的款项及时转为费用。

（二）其他应收款的管理

其他应收款是事业单位日常管理的重要内容，事业单位要制定完善的其他应收款管理制度。例如，有些事业单位制定的管理原则如下：

（1）其他应收款管理要本着事前控制、事中监管、事后清理的原则，严格履行申请、审批制度，财务部门按照规定的审批权限，严格把关。

（2）备用金借款必须经总会计师审批，财务部门从严把关。

（3）对以前形成的职工欠款，要进行一次清理。未按规定偿还的，逾期欠款每日加收占用费。

（4）职工因公出差预借差旅费，必须在返回后 7 日内报销清账。报销后的余额应及时交回，不及时交回余款或逾期不报销者，也要依据已制定的制度进行严格管理。

对于其他应收款，还应该建立健全其他应收款年度清查制度。每年年终时，要组织专人对其他应收款的占用情况进行清理，与债务人核对清楚，并取得对方签证，做到债权明确，账证、账实相符。如不能取得签证，应及时向部领导汇报，查找原因，研究处理办法，写出书面材料，归入档案。对确不能收回的其他应收款，在认真清查核实的基础上，经集团公司批准后，做坏账损失处理。

（三）其他应收款的账户设置

为了反映各种其他应收款的发生、收回和结存情况，事业单位应设置"其他应收款"科目。该科目属于资产类科目。事业单位发生各种其他应收款时，按照应收金额借记"其他应收款"科目，贷记相关科目；按收回金额和结转的款项借记"银行存款"、"事业支出"、"经营支出"等科目，余额在借方，表示尚未结算的经营支出。同时，事业单位还应按照其他应收款和债务人设置明细账。

（四）其他应收款的账务处理

（1）发生其他各种应收及暂付款项时，借记"其他应收款"，贷记"银行存款"、"库存现金"等科目。

$$\boxed{\text{发生各种应收款项}} \longrightarrow \boxed{\begin{array}{l}\text{借：其他应收款}\\ \text{贷：银行存款}\end{array}}$$

（2）收回或转销其他各种应收及暂付款项时，借记"库存现金"、"银行存款"等科目，贷记"其他应收款"。

$$\boxed{\text{核销或收回时}} \longrightarrow \boxed{\begin{array}{l}\text{借：库存现金或银行存款}\\ \text{贷：其他应收款}\end{array}}$$

（3）事业单位内部实行备用金制度的，有关部门使用备用金以后应当及时到财务部门报销并补足备用金。财务部门核定并发放备用金时，借记"其他应收款"，贷记"库存现金"等科目。根据报销数用现金补足备用金定额时，借记有关科目，贷记"库存现金"等科目，报销数和拨补数都不再通过本科目核算。

$$\boxed{\begin{array}{l}\text{财务部门核}\\ \text{发备用金时}\end{array}} \longrightarrow \boxed{\begin{array}{l}\text{借：其他应收款}\\ \text{贷：库存现金}\end{array}}$$

【例3-19】 某事业单位发生的相关业务如下。会计分录如下：

（1）事业单位职工李丽赴外地参加会议预借差旅费2 000元，付以现金。会计核算如下：

  借：其他应收款——李丽   2 000

    贷：库存现金   2 000

  （2）半个月后，李丽出差归来，报销差旅费 1 700 元，交回余款 300 元现金。会计核算如下：

  借：事业支出   1 700

    库存现金   300

    贷：其他应收款——李丽   2 000

  需要注意的是，对逾期三年或以上、有确凿证据表明确实无法收回的其他应收款，应按规定报经批准后予以核销。核销的其他应收款应在备查簿中保留登记。具体会计处理如下：

  （1）转入待处置资产时，按照待核销的其他应收款金额，借记"待处置资产损溢"科目，贷记"其他应收款"。

> 转入待处置资产时 → 借：待处置资产损溢
>   贷：其他应收款

  （2）报经批准予以核销时，借记"其他支出"科目，贷记"待处置资产损溢"科目。

> 批准核销时 → 借：其他支出
>   贷：待处置资产损溢

  （3）已核销其他应收款在以后期间收回的，按照实际收回的金额，借记"银行存款"等科目，贷记"其他收入"科目。

> 核销后又收回 → 借：银行存款
>   贷：其他收入

第四节 存货的核算

一、存货概述

（一）事业单位的存货及其分类

存货是指事业单位在开展业务活动及其他活动过程中为耗用或者销售

而持有的各种财产，包括材料、产成品等。由于存货经常处于耗用和重置当中，所以是以实物形式存在的流动资产，是事业单位流动资产的重要组成部分。存货的类别因事业单位的性质不同而不同。

从事产品生产的事业单位存货，除材料外，还包括产成品、在产品、半成品、低值易耗品等存货内容。

不从事产品生产，也不从事商品经销的事业单位的存货可分为：使用以后即消耗或逐渐消耗不能复原的各种物资，如燃料、实验试验材料、改装使用的元件、零配件等；不能满足固定资产条件的各种可重复使用的劳动资料，如某些仪器仪表、工具、量具、器皿、一般用具和劳保用品等。

从事商品购销业务的事业单位的存货主要是商品存货，即事业单位为销售而购入的物品。当然，除此而外，这类事业单位也会有一些低值易耗品、包装物、材料、物料等。

（二）存货盘存制度

正确确定存货数量是正确核算的前提，存货核算的主要内容是确定存货的发出成本和期末结存存货的成本。事业单位应该根据各类存货的实物流转方式、单位管理的要求、存货的性质等实际情况，合理地选择发出存货的计价方式。确定存货数量所用的存货盘存制度通常有实地盘存制和永续盘存制两种：

1. 实地盘存制

实地盘存制又称定期盘存制，就是在每一个会计期间结束时，对存货实物进行实地盘点，确定各种存货的期末数量，再乘以一定的单位价格，计算出期末存货的总金额，并倒轧出已销售及耗用的存货的成本。采用这种方法时，事业单位在日常业务核算中对存货的发出不进行计算，只对取得的存货进行明细核算。平时对有关存货只记借方，不记贷方，每期期末，通过实地盘点确定存货数量，据以计算期末存货成本，并以"期初成本＋本期购货成本－期末成本"的公式计算出当期耗用成本或销货成本，计入有关存货的贷方。此种方法简化了日常核算工作，但由于单位销货或耗用成本是倒算出来的，这样就容易把在计量、收发、保管中产生的差错，全部计入销售成本或耗用成本，可能掩盖了一些盗窃、毁损等非正常业务的发生，同时，也由于缺乏经常性资料，不便于对存货进行计划和控制。

2. 永续盘存制

永续盘存制又称账面盘存制，是指按存货的种类、品名设置存货明细账，逐笔或逐日地登记存货的收入和发出，并随时结出库存数。事业单位在日常核算中既核算存货的取得情况，又要在明细账中详细地反映存货的发出、领用情况，并根据一定的方法确定发出存货的成本，会计期末根据账面结存存货数量及相应单价计算出期末结存存货成本。因此，通过会计记录，就可以完整地反映存货的收入和发出的情况，但采用这种方法，也会由于记录不当或保管不善等原因，使账簿上的期末余额与存货的实际期末余额存有差异。所以在永续盘存制下，也要对存货进行定期或不定期的盘存，使账存数与实存数保持一致，如出现不一致要及时调整。如果账面记录有错误，应更正账簿记录，若是责任人的过失应追究赔偿，若属自然灾害则应按规定进行相应调整。永续盘存制的优点是有利于对存货的管理，能够随时了解和掌握存货的发出领用情况，准确地核算发出存货成本，并结合实地盘点调整账务。在各种存货明细记录中，可以随时反映每一存货的收入、发出、结存的动态。通过不定期的实地盘点，将实存数与账存数进行对比，可以查明溢余或短缺的原因。通过账簿记录，还可以随时反映出存货是否过多或不足，以便及时合理地组织货源，加速资金周转。永续盘存制的缺点是存货的明细记录的工作量较大，存货品种规格繁多的大企业更是如此。

在永续盘存制下，常用的存货发出计价的方法有个别计价法、先进先出法、加权平均法等。

（三）事业单位存货的计价

存货是事业单位流动性很大的资产项目，总是处在动态当中，明确存货的计价才能准确确定存货的价值。《事业单位会计准则》规定："存货在取得时，应当按照其实际成本入账。""存货在发出时，应当根据实际情况采用先进先出法、加权平均法或者个别计价法确定发出存货的实际成本。计价方法一经确定，不得随意变更。低值易耗品的成本于领用时一次摊销。"

1. 存货的计价方法

（1）个别计价法，亦称个别认定法、具体辨认法、分批实际法，其特征是注重所发出存货具体项目的实物流转与成本流转之间的联系，逐一辨认各批发出存货和期末存货所属的购进批别或生产批别，分别按其购入或生产时所确定的单位成本计算各批发出存货和期末存货的成本。个别计价法是指对于发出存货的计价与取得存货时的计价相同，做到了存货的实物流转和价值流转同步。理论上此种方法最为科学、合理，但在各批次存货取得价格不同的情况下，确定每一批次发出存货的取得价格是一件十分困难的事情，只有比较贵重、不能替代使用、为特定项目专门购入或制造的存货适用于这种方法。

（2）先进先出法是假定先购入的存货先被领用，后购入的存货后被领用，这种价值流转次序符合实物使用的基本情况，并且能够保证发出计价的确定性、准确性。采用这种方法，先购入的存货成本在后购入存货成本之前转出，据此确定发出存货和期末存货的成本。

（3）加权平均法是指以存货采购数量为权数，计算出待用存货的加权平均价格，以保证存货发出成本的计算。可以分为全月一次加权平均法和移动加权平均法。

全月一次加权平均法下本期发出成本和期末结存成本的计算公式如下：

$$加权平均单价＝\frac{期初结存金额＋本期购入存货金额}{期初结存数量＋本期购入存货数量}$$

$$期末存货成本＝加权平均单价×期末结存数量$$

$$本期发出存货成本＝\sum 各次发出数量×加权平均单价$$

$$或：\frac{本期发出}{存货成本}＝\frac{期初结存}{金额}＋\frac{本期购入}{存货金额}－\frac{期末存货}{成本}$$

事业单位应该根据自己的实际情况，确定合理的存货核算办法。事业单位购入的零星办公用品，可以在购入时直接计入支出类账户，不通过存货类账户核算；但如果购入大宗办公用品或其他批量较大，使用较长时间的存货则应该单独核算。

对于使用预算拨款购置的存货应该在批准的预算额度内执行，对于纳入政府采购范围的存货，应当按着国家有关政府采购的规定执行。

2. 存货的取得成本

按照事业单位会计准则的规定，各种存货应当按其取得时的实际成本入账。

（1）购入的存货，其成本包括购买价款、相关税费、运输费、装卸费、保险费以及使得存货达到目前场所和状态所发生的其他支出。

（2）自行加工的存货，其成本包括耗用的直接材料费用、发生的直接人工费用和按照一定方法分配的与存货加工有关的间接费用。

（3）接受捐赠、无偿调入的存货，其成本按照有关凭据注明的金额加上相关税费、运输费等确定；没有相关凭据的，其成本比照同类或类似存货的市场价格加上相关税费、运输费等确定；没有相关凭据、同类或类似存货的市场价格也无法可靠取得的，该存货按照名义金额（即人民币1元，下同）入账。相关财务制度仅要求进行实物管理的除外。

3. 存货的发出成本

按照《事业单位会计准则》的规定，存货在发出时，应当根据实际情况采用先进先出法、加权平均法或者个别计价法确定发出存货的实际成本。计价方法一经确定，不得随意变更。低值易耗品的成本于领用时一次摊销。

（1）开展业务活动等领用、发出存货，按领用、发出存货的实际成本计算入账。

（2）对外捐赠、无偿调出存货，转入待处置资产时，按照存货的账面余额计算入账。

二、存货增加的核算

（一）外购存货的核算

购入的存货，其成本包括购买价款、相关税费、运输费、装卸费、保险费以及其他使得存货达到目前场所和状态所发生的其他支出。事业单位按照税法规定属于增值税一般纳税人的，其购进非自用（如用于生产对外销售的产品）材料所支付的增值税款不计入材料成本。购入的存货验收入库，按确定的成本，借记"存货"，贷记"银行存款"、"应付账款"、"财政补助收入"、"零余额账户用款额度"等科目。属于增值税一般纳税人的事业单位购入非自用材料的，按确定的成本（不含增值税进项税额），借记"存货"，按增值税专用发票上注明的增值税额，借记"应缴税费——应缴增值税（进项税额）"科目，按实际支付或应付的金额，贷记"银行存款"、"应付账款"等科目。

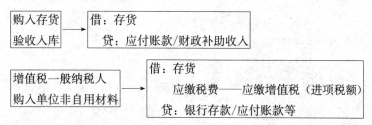

【例3-20】　某事业单位属于一般纳税人，购入甲材料500千克，单价100元，增值税款为8 500元，款项已通过银行付讫，材料已验收入库。其会计分录为：

借：存货——甲材料　　　　　　　　　　　　　　　50 000
　　应缴税费——应缴增值税（进项税额）　　　　　　8 500
　贷：银行存款　　　　　　　　　　　　　　　　　58 500

（二）加工存货的核算

自行加工的存货，其成本包括耗用的直接材料费用、发生的直接人工费用和按照一定方法分配的与存货加工有关的间接费用。

自行加工的存货在加工过程中发生各种费用时，借记"存货"（生产成本），贷记"存货"（领用材料相关的明细科目）、"应付职工薪酬"、"银行存款"等科目。

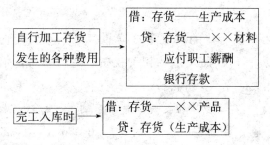

加工完成的存货验收入库，按照所发生的实际成本，借记"存货"（相关明细科目），贷记"存货"（生产成本）。

【例3-21】　某事业单位自行加工所用产品，耗用的直接材料费用为2 000元，直接人工费用为5 000元，用银行存款支付间接费用1 000元，产品生产完工后入库。其会计分录如下：

加工时：

借：存货——生产成本   8 000

贷：存货——材料   2 000

应付职工薪酬   5 000

银行存款   1 000

完工入库时：

借：存货——产成品   8 000

贷：存货——生产成本   8 000

（三）接受捐赠、无偿调入存货的核算

接受捐赠、无偿调入的存货，其成本按照有关凭据注明的金额加上相关税费、运输费等确定；没有相关凭据的，其成本比照同类或类似存货的市场价格加上相关税费、运输费等确定；没有相关凭据、同类或类似存货的市场价格也无法可靠取得的，该存货按照名义金额（即人民币1元）入账。相关财务制度仅要求进行实物管理的除外。

接受捐赠、无偿调入的存货验收入库，按照确定的成本，借记"存货"，按照发生的相关税费、运输费等，贷记"银行存款"等科目，按照其差额，贷记"其他收入"科目。

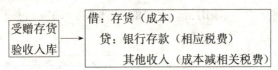

按照名义金额入账的情况下，按照名义金额，借记"存货"，贷记"其他收入"科目；按照发生的相关税费、运输费等，借记"其他支出"科目，贷记"银行存款"等科目。

【例3-22】　某事业单位接受捐赠，得到甲产品，其成本为20 000元，相关税费及运输费由该事业单位承担，为1 000元，已由银行付讫，甲产品已验收入库。其会计分录为：

借：存货——甲产品   20 000

贷：银行存款   1 000

其他收入   19 000

三、存货减少的核算

存货在发出时，应当根据实际情况采用先进先出法、加权平均法或者个别计价法确定发出存货的实际成本。计价方法一经确定，不得随意变更。低值易耗品的成本于领用时一次摊销。

（一）领用、发出存货的核算

开展业务活动等领用、发出存货，按领用、发出存货的实际成本，借记"事业支出"、"经营支出"等科目，贷记"存货"。

事业单位在发出材料时，按照材料的发出价格计算的发出金额，借记"事业支出"、"经营支出"等科目，贷记"存货"科目。可采用先进先出法、移动加权平均法、全月一次加权平均法确定其实际成本，现分别予以说明。

$$发出材料 \longrightarrow \boxed{\begin{array}{l} 借：事业支出 \\ 贷：存货 \end{array}}$$

1. 先进先出法

先进先出法是以先购入的存货先发出这样一种存货实物流转假设为前提，对发出存货进行计价的一种方法，采用此种方法，先购入的存货成本在后购入的存货成本之前转出，并依此确定发出存货成本和期末存货的成本。

【例3-23】　某事业单位20××年10月A种材料明细账如表3-1所示，据以举例说明采用先进先出法计算发出存货和期末存货的成本。

表 3-1　　　　　　　　　　　材料明细账

材料类别：　　　　　　　　　　　　　　　　　　　　　　计量单位：千克
材料编号：　　　　　　　　　　　　　　　　　　　　　　最高存量：
材料名称：A　　　　　　　　　　　　　　　　　　　　　最低存量：

20××年		凭证编号	摘要	收入			发出			结存		
月	日			数量	单价（元）	金额	数量	单价（元）	金额	数量	单价（元）	金额
10	1	略	期初							30	5	150
	12		购入	100	5	500				30	5	150
										100	5	500

续表

20××年		凭证编号	摘要	收入			发出			结存		
月	日			数量	单价（元）	金额	数量	单价（元）	金额	数量	单价（元）	金额
	15		发出				30	5	150			
							20	5	100	80	5	400
	18		购入	60	7	420				80	5	400
										60	7	420
	20		发出				80	5	400			
							20	7	140	40	7	280
	25		购入	20	8	160				40	7	280
										20	8	160
11	31		合计	180	—	1 080	150	—	790	40	7	280
										20	8	160

在采用先进先出法时：

15 日发出材料的会计处理为：

借：事业支出   250

 贷：存货   250

20 日发出材料的会计处理为：

借：事业支出   540

 贷：存货   540

采用先进先出法发出的存货按最先购入的计价，库存存货按最近购货的价格计价。其优点是便于分批控制材料的价格，缺点是核算工作比较麻烦。当物价上涨时，会高估当期结余和库存存货价值。

2. 全月一次加权平均法

全月一次加权平均法简称加权平均法，是指以月初结存材料成本与本月购入材料成本之和，除以月初结存材料数量与本月购入材料数量之和，计算出材料的加权平均单价，并据此确定发出材料成本和库存材料成本的一种方法。其计算公式为：

$$\text{材料加权平均单价} = \frac{\text{月初结存材料成本} + \text{本月全部购入材料成本}}{\text{月初结存材料数量} + \text{本月全部购入材料数量}}$$

本月发出材料成本＝本月发出材料数量×材料加权平均单价

月末库存材料成本＝月末库存材料数量×材料加权平均单价

【例 3-24】 以【例 3-23】所给资料，用全月一次加权平均法计算材料加权平均单价、本月发出材料成本、月末库存材料成本并编制本月发出材料的会计分录。

材料加权平均单价＝(150＋1 080)/(30＋180)＝5.86(元)

本月发出材料成本＝150×5.86＝879(元)

月末库存材料成本＝60×5.86＝351.6(元)

本月发出材料的会计分录为：

借：事业支出 879

贷：存货 879

全月一次加权平均法，只需在月末一次计算加权平均单价，核算比较简单，而且在市场价格上涨或下跌时所计算出来的单位成本比较平均，对材料成本的分摊比较折中。但采用这种方法时，平均单价的计算工作要到月末才能进行，在材料平均单价尚未计算出来以前，平时领料不能计价，材料管理人员只登记材料明细账的发出数量，在月末平均单价计算出来以后一次登记发出金额。因此，采用这种方法，平时无法掌握发出和结存材料的单价和金额，不利于加强对材料的管理。

3. 个别计价法

个别计价法是材料发出时要确认发出的是哪一批材料，并以该批材料的实际单位成本计算实际发出材料成本。其计算公式为：

发出材料成本＝发出材料数量×该批材料实际单位成本

期末材料成本＝期末结存材料数量×该批材料实际单位成本

【例 3-25】 根据表 3-2 所示材料明细账资料，用个别计价法计算发出材料成本、月末库存材料成本并编制本月发出材料的会计分录。假设 9 月 10 日发出的材料为 9 月 8 日购进的材料，9 月 20 日发出的的材料为期初结存的 100 千克和 9 月 18 日购进的 100 千克，9 月 30 日发出的材料为 9 月 18 日购进的材料。

表 3-2   **B 材料明细账**

20××年		凭证编号	摘要	收入			发出			结存		
月	日			数量	单价（元）	金额	数量	单价（元）	金额	数量	单价（元）	金额
9	1	略	期初							100	10	1 000
	8		购入	200	10.5	2 100				100	10	1 000
										200	10.5	2 100
	10		发出				200	10.5	2 100	100	10	1 000
	18		购入	400	11	4 400				100	10	1 000
										400	11	4 400
	20		发出				100	10	400			
							100	11	140	300	11	3 300
	30		发出				200	11	2 200	100	11	1 100
9	31		合计	600	—	6 500	600	—	6 400	100	11	1 100

计算如下：

    发出材料成本＝200×10.5＋100×10＋100×11＋200×11

           ＝6 400（元）

    期末材料成本＝100×11＝1 100（元）

本月发出材料会计分录如下：

  借：事业支出   6 400

    贷：存货   6 400

（二）对外捐赠、无偿调出存货的核算

对外捐赠、无偿调出的存货，转入待处置资产时，按照存货的账面余额，借记"待处置资产损溢"科目，贷记"存货"。

```
对外捐赠或      →    借：待处置资产损溢
无偿调出存货            贷：存货
```

【例 3-26】 某事业单位无偿调出一批闲置存货（原购进准备自用的材料），账面余额为 10 000 元。

转为待处置状态：

借：待处置资产损溢   11 700

贷：存货   10 000

应缴税费——应缴增值税（进项税额转出）   1 700

实际转出时：

借：其他支出   10 000

贷：待处置资产损溢   10 000

属于增值税一般纳税人的事业单位对外捐赠、无偿调出购进的非自用材料，转入待处置资产时，按照存货的账面余额与相关增值税进项税额转出金额的合计金额，借记"待处置资产损溢"科目，按存货的账面余额，贷记"存货"，按转出的增值税进项税额，贷记"应缴税费——应缴增值税（进项税额转出）"科目。

实际捐出、调出存货时，按照"待处置资产损溢"科目的相应余额，借记"其他支出"科目，贷记"待处置资产损溢"科目。

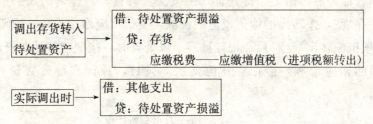

四、存货清查

（一）存货清查的要求

存货清查是通过对存货实物进行盘点并与账面资料比较，确定各项存货的实存数与账存数是否相符的一种专门方法。事业单位会计制度规定，事业单位的存货应当定期进行清查盘点，每年至少盘点一次。对于发生的存货盘盈、盘亏或者报废、毁损，应当及时查明原因，按规定报经批准后进行账务处理。

（1）盘盈的存货，按照同类或类似存货的实际成本或市场价格确定入账价值；同类或类似存货的实际成本、市场价格均无法可靠取得的，按照名义金额入账。

（2）盘亏或者毁损、报废的存货，转入待处置资产时，按照待处置存货的账面余额记账。

(二) 存货清查的核算

(1) 盘盈的存货，按照确定的入账价值，借记"存货"，贷记"其他收入"科目。

【例3-27】 某事业单位盘盈事业用甲材料500元，会计处理为：

借：存货——甲材料   500

    贷：其他收入   500

(2) 盘亏或者毁损、报废的存货，转入待处置资产时，按照待处置存货的账面余额，借记"待处置资产损溢"科目，贷记"存货"。属于增值税一般纳税人的事业单位购进的非自用材料发生盘亏或者毁损、报废的，转入待处置资产时，按照存货的账面余额与相关增值税进项税额转出金额的合计金额，借记"待处置资产损溢"科目，按存货的账面余额，贷记"存货"，按转出的增值税进项税额，贷记"应缴税费——应缴增值税（进项税额转出）"科目。报经批准予以处置时，按照"待处置资产损溢"科目的相应余额，借记"其他支出"科目，贷记"待处置资产损溢"科目。

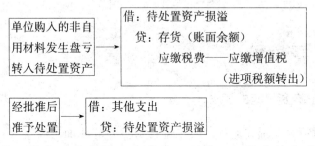

【例3-28】 某事业单位盘亏产成品100元，经批准转作其他支出，会计处理为：

盘亏时：

    借：待处置资产损溢   100

      贷：存货   100

经批准后：

    借：其他支出   100

      贷：待处置资产损溢   100

第五节 对外投资的核算

一、对外投资概述

对外投资，是指事业单位为了合理有效地使用资金，根据国家法律、法规的规定，将其暂时不用的货币资金、实物、无形资产等向其他单位进行投资。投资对象包括其他事业单位、企业以及依法独立兴办的独立核算的生产经营单位等。事业单位对外投资的目的，是为其暂时闲置的资金寻找出路，获得一定的投资报酬。

（一）对外投资的管理

按照事业单位财务管理规则的要求，事业单位对外投资必须符合以下原则：

（1）事业单位可以依法利用货币资金、实物、无形资产等方式向其他单位投资。

（2）在保证单位正常运转和事业发展的前提下，按照国家有关规定可以对外投资的，应当履行相关审批程序。事业单位不得使用财政拨款及其结余进行对外投资，不得从事股票、期货、基金、企业债券等投资，国家另有规定的除外。

（3）事业单位以非货币性资产对外投资的，应当按照国家有关规定进行资产评估，合理确定资产价值。

（二）对外投资的分类

1. 对外投资按其性质，可分为债权性投资和权益性投资

债权性投资是指事业单位通过投资取得被投资单位的债权，从而与被投资单位形成债权债务关系的对外投资。

权益性投资是指事业单位通过投资取得被投资单位一定份额的所有权，从而与被投资单位形成所有权关系的对外投资，如事业单位通过合同、协议等方式向合资、联营单位进行投资等。

2. 对外投资按其期限，可分为短期投资和长期投资

短期投资是指事业单位依法取得的，持有时间不超过 1 年（含 1 年）

的投资，主要是国债投资。

长期投资是指事业单位依法取得的，持有时间超过 1 年（不含 1 年）的股权和债权性质的投资。

3. 对外投资按其对象，可分为债券投资和其他投资

债券投资是指事业单位以购买债券的形式所进行的对外投资。债券是债务人向债权人出具的一种债务证书，是一种有价证券。事业单位购买债券，主要关心的是定期收到利息及债券到期时能顺利收回本金。

其他投资是指除股票投资和债券投资以外的投资，一般指联营投资。

此外，对外投资还可按投资时的出资方式，分为固定资产投资、材料投资、无形资产投资和货币资金投资等。

（三）对外投资的账户设置

为了总括地核算对外投资的增减变动及结余情况，并将其所获得的收益进行比较，以考核投资的经济效益，事业单位会计制度规定设置"短期投资"和"长期投资"两个账户。制度规定，其中的短期投资主要是国债投资，应按照国债投资的种类等进行明细核算；长期投资可以有股权投资和债权投资两种，应按照长期投资的种类和被投资单位等进行明细核算。

二、短期投资

（一）短期投资的定义

短期投资是指事业单位依法取得的，持有时间不超过 1 年（含 1 年）的投资。制度明确规定短期投资主要用于国债投资。事业单位应当严格遵守国家法律、行政法规以及财政部门、主管部门关于对外投资的有关规定是其管理工作核心。

（二）短期投资的主要账务处理

（1）短期投资在取得时，应当按照其实际成本（包括购买价款以及税金、手续费等相关税费）作为投资成本，借记"短期投资"，贷记"银行存款"等科目。

取得时 → 借：短期投资（买价＋相关税费）
　　　　　贷：银行存款

（2）短期投资持有期间收到利息时，按实际收到的金额，借记"银行存款"科目，贷记"其他收入——投资收益"科目。

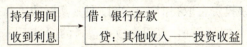

（3）出售短期投资或到期收回短期国债本息，按照实际收到的金额，借记"银行存款"科目，按照出售或收回短期国债的成本，贷记"短期投资"，按其差额，贷记或借记"其他收入——投资收益"科目。

【例 3-29】　某事业单位购入 1 年期，年利率 8%，面值为 5 000 元的国债，按季付息，到期还本。实际支付价款 5 000 元。其会计处理如下：

投资国债支付款项时：

借：短期投资　　　　　　　　　　　　　　　　　　　　5 000
　　贷：银行存款　　　　　　　　　　　　　　　　　　5 000

前三季度的季末收到利息：

借：银行存款　　　　　　　　　　　　　　　　　　　　100
　　贷：其他收入——投资收益　　　　　　　　　　　　100

到期收回本金和最后一季的利息：

借：银行存款　　　　　　　　　　　　　　　　　　　　5 100
　　贷：短期投资　　　　　　　　　　　　　　　　　　5 000
　　　　其他收入——投资收益　　　　　　　　　　　　100

三、长期投资

（一）长期投资的内容

长期投资是指事业单位依法取得的，持有时间超过 1 年（不含 1 年）的股权和债权性质的投资。要强调的是，事业单位对外投资要严格遵守国家法律、行政法规，要严格按照财政部门、主管部门有关事业单位对外投资的规定操作。

按投资对象的不同分为长期股权投资和长期债券投资。

(二) 长期股权投资的核算

(1) 长期股权投资在取得时，应当按照其实际成本作为投资成本。长期股权投资取得的方式不同，其投资成本包含的内容不同。

①以货币资金取得的长期股权投资，按照实际支付的全部价款（包括购买价款以及税金、手续费等相关税费）作为投资成本，借记"长期投资"，贷记"银行存款"等科目；同时，按照投资成本金额，借记"事业基金"科目，贷记"非流动资产基金——长期投资"科目。

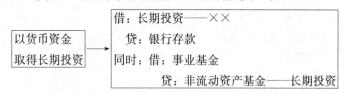

【例 3-30】 20××年 6 月 1 日，某事业单位用暂时闲置资金进行股票投资，以转账方式支付 20 000 元。会计处理如下：

借：长期投资——股权投资　　　　　　　　　　　　　20 000
　　贷：银行存款　　　　　　　　　　　　　　　　　　　20 000
借：事业基金　　　　　　　　　　　　　　　　　　　20 000
　　贷：非流动资产基金——长期投资　　　　　　　　　　　20 000

②以固定资产取得的长期股权投资，按照评估价值加上相关税费作为投资成本，借记"长期投资"，贷记"非流动资产基金——长期投资"科目，按发生的相关税费，借记"其他支出"科目，贷记"银行存款"、"应缴税费"等科目；同时，按照投出固定资产对应的非流动资产基金，借记"非流动资产基金——固定资产"科目，按照投出固定资产已计提折旧，借记"累计折旧"科目，按投出固定资产的账面余额，贷记"固定资产"科目。

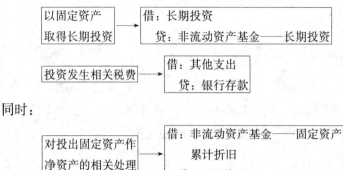

同时：

【例 3-31】 某事业单位 2009 年 12 月购入一台机器设备，原始价值为 10 000 元，预计使用年限为 10 年，2012 年 1 月将该设备用于对外投资，双方协商作价为 20 000 元。会计处理如下：

借：长期投资——股权投资 20 000

贷：非流动资产基金——长期投资 20 000

借：其他支出 3 400

贷：应缴税费——应缴增值税 3 400

同时：

借：非流动资产基金——固定资产 8 000

累计折旧 2 000

贷：固定资产 10 000

③以已入账无形资产取得的长期股权投资，按照评估价值加上相关税费作为投资成本，借记"长期投资"，贷记"非流动资产基金——长期投资"科目，按发生的相关税费，借记"其他支出"科目，贷记"银行存款"、"应缴税费"等科目；同时，按照投出无形资产对应的非流动资产基金，借记"非流动资产基金——无形资产"科目，按照投出无形资产已计提摊销，借记"累计摊销"科目，按照投出无形资产的账面余额，贷记"无形资产"科目。

以未入账无形资产取得的长期股权投资，按照评估价值加上相关税费作为投资成本，借记"长期投资"，贷记"非流动资产基金——长期投资"科目，按发生的相关税费，借记"其他支出"科目，贷记"银行存款"、"应缴税费"等科目。

【例 3-32】 某事业单位拥有一专利权，初始价值价值为 80 000 元，预计摊销年限为 10 年。两年后将该项资产对外投资，双方协商确认的价值为 200 000 元，会计处理如下：

借：长期投资——股权投资 200 000

贷：非流动资产基金——长期投资 200 000

同时：

借：非流动资产基金——无形资产 64 000

累计摊销 16 000

贷：无形资产 80 000

（2）长期股权投资持有期间，收到利润等投资收益时，按照实际收到的金额，借记"银行存款"等科目，贷记"其他收入——投资收益"科目。

【例 3-33】 某事业单位从被投资单位分得股利 31 000 元，存入银行。会计处理如下：

借：银行存款   31 000

    贷：其他收入——投资收益   31 000

（3）转让长期股权投资，转入待处置资产时，按照待转让长期股权投资的账面余额，借记"待处置资产损溢（处置资产价值）"科目，贷记"长期投资"。

| 转让长期股权投资转入待处置资产 | → | 借：待处置资产损溢（处置资产价值）
   贷：长期投资 |

实际转让时，按照所转让长期股权投资对应的非流动资产基金，借记"非流动资产基金——长期投资"科目，贷记"待处置资产损溢——处置资产价值"科目。

| 实际转让 | → | 借：非流动资产基金——长期投资
   贷：待处置资产损溢（处置资产价值） |

转让长期股权投资过程中取得价款、发生相关税费，借记或贷记"待处置资产损溢"（处置净收入），贷记或借记"库存现金"、"银行存款"等科目。

| 转让中发生相关税费 | → | 借：待处置资产损溢——处置净收入
   贷：银行存款 |

转让价款扣除相关税费后的净收入，借记"待处置资产损溢"（处置净收入），贷记"应缴国库款"等科目。

| 计算净收入上缴国库 | → | 借：待处置资产损溢——处置净收入
   贷：应缴国库款 |

【例 3-34】 某事业单位转让一笔账面成本为 50 000 元的股权投资，该投资以固定资产投资取得；转让时发生相关税费 1 560 元，转让该投资实际收到价款为 62 000 元（扣除各项费用）存入银行。其会计处理如下：

转让待处置资产时：

借：待处置资产损溢——处置资产价值   50 000

    贷：长期投资——股权投资   50 000

实际转让并核销对应的净资产：

借：非流动资产基金——长期投资   50 000

   贷：待处置资产损溢——处置资产价值   50 000

 转让时支付相关税费：

  借：待处置资产损溢——处置净收入   1 560

   贷：银行存款   1 560

 计算转让净收入上缴国库：

  借：待处置资产损溢——处置净收入   10 440

   贷：应缴国库款   10 440

  （4）因被投资单位破产清算等原因，有确凿证据表明长期股权投资发生损失，按规定报经批准后予以核销。将待核销长期股权投资转入待处置资产时，按照待核销的长期股权投资账面余额，借记"待处置资产损溢"科目，贷记"长期投资"。

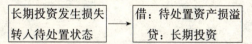

  报经批准予以核销时，借记"非流动资产基金——长期投资"科目，贷记"待处置资产损溢"科目。

  （三）长期债券投资的核算

  （1）长期债券投资在取得时，应当按照其实际成本作为投资成本。

  以货币资金购入的长期债券投资，按照实际支付的全部价款（包括购买价款以及税金、手续费等相关税费）作为投资成本，借记"长期投资"，贷记"银行存款"等科目；同时，按照投资成本金额，借记"事业基金"科目，贷记"非流动资产基金——长期投资"科目。

  【例 3-35】 某事业单位用银行存款购入 5 年期、年利率 8%，面值为 6 000 元的长期债券，实际支付 6 000 元。其会计处理如下：

  借：长期投资——债券投资   6 000

   贷：银行存款   6 000

  借：事业基金   6 000

   贷：非流动资产基金——长期投资   6 000

  （2）长期债券投资持有期间收到利息时，按照实际收到的金额，借记

"银行存款"等科目，贷记"其他收入——投资收益"科目。

【例 3-36】 沿用【例 3-35】，假如该债券分次计息、一次还本，事业单位在收到利息时，会计处理如下：

借：银行存款 480

贷：其他收入——投资收益 480

（3）对外转让或到期收回长期债券投资本息，按照实际收到的金额，借记"银行存款"等科目，按照收回长期投资的成本，贷记"长期投资"，按照其差额，贷记或借记"其他收入——投资收益"科目；同时，按照收回长期投资对应的非流动资产基金，借记"非流动资产基金——长期投资"科目，贷记"事业基金"科目。

【例 3-37】 沿用【例 3-35】，该债券 5 年到期后收回本息，其会计处理如下：

借：银行存款 6 480

贷：长期投资 6 000

其他收入——投资收益 480

借：非流动资产基金——长期投资 6 000

贷：事业基金 6 000

【例 3-38】 沿用【例 3-35】，若该事业单位在持有 4 年后将该债券转让，实际收到银行存款 7 500 元。其会计处理如下：

借：银行存款 7 500

贷：长期投资 6 000

其他收入——投资收益 1 500

借：非流动资产基金——长期投资 6 000

贷：事业基金 6 000

第六节　固定资产

一、固定资产概述

（一）事业单位固定资产的概念

固定资产是指使用期限超过一年，单位价值在 1 000 元以上（其中：

专用设备单位价值在 1 500 元以上），并在使用过程中基本保持原有物质形态的资产。单位价值虽未达到规定标准，但是耐用时间在一年以上的大批同类物资，作为固定资产管理。

（二）事业单位固定资产的分类

1. 固定资产的确认条件

（1）一般设备单位价值在 1 000 元以上，专用设备在 1 500 元以上；

（2）使用年限在一年以上并在使用过程中基本保持原有实物形态。

事业单位在确认固定资产时应同时满足以上两个条件。另外，对未符合上述第一项条件即单位价值未达到规定标准，但耐用时间在一年以上的大批同类物资，如家具用具类、图书类等资产，应按照固定资产进行管理。

2. 固定资产的分类

按照《事业单位财务规则》的规定，事业单位的固定资产按用途和形态的不同可以分为以下六类：房屋及构筑物；专用设备；通用设备；文物和陈列品；图书、档案；家具、用具、装具及动植物。行业事业单位的固定资产明细目录由国务院主管部门制定，报国务院财政部门备案。

（1）房屋和建筑物，是指事业单位所拥有和控制的房屋、建筑物及其附属设施。其中房屋包括办公用房、业务用房（如库房）、后勤用房、生活用房（如职工食堂、锅炉房）等，建筑物包括道路、场地、绿地、围墙、水塔等；附属设施包括房屋建筑物内的电梯、通信线路、输电线路、水器管道等。

（2）专用设备，是指事业单位开展业务活动中购置和使用的具有专门性能和专门用途的设备。主要包括试验检测仪器、科研单位的科研仪器、医院的医疗器械等。

（3）通用设备，是指事业单位用于业务工作的各类通用设备，包括办公用家具、被服装具、交通工具等。

（4）文物和陈列品，是指博物馆、展览馆、文物陈列馆等文化事业单位所保管的文物和陈列品，如古董、字画、纪念物品等。

（5）图书、档案，是指专业图书馆、文化馆收藏的各类图书、档案，以及事业单位统一收藏管理使用的业务用图书、档案等。

（6）家具、用具、装具及动植物。如各种教学办公家具、教室课桌椅、学生宿舍家具，食堂餐桌椅，教工宿舍家具，实验室工作台、椅，以及事业单位为开展业务活动而饲养、种植的动植物等。

有关说明如下：

（1）对于应用软件，如果它是构成相关硬件不可缺少的组成部分，应当将该软件价值包括在所属硬件价值中，一并作为固定资产进行核算；如果其不构成相关硬件不可缺少的组成部分，应当将该软件作为无形资产核算。

（2）事业单位以经营租赁租入的固定资产，不作为固定资产核算，应当另设备查簿进行登记。

（3）购入需要安装的固定资产，应当先通过"在建工程"科目核算，安装完毕交付使用时再转入本科目核算。

二、事业单位固定资产的计价基础

（一）固定资产的计价标准

为了正确反映固定资产价值的增减变动，应按一定标准对固定资产进行计价。固定资产的计价标准有以下三种：

1. 原始价值

原始价值也称历史成本，是指事业单位购建某项固定资产达到可使用状态前所发生的一切合理、必要的支出。事业单位新购建固定资产的计价、确定计提折旧的依据等均采用这种计价方法。其主要优点是具有客观性和可验证性，也就是说按这种计价方法确定的价值，均是实际发生并有支付凭证的支出。正是由于这种计价方法具有客观性和可验证性的特点，使它成为固定资产的基本计价标准。固定资产原价一经确定，没有特殊原因不得任意变动。

2. 重置完全价值

重置完全价值又称重置价值，是指事业单位在当前情况下，重新购建同样全新固定资产所需要的全部支出。重置完全价值客观上要求有一个同类或者类似固定资产存在的活跃市场。如果不存在活跃市场，或者无法找到同类或类似的固定资产，则应采取合理的计价方法确定其重置价值。按重置价值计价，虽然可以比较真实地反映固定资产的现实价值，但也带来了一系列的其他问题，会计实务操作比较复杂。因此这种方法仅在少数情况下，如清查财产中确定盘盈固定资产的价值时使用，或在对会计报表进行补充、辅助说明时采用。它是在现行物价水平上重新确定的固定资产原价，在事业单位获得无法确定原价的固定资产时，可以按重置价值入账。固定资产重置价值确定以后，视同固定资产原价进行核算。

3. 折余价值

折余价值又称净值，是指固定资产原价减去已提折旧后的余额。现行会计制度要求事业单位核算固定资产折旧，设置了"累计折旧"科目，这就出现了固定资产的折余价值。按折余价值计算需要详细的成本核算资料，因此可以加强事业单位加强内部管理。

4. 名义金额

名义金额是指没有相关凭据、同类或类似固定资产的市场价格，也无法可靠取得其实际价值而确定的入账价值。一般规定名义金额为一元。

(二) 固定资产的入账价值

事业单位一般采用原始价值（历史成本）作为固定资产的入账价值。

（1）购入的固定资产，其成本包括购买价款、相关税费以及固定资产交付使用前所发生的可归属于该项资产的运输费、装卸费、安装调试费和专业人员服务费等。

以一笔款项购入多项没有单独标价的固定资产，按照各项固定资产同类或类似资产市场价格的比例对总成本进行分配，分别确定各项固定资产的入账成本。

（2）自行建造的固定资产，其成本包括建造该项资产至交付使用前所发生的全部必要支出。

（3）在原有固定资产基础上进行改建、扩建、修缮后的固定资产，其成本按照原固定资产账面价值（"固定资产"科目账面余额减去"累计折旧"科目账面余额后的净值）加上改建、扩建、修缮发生的支出，再扣除固定资产拆除部分的账面价值后的金额确定。

（4）以融资租赁租入的固定资产，其成本按照租赁协议或者合同确定的租赁价款、相关税费以及固定资产交付使用前所发生的可归属于该项资产的运输费、途中保险费、安装调试费等确定。

（5）接受捐赠、无偿调入的固定资产，其成本按照有关凭据注明的金额加上相关税费、运输费等确定；没有相关凭据的，其成本比照同类或类似固定资产的市场价格加上相关税费、运输费等确定；没有相关凭据、同类或类似固定资产的市场价格也无法可靠取得的，该固定资产按照名义金额入账。

（6）盘盈的固定资产，按照同类或类似固定资产的市场价格确定入账价值；同类或类似固定资产的市场价格无法可靠取得的，按照名义金额入账。

（7）已投入使用但尚未办理移交手续的固定资产，可先按估计价值入账，待确定实际价值之后，再进行调整。

三、固定资产的折旧

（一）固定资产折旧的定义

固定资产折旧是指在固定资产使用寿命内，按照确定的方法对应折旧金额进行系统分摊。这里需要注意，事业单位固定资产的应折旧金额为其成本，计提固定资产折旧不考虑预计净残值。

（二）事业单位固定资产折旧范围

（1）事业单位应当对除文物和陈列品，动植物，图书、档案，以名义金额计量的固定资产等资产以外的其他固定资产计提折旧。

（2）事业单位一般应当按月计提固定资产折旧。当月增加的固定资产，当月不提折旧，从下月起计提折旧；当月减少的固定资产，当月照提折旧，从下月起不提折旧。

（3）固定资产提足折旧后，无论能否继续使用，均不再计提折旧；提前报废的固定资产，也不再补提折旧。已提足折旧的固定资产，可以继续使用的，应当继续使用，规范管理。

（4）计提融资租入固定资产折旧时，应当采用与自有固定资产相一致的折旧政策。能够合理确定租赁期届满时将会取得租入固定资产所有权的，应当在租入固定资产尚可使用年限内计提折旧；无法合理确定租赁期届满时能够取得租入固定资产所有权的，应当在租赁期与租入固定资产尚可使用年限两者中较短的期间内计提折旧。

（5）固定资产因改建、扩建或修缮等原因而延长其使用年限的，应当按照重新确定的固定资产的成本以及重新确定的折旧年限，重新计算折旧额。

（三）事业单位固定资产折旧方法

事业单位会计制度规定，固定资产折旧一般采用平均年限法或工作量法计算。

1. 平均年限法

平均年限法是指按照固定资产的预计使用年限平均计提折旧的方法。由于事业单位固定资产的应折旧金额为其成本，计提固定资产折旧不考虑预计净残值，所以，采用这种方法计提折旧，根据固定资产的应提折旧总额（固定资产成本）和预计使用年限，即可计算出固定资产的年折旧额和月折旧额。事业单位应当根据固定资产的性质和实际使用情况，合理确定其折旧年限。省级以上财政部门、主管部门对事业单位固定资产折旧年限作出规定的，从其规定。

计算公式为：

固定资产原价＝固定资产应计提折旧总额

年折旧额＝固定资产应提折旧总额/预计使用年限

月折旧额＝年折旧额/12

固定资产折旧率一般可分为个别折旧率和分类折旧率。

（1）个别折旧率。个别折旧率是按照单项固定资产计算的折旧率，是指某一项固定资产在一定期间的折旧额与该固定资产原价的比率。

采用个别折旧率，折旧额是根据各项固定资产分别计算的，准确性较高，但是，逐项计算固定资产折旧的工作量较大，因此，此法适用于固定资产数量不多的事业单位。

（2）分类折旧率。分类折旧率是固定资产分类折旧额与该类固定资产原值的比率。采用此法时，应先把性质、结构和使用年限接近的固定资产归为一类，再按类计算平均折旧率。

采用分类折旧率，折旧额是根据各类固定资产分别计算的，与采用个别折旧率相比，准确性相对较差，但是，由于固定资产类别不是很多，因而，计算固定资产折旧额的工作量较小。

【例3-39】 某项固定资产的原价为100 000元，预计使用年限为10

年，计算其个别折旧率和月折旧额。

$$该项固定资产年折旧率=1/10=10\%$$
$$该项固定资产月折旧率=10\%/12=0.83\%$$
$$该项固定资产月折旧额=100\ 000\times0.83\%=833(元)$$

2. 工作量法

工作量法是指按照固定资产完成的工作量计算折旧的方法。采用工作量法计算折旧，也应首先计算确定固定资产应提折旧总额；然后根据固定资产应提折旧总额和预计完成的工作量，确定单位工作量折旧额；最后，根据单位工作量折旧额和某月实际完成的工作量，计算出该月实际折旧额。计算公式如下：

$$\frac{某项固定资产}{单位工作量折旧额}=\frac{该项固定资产应提折旧总额}{该项固定资产预计完成总工作量}$$

$$\frac{该项固定资产}{月折旧额}=\frac{该项固定资产}{单位工作量折旧额}\times\frac{该月实际}{完成的工作量}$$

【例 3-40】 某事业单位运输汽车一辆，原价 300 000 元，预计行驶总里程为 600 000 公里。某月该运输汽车的实际行驶里程为 10 000 公里。计算该运输汽车的单位工作量折旧额和该月实际折旧额。

$$单位工作量折旧额=300\ 000/600\ 000=0.5(元/公里)$$
$$该月折旧额=0.5\times10\ 000=5\ 000(元)$$

（四）累计折旧的主要账务处理

为了系统、全面地核算固定资产年折旧的准确情况，以便准确反映固定资产的结存金额，事业单位应设置"累计折旧"账户，用来核算事业单位固定资产计提的累计折旧。该账户应当按照所对应固定资产的类别、项目等进行明细核算。

（1）按月计提固定资产折旧时，按照应计提折旧金额，借记"非流动资产基金——固定资产"科目，贷记"累计折旧"。

（2）固定资产处置时，按照所处置固定资产的账面价值，借记"待处理资产损溢"科目，按照已计提折旧，借记"累计折旧"，按照固定资产的账面余额，贷记"固定资产"科目。

本科目期末贷方余额，反映事业单位计提的固定资产折旧累计数。

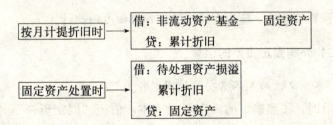

【例 3-41】 某事业单位 20××年 8 月购入通用设备一台，价值 12 万元，预计使用 10 年。经计算，应计提固定资产月折旧额 1 000 元。会计处理如下：

按规定，下月计提折旧时：

借：非流动资产基金——固定资产   1 000

 贷：累计折旧   1 000

四、固定资产增加

事业单位增加固定资产可能有多种方式，主要有购入，自行建造，融资租入，接受捐赠，在原有固定资产基础上进行改建、扩建、修缮等。事业单位应根据不同情况，分别采用不同的核算方法。

(一) 固定资产增加的管理

固定资产增加的管理包括：购入必须有原始凭证，按规定办好交接手续，根据原始凭证编制记账凭证登记入账。增加固定资产的原始凭证一般有《固定资产交接单》、《发货票》、《固定资产调拨单》以及《固定资产盘盈、盘亏报告单》等。各单位增加固定资产的方式，

(1) 实行国库集中支付的事业单位，利用财政资金取得的固定资产按相关规定进行核算。

(2) 事业单位对于使用预算拨款购置的固定资产，应当在经批准的预算额度内执行；纳入政府采购范围的资产，应当按照国家有关政府采购的规定执行。购置的固定资产，应当由事业单位的资产使用管理部门和财务部门组织验收。经营性租入、借用、代管的固定资产，应当设立备查登记簿进行专门登记。

(3) 为加强固定资产的日常使用和保管，事业单位应当建立健全固定资产卡片管理制度、维护保养制度和清查盘点制度。固定资产维修保养费

用纳入预算管理的，应当在经批准的预算额度内执行。

（二）外购固定资产的核算

1. 事业单位购入不需安装的固定资产

核算时，按照确定的固定资产成本，借记"固定资产"，贷记"非流动资产基金——固定资产"科目；同时，按照实际支付金额，借记"事业支出"、"经营支出"、"专用基金——修购基金"等科目，贷记"财政补助收入"、"零余额账户用款额度"、"银行存款"等科目。

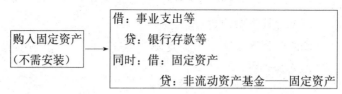

2. 事业单位购入需要安装的固定资产

核算时，先通过"在建工程"科目核算。安装完工交付使用时，借记"固定资产"，贷记"非流动资产基金——固定资产"科目；同时，借记"非流动资产基金——在建工程"科目，贷记"在建工程"科目。

3. 事业单位购入固定资产扣留质量保证金的

应当在取得固定资产时，按照确定的成本，借记"固定资产"（不需安装）或"在建工程"科目（需要安装），贷记"非流动资产基金——固定资产、在建工程"科目。同时取得固定资产全款发票的，应当同时按照构成资产成本的全部支出金额，借记"事业支出"、"经营支出"、"专用基金——修购基金"等科目，按照实际支付金额，贷记"财政补助收入"、"零余额账户用款额度"、"银行存款"等科目，按照扣留的质量保证金，贷记"其他应付款"［扣留期在1年以内（含1年）］或"长期应付款"［扣留期超过1年］科目；取得的发票金额不包括质量保证金的，应当同时按照不包括质量保证金的支出金额，借记"事业支出"、"经营支出"、"专用基金——修购基金"等科目，贷记"财政补助收入"、"零余额账户用款额度"、"银行存款"等科目。质保期满支付质量保证金时，借记"其他应付款"、"长期应付款"科目，或借记"事业支出"、"经营支出"、"专用基金——修购基金"等科目，贷记"财政补助收入"、"零余额账户用款额度"、"银行存款"等科目。

【例3-42】 某事业单位用事业经费购入一台需要安装的新设备，买价为 10 000 元，运杂费 300 元，安装费为 700 元，有关款项均已通过银行支付，该项固定资产已安装完毕交付使用。会计处理如下：

支付价款时：

借：在建工程　　　　　　　　　　　　　　　　　　　11 000

　　贷：非流动资产基金——在建工程　　　　　　　　　　　11 000

借：事业支出　　　　　　　　　　　　　　　　　　　11 000

　　贷：财政补助收入　　　　　　　　　　　　　　　　　11 000

安装完成交付使用：

借：固定资产　　　　　　　　　　　　　　　　　　　11 000

　　贷：非流动资产基金——固定资产　　　　　　　　　　　11 000

同时：

借：非流动资产基金——在建工程　　　　　　　　　　11 000

　　贷：在建工程　　　　　　　　　　　　　　　　　　　11 000

【例 3-43】　某事业单位用专项资金拨款购入不需要安装的设备一台，设备价款为 25 000 元，运费为 1 000 元，由财政直接支付，该项固定资产已经通过验收合格。会计处理如下：

支付价款时：

借：事业支出——专项资金　　　　　　　　　　　　　26 000

　　贷：财政补助收入　　　　　　　　　　　　　　　　　26 000

增加固定资产时：

借：固定资产　　　　　　　　　　　　　　　　　　　26 000

　　贷：非流动资产基金——固定资产　　　　　　　　　　　26 000

【例 3-44】　某事业单位用固定资产报废处理收入重新购买新设备 1 台，含税价 11 700 元。会计处理如下：

借：专用基金——修购基金　　　　　　　　　　　　　11 700

　　贷：银行存款　　　　　　　　　　　　　　　　　　　11 700

同时：

借：固定资产　　　　　　　　　　　　　　　　　　　11 700

　　贷：非流动资产基金——固定资产　　　　　　　　　　　11 700

（三）自行建造的固定资产

自行建造的固定资产，其成本包括建造该项资产至交付使用前所发生的全部必要支出。工程完工交付使用时，按自行建造过程中发生的实际支出，借记"固定资产"，贷记"非流动资产基金——固定资产"科目；同时，借记"非流动资产基金——在建工程"科目，贷记"在建工程"科目。已交付使用但尚未办理竣工决算手续的固定资产，按照估计价值入账，待确定实际成本后再进行调整。

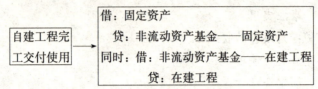

【例3-45】　某事业单位根据需要自行建造固定资产，发生业务如下：材料费用 15 000 元，职工工资 3 000 元，管理费用 520 元，其他支出 380 元。固定资产建造完工，经验收合格投入使用。会计处理如下：

借：固定资产　　　　　　　　　　　　　　　　　　　18 900
　　贷：非流动资产基金——固定资产　　　　　　　　　　　18 900
同时：
借：非流动资产基金——在建工程　　　　　　　　　　18 900
　　贷：在建工程　　　　　　　　　　　　　　　　　　　　18 900

【例3-46】　某事业单位委托某建筑公司建造办公楼，工程预算50 000 000 元，按工程进度分两次支付工程进度款给建筑公司，每次支付款项 20 000 000 元，共计 40 000 000 元，采用财政直接支付方式。办公楼建造完工交付使用，但尚未办理竣工决算，估计余款 9 000 000 元，有待决算后支付。竣工决算时，实际支付余款 9 500 000 元。会计处理如下：

分次支付工程款时：
借：在建工程　　　　　　　　　　　　　　　　　　2 000 000
　　贷：非流动资产基金——在建工程　　　　　　　　　　2 000 000
借：事业支出　　　　　　　　　　　　　　　　　　2 000 000
　　贷：财政补助收入　　　　　　　　　　　　　　　　　2 000 000
办公楼交付使用时：
借：固定资产　　　　　　　　　　　　　　　　　　4 900 000
　　贷：非流动资产基金——固定资产　　　　　　　　　　4 900 000

借：非流动资产基金——在建工程　　　　　　　4 900 000

　　贷：在建工程　　　　　　　　　　　　　　　　4 900 000

竣工决算支付余款时：

借：固定资产　　　　　　　　　　　　　　　500 000

　　贷：非流动资产基金——固定资产　　　　　　　500 000

借：事业支出　　　　　　　　　　　　　　9 500 000

　　贷：财政补助收入　　　　　　　　　　　　　9 500 000

（三）在原有固定资产基础上进行改建、扩建、修缮后的固定资产

在原有固定资产基础上进行改建、扩建、修缮后的固定资产，其成本按照原固定资产账面价值（"固定资产"账面余额减去"累计折旧"账面余额后的净值）加上改建、扩建、修缮发生的支出，再扣除固定资产拆除部分的账面价值后的金额确定。

注：账面余额是指某一会计科目的账面实际金额。

将固定资产转入改建、扩建、修缮时，按固定资产的账面价值，借记"在建工程"科目，贷记"非流动资产基金——在建工程"科目；同时，按固定资产对应的非流动资产基金，借记"非流动资产基金——固定资产"科目，按固定资产已计提折旧，借记"累计折旧"科目，按固定资产的账面余额，贷记"固定资产"。

工程完工交付使用时，借记"固定资产"，贷记"非流动资产基金——固定资产"科目；同时，借记"非流动资产基金——在建工程"科目，贷记"在建工程"科目。

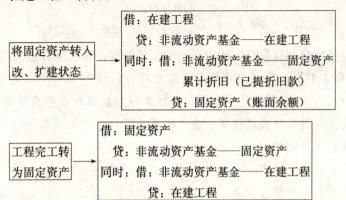

（四）融资租入的固定资产

融资租入的固定资产，按照确定的成本，借记"固定资产"（不需安装）或"在建工程"科目（需安装），按照租赁协议或者合同确定的租赁价款，贷记"长期应付款"科目，按照其差额，贷记"非流动资产基金——固定资产、在建工程"科目。同时，按照实际支付的相关税费、运输费、途中保险费、安装调试费等，借记"事业支出"、"经营支出"等科目，贷记"财政补助收入"、"零余额账户用款额度"、"银行存款"等科目。

定期支付租金时，按照支付的租金金额，借记"事业支出"、"经营支出"等科目，贷记"财政补助收入"、"零余额账户用款额度"、"银行存款"等科目；同时，借记"长期应付款"科目，贷记"非流动资产基金——固定资产"科目。

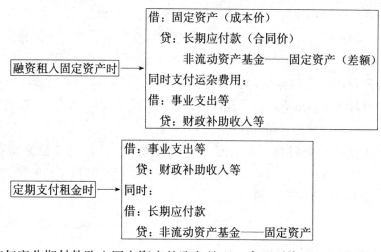

跨年度分期付款购入固定资产的账务处理，参照融资租入固定资产。

【例3-47】 某事业单位与供应商签订协议购买一项固定资产，价款300 000元，分三期平均支付，在支付第一期款项时供应商提供固定资产，该项支出通过日常经费核算。会计处理如下：

支付第一期时：

借：固定资产		300 000
贷：长期应付款		200 000
非流动资产基金——固定资产		100 000

借：事业支出	100 000
贷：银行存款	100 000

支付第二、三期时：

借：事业支出	100 000
贷：银行存款	100 000
借：长期应付款	100 000
贷：非流动资产基金——固定资产	100 000

（五）接受捐赠的固定资产

接受捐赠、无偿调入的固定资产，按照确定的固定资产成本，借记"固定资产"（不需安装）或"在建工程"科目（需安装），贷记"非流动资产基金——固定资产、在建工程"科目；按照发生的相关税费、运输费等，借记"其他支出"科目，贷记"银行存款"等科目。

【例 3-48】　某事业单位接受另一企业捐赠的办公设备，价值 20 000元，在接收过程中以现金支付运费 300 元。会计处理如下：

支付价款时：

借：固定资产	20 300
贷：非流动资产基金——固定资产	20 300

以现金支付运费：

借：其他支出	300
贷：库存现金	300

五、固定资产后续支出

固定资产的后续支出包括为维护固定资产的正常使用而发生的日常修理等后续支出，以及为增加固定资产使用效能或延长其使用年限而发生的改建、扩建或修缮等后续支出。由于发生后续支出的目的不同，所以应分别情况处理。

（一）需要列支且需资本化的后续支出

为增加固定资产使用效能或延长其使用年限而发生的改建、扩建或修缮等后续支出应当计入固定资产成本，通过"在建工程"科目核算，完工交付使用时转入"固定资产"。

具体账务处理如下：

（1）将固定资产转入改建、扩建、修缮时，按固定资产的账面价值，借记"在建工程"科目，贷记"非流动资产基金——在建工程"科目；同时，按固定资产对应的非流动资产基金，借记"非流动资产基金——固定资产"科目，按固定资产已计提折旧，借记"累计折旧"科目，按固定资产的账面余额，贷记"固定资产"。

（2）在改建、扩建、修缮过程中，按实际发生的支出，借记"在建工程"，贷记"非流动资产基金——在建工程"；同时，根据不同情况，借记"事业支出"、"经营支出"等相关账户，贷记"财政补助收入"、"零余额账户用款额度"等。若有专为改建工程发生的借款，其在建设期间发生的利息支出，应计入在建工程成本，借记"在建工程"，贷记"非流动资产基金——在建工程"，同时，借记"其他支出"，贷记"银行存款"等科目。

（3）工程完工交付使用时，借记"固定资产"，贷记"非流动资产基金——固定资产"科目；同时，借记"非流动资产基金——在建工程"科目，贷记"在建工程"科目。

【例3-49】 某事业单位对其所属单位的建筑物进行扩建，该建筑物原账面价值1 000 000元，已计提折旧400 000元；扩建过程中共支付相关费用800 000元。该建筑物扩建达到预定可使用状态后，可以大大提高生产能力，延长了使用年限。会计处理如下：

将该建筑物转入扩建工程时：

借：在建工程	600 000
贷：非流动资产基金——在建工程	600 000
借：非流动资产基金——固定资产	600 000
累计折旧	400 000
贷：固定资产	1 000 000

固定资产后续支出发生时：

借：在建工程	800 000
贷：非流动资产基金——在建工程	800 000
借：事业支出	800 000
贷：银行存款	800 000

达到预定可使用状态，交付使用时：

借：固定资产 1 400 000
　　贷：非流动资产基金——固定资产 1 400 000
借：非流动资产基金——在建工程 1 400 000
　　贷：在建工程 1 400 000

（二）需要列支但无需资本化的后续支出

为维护固定资产的正常使用而发生的日常修理等后续支出，应当计入当期支出但不计入固定资产成本。具体账务处理如下：

发生日常修理支出时，借记"事业支出"、"经营支出"等科目，贷记"财政补助收入"、"零余额账户用款额度"、"银行存款"等科目。

【例3-50】 某事业单位对其使用的一辆汽车进行修理，支付修理费2 000元。会计处理如下：

借：事业支出 2 000
　　贷：银行存款 2 000

六、固定资产减少

固定资产的减少一般包括报经批准出售、无偿调出、对外捐赠固定资产或以固定资产对外投资、盘亏或者毁损报废固定资产。应当分别以下情况处理：

（一）出售、无偿调出、对外捐赠

（1）对于准备出售、无偿调出、对外捐赠固定资产，应先转入待处置资产。按照待处置固定资产的账面价值，借记"待处置资产损溢"科目，按照已计提折旧，借记"累计折旧"科目，按照固定资产的账面余额，贷记"固定资产"。

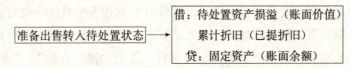

（2）实际出售、调出、捐出时，按照处置固定资产对应的非流动资产基金，借记"非流动资产基金——固定资产"科目，贷记"待处置资产损

溢"科目。

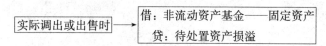

（3）出售固定资产过程中取得价款、发生相关税费，借记或贷记"待处置资产损溢"（处置净收入），贷记或借记"库存现金"、"银行存款"等科目。

（4）处置完毕，按照处置收入扣除相关处置费用后的净收入，借记"待处置资产损溢"（处置净收入），贷记"应缴国库款"等科目。

```
处置完毕计算        借：待处置资产损溢——处置净收入
应缴国库款          贷：应缴国库款
```

【例3-51】 某事业单位将一台计算机出售，该计算机原价为18 000元，已提折旧10 000元。双方议定售价为9 000元。会计处理如下：

  借：待处置资产损溢—— 处置资产价值   8 000

    累计折旧   10 000

    贷：固定资产   18 000

  借：非流动资产基金——固定资产   8 000

    贷：待处置资产损溢——处置资产价值   8 000

  借：银行存款   9 000

    贷：待处置资产损溢——处置净收入   9 000

  借：待处置资产损溢——处置净收入   9 000

    贷：应缴国库款   9 000

（二）以固定资产对外投资

以固定资产对外投资，按照评估价值加上相关税费作为投资成本，借记"长期投资"科目，贷记"非流动资产基金——长期投资"科目，按发生的相关税费，借记"其他支出"科目，贷记"银行存款"、"应缴税费"等科目；同时，按照投出固定资产对应的非流动资产基金，借记"非流动资产基金——固定资产"科目，按照投出固定资产已计提折旧，借记"累计折旧"科目，按照投出固定资产的账面余额，贷记"固定资产"。

【例3-52】　某事业单位将一固定资产用于对外投资，该固定资产原价为24 000元，已提折旧12 000元。双方议定售价为18 000元，投资过程中发生税费500元。会计处理如下：

借：长期投资		18 000
贷：非流动资产基金——长期投资		18 000
借：其他支出		500
贷：应缴税费		500

同时：

借：非流动资产基金——固定资产		12 000
累计折旧		12 000
贷：固定资产		24 000

七、固定资产清查

（一）固定资产清查的规定

为了保证固定资产核算的真实、可靠，《事业单位财务规则》规定，事业单位应当对固定资产进行定期或不定期的清查盘点。年度终了前应当进行一次全面清查盘点，保证账实相符。事业单位会计制度指出，固定资产应当定期进行清查盘点，每年至少盘点一次。对于发生的固定资产盘盈、盘亏或者报废、毁损，应当及时查明原因，按规定报经批准后进行账务处理。

（二）盘盈的固定资产

盘盈的固定资产，按照确定的入账价值，借记"固定资产"，贷记"非流动资产基金——固定资产"科目。

【例3-53】　某事业单位在资产清查中发现一盘盈固定资产，其重置价值为60 000元。会计处理如下：

借：固定资产		60 000
贷：非流动资产基金——固定资产		60 000

（三）盘亏或者毁损、报废的固定资产

（1）对于盘亏或毁损、报废的固定资产，应转入待处置资产，按照待处

置固定资产的账面价值，借记"待处置资产损溢"科目，按照已计提折旧，借记"累计折旧"科目，按照固定资产的账面余额，贷记"固定资产"。

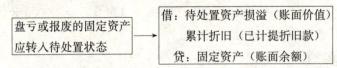

（2）报经批准予以处置时，按照处置固定资产对应的非流动资产基金，借记"非流动资产基金——固定资产"科目，贷记"待处置资产损溢"科目。

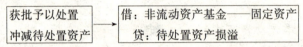

（3）处置毁损、报废固定资产过程中收到的残值变价收入、保险理赔和过失人赔偿等，借记"库存现金"、"银行存款"等科目，贷记"待处置资产损溢（处置净收入）"。

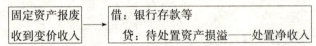

（4）处置毁损、报废固定资产过程中所取得的收入、发生的相关费用，借记"待处置资产损溢"（处置净收入），贷记"库存现金"、"银行存款"等科目。

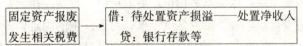

（5）处置完毕，按照处置收入扣除相关处置费用后的净收入，借记"待处置资产损溢"（处置净收入），贷记"应缴国库款"等科目。

借：待处置资产损溢——处置净收入
  贷：应缴国库款

计算处置净收入上缴国库

【例 3-54】 某事业单位准备将尚未达到规定使用年限但已不能使用的一台设备报废。在清理过程中，通过银行支付清理费用 800 元，残料变价收入 3 000 元已存入银行。该设备原值 22 000 元，已提折旧 20 000 会计处理如下：

转为待处置资产：

借：待处置资产损溢——处置资产价值   2 000
  累计折旧   20 000

贷：固定资产		22 000

经批准后：

借：非流动资产基金——固定资产		2 000
贷：待处置资产损溢——处置资产价值		2 000

处置过程中的发生的收入和费用：

借：银行存款		3 000
贷：待处置资产损溢——处置净收入		3 000
借：待处置资产损溢——处置净收入		800
贷：银行存款		800

处置完毕。将净收入转应缴国库款：

借：待处置资产损溢——处置净收入		2 200
贷：应缴国库款		2 200

第七节　无形资产

一、无形资产概述

无形资产是指不具有实物形态而能为事业单位提供某种权利的资产。包括专利权、土地使用权、商标权、著作权、非专利技术等。

（一）无形资产的特点

无形资产是一种特殊的资产，一般具有以下特点：

（1）无形资产没有物质实体。无形资产不同于有形资产，它没有特定的物质实体，通常表现为企业所拥有的一种特殊权利。

（2）无形资产能带来超额收益。无论是自创还是购入的无形资产，都能使事业单位在一定时期内获得超额收益。

（3）无形资产可在较长时期内发挥作用。无形资产一经取得或形成，就可为事业单位长期拥有，可在较长时期内发挥作用、获得超额收益。

（二）无形资产的主要项目

无形资产的项目很多，主要包括专利权、商标权、著作权、土地使用权、非专利技术等。事业单位购入的不构成相关硬件不可缺少组成部分的应用软件，应当作为无形资产核算。

1. 专利权

专利权是指经国家专利机关审定并授予发明者在一定年限内对发明创造的使用和转让的权利。专利权一般包括发明专利权、实用新型专利权和外观设计专利权。专利权受法律保护，在某项专利权的有效期间内，该项专利权的非持有者如需在经营中使用与之相同的原理、结构和技术，应征求该项专利持有者的同意并支付专利使用费，否则，就构成了侵权。

专利权虽然允许其持有者在规定的期限内独家使用或控制，但并不是所有的专利权都能给持有者带来经济利益，有的专利权可能没有经济价值或者只具有很小的经济价值；有的专利会被另外更有经济价值的专利给淘汰等。因此，事业单位不需要将其所拥有的一切专利权都予以资本化，作为无形资产核算。只有那些能够给事业单位带来较大经济收益，并且事业单位为此花费了大量支出的专利才能作为无形资产核算。一般来说，作为无形资产核算的专利权能够给事业单位带来较高的经济利益，具体表现在：

（1）可以降低业务成本，或者提高服务质量，获取超额收益。

（2）可以确立独占优势，或可以提高服务价格，使事业单位的业务在市场上占有较大份额；

（3）可以通过转让所有权而获取转让费收入。或者可以通过转让使用权而获得使用费收入。

2. 商标权

商标权是指专门在某类指定的商品或产品上使用特定名称或图案的权利。商标经商标管理机关核准后，成为注册商标，受法律保护。商标权以及类似的商号标记等对取得消费者接受某种商品的信任具有重要意义。

商标权可以自创，也可以购入。单位自己通过法律程序申请取得的商标权，一般只包括注册登记费、聘请律师费等，所需花费不大，根据重要性原则，可以直接将其计入当期费用支出中，不必作为无形资产核算。如果商标权是从其他单位购入的，而且是一次性支付费用较大的，则应当将该项支出予以资本化，作为无形资产核算。我国《商标法》规定，商标权的有效年限为 10 年，期满前可以继续申请延长注册期。

3. 著作权

著作权又称版权，是指著作者或作品创作者以及出版商依法享有的在一定年限内发表、制作、出版和发行其作品的专有权利。著作权受法律保护，未经著作权所有者许可，他人不得占有和行使。

4. 土地使用权

土地使用权是指某单位经国家土地管理机关批准享有的在一定期间内对国有土地开发、利用和经营的权利。在我国，土地归国有，任何单位或个人只能拥有土地使用权，没有土地所有权。

取得土地使用权有时可能不花费任何代价，如单位所拥有的未入账的土地使用权，或虽需花费代价，但这些代价是分期支付的，这时，就不能将其作为无形资产核算。取得土地使用权时花费了较大支出，而且是一次性支付的，则应当将该项支出予以资本化，作为土地使用权的取得成本，记入"无形资产"账户。

5. 非专利技术

非专利技术又称专有技术。专有技术是指发明者未申请专利或不够申请专利条件的而未经公开的先进技术，包括先进的经验、技术设计资料、原料配方等。专有技术不需要到有关管理机关注册登记，因而不受法律保护，只需技术持有者采取自我保护的方式维持其独占性。

专有技术具有以下特征：

（1）经济性。专有技术在业务活动中，能够提高事业单位的服务能力和服务水平，给单位带来较高的经济收益；

（2）机密性。专有技术是采用保密手段控制、独占和垄断的技术，不受法律保护。一经公开，就失去了它的经济价值；

（3）动态性。专有技术是单位或技术人员通过长期的研究和经验积累而形成的，而且是不断发展的。

专有技术有些是自己开发的，有些是根据合同规定，从外部购入的。如果是自己开发研究的，可能成功也可能失败，开发研究过程中发生的相关费用，会计核算上一般将其全部作为当期费用处理，不作为无形资产核算。如果是从外部购入的，应按实际发生的一切支出，予以资本化，作为无形资产入账核算。

（三）无形资产的分类

无形资产可按不同标准做不同的分类：

（1）按无形资产有无有效期限，分为有期限的无形资产和无期限的无形资产。有期限的无形资产是指有法律或合同规定最长有效期的无形资产，这些资产过了有效期，就不能创造超额收益了，如专利权、租赁权。无期限的无形资产一般没有具体规定的有效期限，商誉便属于这类资产。

（2）按无形资产是否可以确指，分为可确指的无形资产和不可确指的无形资产。可确指的无形资产是指能够单独辨认的无形资产，如专利权、专有技术。不可确指的无形资产是指不能单独辨认，也不能单独取得，只能连同事业单位的其他资产一并购入，如商誉。

（3）按无形资产是否受法律保护，分为权利资产和非权利资产。权利资产是指受法律保护的资产，如专利权、著作权等。非权利资产是指能帮助单位获得超额收益，但无法律保护的资产，如专有技术。

（四）无形资产的计价

（1）购入的无形资产，应当按实际成本记账。其实际成本包括购买价款、相关税费以及可归属于该项资产达到预定用途所发生的其他支出；

（2）自行开发并按法律程序申请取得的无形资产，应按依法取得时发生的注册费、聘请律师费等支出记账；

（3）委托软件公司开发的软件，视同外购无形资产的计价方法处理；

（4）接受捐赠、无偿调入的无形资产，其成本按照有关凭据注明的金额加上相关税费等确定；没有相关凭据的，其成本比照同类或类似无形资产的市场价格加上相关税费等确定；没有相关凭据、同类或类似无形资产的市场价格也无法可靠取得的，该资产按照名义金额入账。

二、无形资产的核算

（一）无形资产取得的核算

1. 外购无形资产的会计核算

购入的无形资产，按照确定的无形资产成本，借记"无形资产"，贷记"非流动资产基金——无形资产"科目；同时，按照实际支付金额，借记"事业支出"等科目，贷记"财政补助收入"、"零余额账户用款额度"、"银行存款"等科目。

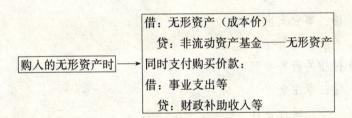

借：无形资产（成本价）
　　贷：非流动资产基金——无形资产
同时支付购买价款：
借：事业支出等
　　贷：财政补助收入等

【例3-55】 某事业单位购入一项专利技术，价款为30 000元，以银行存款支付。会计处理如下：

借：无形资产——专利权　　　　　　　　　　　　　30 000
　　贷：非流动资产基金——无形资产　　　　　　　　　　　30 000
借：事业支出　　　　　　　　　　　　　　　　　30 000
　　贷：银行存款　　　　　　　　　　　　　　　　　　　30 000

2. 委托开发无形资产的会计核算

委托软件公司开发软件视同外购无形资产进行处理。支付软件开发费时，按照实际支付金额，借记"事业支出"等科目，贷记"财政补助收入"、"零余额账户用款额度"、"银行存款"等科目。软件开发完成交付使用时，按照软件开发费总额，借记"无形资产"，贷记"非流动资产基金——无形资产"科目。

3. 自行开发无形资产的会计核算

自行开发并按法律程序申请取得的无形资产，按照确定的无形资产成本，借记"无形资产"，贷记"非流动资产基金——无形资产"科目；同时，借记"事业支出"等科目，贷记"财政补助收入"、"零余额账户用款额度"、"银行存款"等科目。

依法取得前所发生的研究开发支出，应于发生时直接计入当期支出，借记"事业支出"等科目，贷记"银行存款"等科目。

【例3-56】 某事业单位自行研制成功并依法申请取得了一项专利技术，与其他项目一起研发，研发过程中共发生相关费用60 000元，已分别计入各期费用中，在申请专利过程中发生专利登记费10 000元，律师费5 000元，以银行存款支付。会计处理如下：

依法申请成功，确认无形资产价值：

借：无形资产——专利权　　　　　　　　　　　　　15 000
　　贷：非流动资产基金——无形资产　　　　　　　　　　　15 000
支付登记费和律师费：

借：事业支出   15 000

  贷：银行存款   15 000

支付相关研发费用：

借：事业支出   60 000

  贷：银行存款   60 000

4. 接受捐赠、无偿调入的无形资产的会计核算

接受捐赠、无偿调入的无形资产，按照确定的无形资产成本，借记"无形资产"，贷记"非流动资产基金——无形资产"科目；按照发生的相关税费等，借记"其他支出"科目，贷记"银行存款"等科目。

【例 3-57】 某事业单位接受专家捐赠一项专利技术，虽然没有相关凭据，但根据类似无形资产的市场价格，确认其成本为 20 000 元，并转账支付相关税费 1 200 元。会计处理如下：

借：无形资产——专利权   21 200

  贷：非流动资产基金——无形资产   21 200

借：其他支出   1 200

  贷：银行存款   1 200

（二）无形资产摊销

1. 无形资产摊销的定义

无形资产在其使用过程中，将其价值逐期计入费用中的做法，叫做摊销。事业单位无形资产的应摊销金额为其成本。也就是说，摊销是在无形资产使用寿命内，按照确定的方法对无形资产成本进行系统分摊。

2. 无形资产摊销范围

（1）事业单位除以名义金额计量的无形资产外，都应当进行摊销。

（2）因发生后续支出而增加无形资产成本的，应当按照重新确定的无形资产成本，重新计算摊销额。

（3）事业单位应当自无形资产取得当月起，按月计提无形资产摊销。

3. 无形资产摊销方法

事业单位应当采用年限平均法对无形资产进行摊销。

其计算公式为：

  无形资产年摊销额＝无形资产原始价值/有效使用年限

无形资产月摊销额＝年摊销额/12

4. 无形资产摊销年限

（1）法律规定了有效年限的，按照法律规定的有效年限作为摊销年限；

（2）法律没有规定有效年限的，按照相关合同或单位申请书中的受益年限作为摊销年限；

（3）法律没有规定有效年限、相关合同或单位申请书也没有规定受益年限的，按照不少于 10 年的期限摊销。

5. 累计摊销的主要账务处理

事业单位对无形资产摊销的核算，应设置"累计摊销"账户，按照无形资产的类别、项目等进行明细核算。具体账务处理如下：

（1）按月计提无形资产摊销时，按照应计提摊销金额，借记"非流动资产基金——无形资产"科目，贷记"累计摊销"。

$$\boxed{\text{按月计提无形资产摊销时}}\longrightarrow \boxed{\begin{array}{l}借：非流动资产基金——无形资产\\\quad 贷：累计摊销\end{array}}$$

（2）无形资产处置时，按照所处置无形资产的账面价值，借记"待处置资产损溢"科目，按照已计提摊销，借记"累计摊销"，按照无形资产的账面余额，贷记"无形资产"科目。

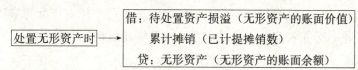

$$\boxed{\text{处置无形资产时}}\longrightarrow \boxed{\begin{array}{l}借：待处置资产损溢（无形资产的账面价值）\\\quad 累计摊销（已计提摊销数）\\\quad 贷：无形资产（无形资产的账面余额）\end{array}}$$

"累计摊销"账户的期末贷方余额，反映事业单位计提的无形资产摊销累计数。

【例 3-58】 某事业单位购入一专有技术，原始成本为 360 000 元，预计有效年限为 10 年。会计处理如下：

无形资产年摊销额＝360 000/10＝36 000（元）

无形资产月摊销额＝36 000/12＝3 000（元）

每月摊销时的会计分录为：

借：非流动资产基金——无形资产　　　　　　　3 000

　　贷：累计摊销　　　　　　　　　　　　　　　3 000

（三）无形资产的后续支出

与无形资产有关的后续支出，分为两种情况，具体处理如下：

（1）为增加无形资产的使用效能而发生的后续支出，如对软件进行升级改造或扩展其功能等所发生的支出，应当计入无形资产的成本，借记"无形资产"，贷记"非流动资产基金——无形资产"科目；同时，借记"事业支出"等科目，贷记"财政补助收入"、"零余额账户用款额度"、"银行存款"等科目。

（2）为维护无形资产的正常使用而发生的后续支出，如对软件进行漏洞修补、技术维护等所发生的支出，应当计入当期支出但不计入无形资产成本，借记"事业支出"等科目，贷记"财政补助收入"、"零余额账户用款额度"、"银行存款"等科目。

（四）无形资产的减少

无形资产的减少分为转让、无偿调出、对外捐赠、对外投资、核销等几种情况，无论发生何种资产处置行为，都应当符合事业单位对资产管理的相关规定。《事业单位财务规则》中规定："事业单位转让无形资产，应当按照有关规定进行资产评估，取得的收入按照国家有关规定处理"；事业单位"在保证单位正常运转和事业发展的前提下，按照国家有关规定可以对外投资的，应当履行相关审批程序"；"事业单位资产处置应当遵循公开、公平、公正和竞争、择优的原则，严格履行相关审批程序。"

无形资产减少的主要账务处理如下：

（1）转让、无偿调出、对外捐赠无形资产的核算。

转让、无偿调出、对外捐赠无形资产，先转入待处置资产，按照待处置无形资产的账面价值，借记"待处置资产损溢"科目，按照已计提摊销，借记"累计摊销"科目，按照无形资产的账面余额，贷记"无形资产"。

实际转让、调出、捐出时，按照处置无形资产对应的非流动资产基金，借记"非流动资产基金——无形资产"科目，贷记"待处置资产损溢"科目。

转让无形资产过程中取得价款、发生相关税费，借记或贷记"待处置资产损溢"（处置净收入），借记或贷记"库存现金"、"银行存款"等科目。

处置完毕，按照处置收入扣除相关处置费用后的净收入，借记"待处置资产损溢"（处置净收入），贷记"应缴国库款"等科目。

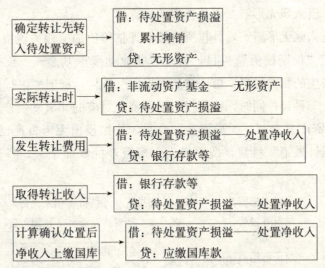

【例 3-59】 某事业单位 20×1 年 1 月取得一项专利权，其取得成本为 120 000 元，合同规定的有效期限为 5 年，20×3 年 1 月，将该项专利转让给某单位，双方协商作价为 110 000 元，收取价款存入银行，转让过程中发生税费 3 300 元，已用银行存款支付。会计处理如下：

转入待处置资产：

借：待处置资产损溢——处置资产价值　　　　　　　　72 000

　　　累计摊销　　　　　　　　　　　　　　　　　　　48 000

　　贷：无形资产　　　　　　　　　　　　　　　　　　　120 000

转让时处置非流动资产基金：

借：非流动资产基金——无形资产　　　　　　　　　　72 000

　　贷：待处置资产损溢——处置资产价值　　　　　　　　72 000

转让时取得收入：

借：银行存款　　　　　　　　　　　　　　　　　　　110 000

　　贷：待处置资产损溢——处置净收入　　　　　　　　110 000

转让时支付有关税费：

借：待处置资产损溢——处置净收入　　　　　　　　　3 300

　　贷：银行存款　　　　　　　　　　　　　　　　　　　3 300

处置完毕，结转应缴国库款：

> 借：待处置资产损溢——处置净收入　　　　　　　106 700
> 　贷：应缴国库款　　　　　　　　　　　　　　　　106 700

（2）已入账无形资产对外投资的核算。

以已入账无形资产对外投资，按照评估价值加上相关税费作为投资成本，借记"长期投资"科目，贷记"非流动资产基金——长期投资"科目，按发生的相关税费，借记"其他支出"科目，贷记"银行存款"、"应缴税费"等科目；同时，按照投出无形资产对应的非流动资产基金，借记"非流动资产基金——无形资产"科目，按照投出无形资产已计提摊销，借记"累计摊销"科目，按照投出无形资产的账面余额，贷记"无形资产"。

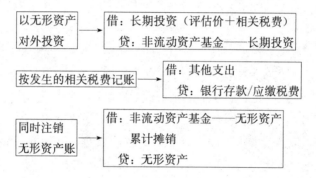

（五）核销无形资产

无形资产长期使用后，其价值会逐渐消失，无形资产预期不能为事业单位带来服务潜力或经济利益的，应当按规定报经批准后将该无形资产的账面价值予以核销。

转入待处置资产时，按照待核销无形资产的账面价值，借记"待处置资产损溢"科目，按照已计提摊销，借记"累计摊销"科目，按照无形资产的账面余额，贷记"无形资产"。

报经批准予以核销时，按照核销无形资产对应的非流动资产基金，借记"非流动资产基金——无形资产"科目，贷记"待处置资产损溢"科目。

【例3-60】　某事业单位2007年购入一项专利权，其取得成本为12万元，有效使用期限为6年，每年均按规定计算累计摊销额。随着社会技术进步的加快，使用 4 年后，该专利基本丧失使用价值和转让价值。按规定报经批准，准予核销。会计处理如下：

转入待处置资产时：

借：待处置资产损溢　　　　　　　　　　　　　　　　　40 000

　　累计摊销　　　　　　　　　　　　　　　　　　　　80 000

　　贷：无形资产　　　　　　　　　　　　　　　　　　120 000

经批准予核销：

借：非流动资产基金——无形资产　　　　　　　　　　120 000

　　贷：待处置资产损溢　　　　　　　　　　　　　　　120 000

复习思考题

1. 单位银行存款日记账与银行送来的对账单余额产生差异的原因有哪些？

2. 事业单位会计的"应收账款"科目与企业会计的"应收账款"科目有何区别？

3. 事业单位的固定资产计价应注意哪些问题？

4. 转让固定资产和转让无形资产的会计核算有何异同？

5. 事业单位对外投资有限制条件吗？请说明理由。

6. 财政零余额账户与预算单位的零余额账户有何不同？

练习题

一、判断题

1. 盘盈的固定资产，按照确定的入账价值，借记"固定资产"，贷记"其他收入"科目。（×）

2. 事业单位不用对无形资产进行摊销。（×）

3. 建设项目已实际投入使用但超时限未办理竣工决算的，单位应当根据对建设项目的实际投资暂估入账，转作相关资产管理。（√）

4. 财政应返还额度不属于货币资金。（√）

5. 事业单位可以通过零余额账户办理转账业务，也可以办理提取现金业务。（×）

6. 零余额账户用款额度不属于货币资金。（×）

7. 事业单位的资产包括现金、银行存款、零余额账户用款额度、应收账款、材料、待摊费用、固定资产和无形资产等。（×）

8. 资产都是有形态的。（×）

二、单项选择题

1. 在财政直接支付下，年度终了时，事业单位对于尚未使用的预算指标数，增加"财政应返还额度——财政直接支付"的同时，增加（A）科目。

A. 财政补助收入　　　　　　　B. 零余额账户用款额度

C. 主营业务收入　　　　　　　D. 经营收入

2. 事业单位投资期内实际取得的利息、红利等各项投资收益，应当计入当期（C）。

A. 事业收入　　　　　　　　　B. 经营收入

C. 其他收入　　　　　　　　　D. 营业外收入

3. 下列有关事业单位固定资产的核算中，表述不正确的是（B）。

A. 盘盈的固定资产按照重置完全价值入账

B. 接受固定资产捐赠发生的相关费用计入固定资产价值

C. 自行建造的固定资产，按照建造过程中实际发生的全部支出记账

D. 固定资产从达到预定可使用状态的下月起计提折旧

4. 事业单位盘盈的存货，按照确定的入账价值，借记"存货"，贷记（A）科目。

A. 其他收入　　　　　　　　　B. 营业外收入

C. 其他支出　　　　　　　　　D. 营业外支出

5. 关于现金管理的下列说法中错误的是（A）。

A. 根据国家规定颁发给个人的科学技术、文化艺术、体育等各类奖金不得使用现金

B. 发放给个人的工资、津贴及劳务报酬可以用现金支付

C. 出纳人员要根据经审核无误的合法凭证办理现金收付，不准用不符合财务制度的凭证顶替现金，即不得"白条抵库"

D. 不准用银行账户代其他单位和个人存入或支取现金

6. 事业单位发现盘亏现金，暂时找不到盘亏原因时，应先通过（C）科目进行核算，借记该科目，贷记"库存现金"科目。

A.　其他应付款　　　　　　　　B.　暂付款

C.　其他应收款　　　　　　　　D.　暂存款

7.　对于无形资产的摊销年限，若法律没有规定有效年限、相关合同或单位申请书也没有规定受益年限的，按照不少于（B）年的期限摊销。

A.　20　　　　　　　　　　　　B.　10

C.　5　　　　　　　　　　　　　D.　3

8.　事业单位的资产不包括（C）。

A.　零余额账户用款额度　　　　B.　财政应返还额度

C.　长期待摊费用　　　　　　　D.　在建工程

9.　下列各项中，不属于事业单位其他应收款核算的内容有（D）。

A.　借出款

B.　备用金

C.　应向职工收取的各种垫付款项

D.　按照购货合同预付给供应单位的款项

会计核算题

1.　某事业单位财务部门20××年10月份发生如下业务：

（1）10月1日，开具现金支票从银行提取现金10 000元作为备用金。

（2）10月5日，职工李某出差归来，报销差旅费1 800元，并且退回多预支的现金200元，以现金支付。

（3）10月15日，本单位销售产品，价税合计1 170元以现金结算。

（4）10月13日，用现金800元购买本单位办公用品。

（5）10月20日，张某因公出差，借款2 000元。

（6）10月26日，张某出差归来，经过审核可以报销的差旅费为7 000元，用现金支付2 000元的差额。

（7）10月28日，将本日超过库存限额的现金4 000元送交银行。

根据上列业务，编制会计分录。

答案：

（1）借：库存现金　　　　　　　　　　　　　　　　　　　10 000

　　　　贷：银行存款　　　　　　　　　　　　　　　　　　10 000

（2）收到退回现金时：

借：库存现金　　　　　　　　　　　　　　　　　200

　　贷：其他应收款　　　　　　　　　　　　　　　　　200

报销差旅费时：

借：事业支出　　　　　　　　　　　　　　　　　1 800

　　贷：其他应收款　　　　　　　　　　　　　　　　1 800

(3) 借：库存现金　　　　　　　　　　　　　　　1 170

　　贷：经营收入　　　　　　　　　　　　　　　　1 000

　　　　应缴税费——应缴增值税　　　　　　　　　　170

(4) 借：事业支出　　　　　　　　　　　　　　　　800

　　贷：库存现金　　　　　　　　　　　　　　　　　800

(5) 借：其他应收款　　　　　　　　　　　　　　2 000

　　贷：库存现金　　　　　　　　　　　　　　　　2 000

(6) 借：事业支出　　　　　　　　　　　　　　　9 000

　　贷：其他应收款　　　　　　　　　　　　　　　7 000

　　　　库存现金　　　　　　　　　　　　　　　　2 000

(7) 借：银行存款　　　　　　　　　　　　　　　4 000

　　贷：库存现金　　　　　　　　　　　　　　　　4 000

2. 某事业单位发生如下经济业务：

(1) 销售一批产品给 A 公司，货物已经发出，价税合计 23 400 元，其中增值税 3 400 元。双方约定，3 个月后付款。A 公司该甲单位开具了一张不带息的 6 个月到期的银行承兑汇票，票面金额 23 400 元。

(2) 6 个月后，该单位委托开户银行收回应收票据价款 23 400 元。

(3) 向 A 公司提供非专业业务活动服务，应收取服务费 80 000 元，尚未收到。

(4) 收到 A 公司的服务费 80 000 元，已经通过银行办理转账。

(5) 向甲公司订购所需材料，双方约定该事业单位预付 50 000 元定金，材料用于专业业务活动，采用财政授权方式通过单位零余额账户支付。3 天后，收到甲公司发来的材料以及发票，含增值税在内一共 65 000元。该事业单位验收材料入库，并开出转账支票，补足货款 15 000 元。

根据上列业务，编制会计分录。

答案：

(1) 借：应收票据——A 公司　　　　　　　　　23 400

	贷：经营收入	20 000
	应缴税费——应缴增值税（销项税额）	3 400

（2）借：银行存款   23 400

    贷：应收票据   23 400

（3）借：应收账款——A 公司   80 000

    贷：经营收入   80 000

（4）借：银行存款   80 000

    贷：应收账款——A 公司   80 000

（5）预付货款时：

  借：预付账款   50 000

    贷：零余额账户用款额度   50 000

收到材料时：

  借：存货   65 000

    贷：预付账款   65 000

补付货款：

  借：预付账款   15 000

    贷：零余额账户用款额度   15 000

3. 甲事业单位用银行存款购入 5 年期、年利率 8%、面值为 60 000 元的国库券，实际支付价款 60 000 元；该事业单位在国库券未到期前对外转让了其中的 30 000 元，实际收到价款 40 000 元；国库券到期，甲事业单位实际收回债券本金 30 000 元和利息 12 000 元。

根据上述资料，编制相关的会计分录。

答案：

（1）购买时，

  借：长期投资   60 000

    贷：银行存款   60 000

  借：事业基金   60 000

    贷：非流动资产基金——长期投资   60 000

（2）转让时，

  借：银行存款   40 000

    贷：长期投资   30 000

    其他收入——投资收益   10 000

借：非流动资产基金——长期投资 30 000

  贷：事业基金 30 000

（3）收回本金利息时，

  借：银行存款 42 000

   贷：长期投资 30 000

    其他收入——投资收益 12 000

  借：非流动资产基金——长期投资 30 000

   贷：事业基金 30 000

4. 某事业单位20××年度10月份发生的有关固定资产的业务如下：

（1）以银行存款购入一台设备，价款20 000元，转账支付价款，设备已验收入库。

（2）融资租入设备一台，根据租赁协议，设备价款80 000元，分四期支付，并用银行存款支付运费3 000元，安装调试费8 500元，设备安装调试完毕交付使用。

（3）出售设备一台，双方协议价80 000元，款项已存入银行。设备原值150 000元，无预计残值，使用期限为10年，已使用5年。

（4）出国访问归来的张某赠送单位图书一批，估计价值人民币3 800元。

根据发生的经济业务，编制会计分录。

答案：

（1）借：事业支出 20 000

   贷：银行存款 20 000

同时：

 借：固定资产 20 000

   贷：非流动资产基金——固定资产 20 000

（2）支付第一期时：

 借：固定资产 80 000

   贷：长期应付款 60 000

    非流动资产基金——固定资产 20 000

 借：事业支出 11 500

   贷：银行存款 11 500

 借：事业支出 20 000

   贷：银行存款 20 000

支付第二、三、四期时：

借：事业支出 20 000

　　贷：银行存款 20 000

借：长期应付款 20 000

　　贷：非流动资产基金——固定资产 20 000

（3）借：待处置资产损溢——处置资产价值 75 000

　　累计折旧 75 000

　　贷：固定资产 150 000

借：非流动资产基金——固定资产 80 000

　　贷：待处置资产损溢——处置资产价值 80 000

借：待处置资产损溢——处置净收入 5 000

　　贷：应缴国库款 5 000

（4）借：固定资产 3 800

　　贷：非流动资产基金——固定资产 3 800

5. 某事业单位属于一般纳税人，10月发生如下业务：

（1）购入非自用材料一批，价款 30 000 元，增值税 5 100 元，支付运杂费 500 元，以银行存款支付。

（2）所属甲部门领用 A 材料，用于业务活动，价款 1 000 元；乙部门领用 B 材料，用于向社会提供非专业业务活动，价款 2 000 元。

（3）将预定用于对外加工的材料一批转作自用，材料价款 20 000 元，增值税税率 17%。

（4）年终，盘盈甲材料 20 件，每件 10 元；盘亏乙材料 30 件，每件 20 元。

根据上列业务，编制会计分录。

答案：

（1）借：存货——材料 30 500

　　应缴税费——应缴增值税（进项税额） 5 100

　　贷：银行存款 35 600

（2）甲部门领用 A 材料：

借：事业支出 1 000

　　贷：存货——材料——A 材料 1 000

乙部门领用 B 材料：

借：经营支出 2 000

　　　　　　贷：存货——材料——B材料　　　　　　　　　　　　　　2 000

　（3）借：事业支出　　　　　　　　　　　　　　　　　　　　23 400

　　　　　　贷：存货——材料　　　　　　　　　　　　　　　　20 000

　　　　　　　　应缴税费——应缴增值税（进项税额）　　　　　　3 400

　（4）盘盈甲材料：

　　　　借：存货——材料——甲材料　　　　　　　　　　　　　　200

　　　　　　贷：待处置资产损益　　　　　　　　　　　　　　　　200

　　　　借：待处置资产损益　　　　　　　　　　　　　　　　　　200

　　　　　　贷：其他收入　　　　　　　　　　　　　　　　　　　200

　　　　盘亏乙材料：

　　　　借：待处置资产损益　　　　　　　　　　　　　　　　　　600

　　　　　　贷：存货——材料——乙材料　　　　　　　　　　　　600

　　　　借：其他支出　　　　　　　　　　　　　　　　　　　　　600

　　　　　　贷：待处置资产损益　　　　　　　　　　　　　　　　600

CHAPTER

4

第四章
负债管理与核算

第一节 负债概述

一、负债的概念及分类

负债是会计的基本要素之一，按照我国《事业单位会计准则》规定，负债是指事业单位所承担的能以货币计量，需要以资产或者劳务偿还的债务。事业单位负债是由过去及现在已发生的经济业务或会计事项形成的现时义务，需要事业单位在将来以支付现金、银行存款、其他资产或者提供劳务等形式来抵偿的一切经济负担。

事业单位的负债按照流动性的不同，分为流动负债和非流动负债：流动负债是指预计在1年内（含1年）偿还的负债；非流动负债是指流动负债以外的负债。

事业单位的负债按照偿还手段的不同，有以货币偿还的负债，如应付票据、应付账款等；还有以商品、劳务偿还的负债，如预收账款。

事业单位的负债按照形成原因的不同，分为在业务活动中形成的负债和在其他活动中形成的负债。在业务活动中形成的负债是指事业单位在完成各种业务活动的过程中所形成的债务，如应付账款、应付票据、应付职工薪酬等；在其他活动中形成的负债包含在缴拨款项过程中或其他财务活动中形成的债务，如长期应付款、应缴国库款、应缴财政专户款等。

二、负债的核算内容

事业单位负债核算的内容有流动负债的核算和非流动负债的核算。流动负债包括短期借款、应付及预收账款、应付职工薪酬、各种应缴款项等；非流动负债包括长期借款、长期应付款等。

短期借款是指事业单位借入的期限在 1 年内（含 1 年）的各种借款。

应付及预收款项是指事业单位在开展业务活动中发生的各项债务，包括应付票据、应付账款、其他应付款等应付款项和预收账款。其中：应付票据是指事业单位对外发生债务时所开出、承兑的商业汇票，包括银行承兑汇票和商业承兑汇票；应付账款是指因购买材料、商品，或接受劳务供应等而发生的应付给供应单位的款项；预收账款是指事业单位按照合同规定向购货单位或接受劳务单位预收的款项；其他应付款是指除了应缴款项、应付职工薪酬、应付票据、应付账款和预收账款等以外，还会发生的其他各项偿还期在一年以内的应付及暂收款项。

应付职工薪酬是指事业单位应付未付的职工工资、津贴补贴等。

应缴款项是指事业单位应缴未缴的各种款项，包括应当上缴国库或者财政专户的款项、应缴税费，以及其他按照国家有关规定应当上缴的款项。

应缴国库款是指事业单位按规定应缴入国库的款项（应缴税费除外）。

应缴财政专户款是指事业单位按规定应缴入财政专户的款项。

事业单位按照税法等规定计算应缴纳的各种税费，主要包括：事业单位应缴纳的增值税，事业单位销售商品、提供劳务应缴纳的营业税，城市维护建设税、教育费附加、车船税、房产税、城镇土地使用税、个人所得税、企业所得税等。

长期借款是指事业单位借入的期限超过 1 年（不含 1 年）的各种借款。

长期应付款是指事业单位发生的偿还期限超过 1 年（不含 1 年）的应付款项，主要指事业单位融资租入固定资产发生的应付租赁款。

三、负债的管理

事业单位对收取的应当上缴国库或者财政专户的资金、应缴税费，以及其他按照国家有关规定应当上缴的款项，及时记录上缴。

事业单位应当对不同性质的负债分类管理，及时清理并按照规定办理结算，保证各项负债在规定期限内归还。

事业单位应当建立健全财务风险控制机制，规范和加强借入款项管理，严格执行审批程序，不得违反规定举借债务和提供担保。

第二节　流动负债的核算

流动负债是指预计在 1 年内（含 1 年）偿还的负债。根据《事业单位会计准则》的规定，需要核算的流动负债包括短期借款、应缴税费、应缴国库款、应缴财政专户款、应付职工薪酬、应付票据、应付账款、预收账款、其他应付款等。

一、短期借款

（一）短期借款核算的主要内容

短期借款是事业单位借入的期限在 1 年内（包含 1 年）的各种借款。事业单位在办理借款申请时，应该先落实还款的资金来源，还应考虑借款的经济效益，并且按合同规定及时偿还本息。

（二）短期借款的账户设置

事业单位为核算各种短期借款的借还业务，应按照《事业单位会计制度》规定设置"短期借款"总账账户进行核算。借方反映实际借入的金额，贷方反映偿还本金的数额，期末贷方余额，反映事业单位尚未偿还的短期借款本金。支付借款利息时，借记"其他支出——利息支出"，贷记"银行存款"。该科目应当按照贷款单位和贷款种类进行明细核算。

（三）短期借款的账务处理

（1）借入各种短期借款时，按照实际借入的金额，借记"银行存款"科目，贷记"短期借款"。

（2）银行承兑汇票到期，本单位无力支付票款的，按照银行承兑汇票的票面金额，借记"应付票据"科目，贷记"短期借款"。

（3）支付短期借款利息时，借记"其他支出"科目，贷记"银行存款"科目。

（4）归还短期借款时，借记"短期借款"，贷记"银行存款"科目。

【例 4-1】 某事业单位 2010 年 7 月 1 日向某银行借款 50 000 元，期限 1 年，年利率 11%，会计分录如下：

<table>
<tr><td>借：银行存款</td><td>50 000</td></tr>
<tr><td>　　贷：短期借款</td><td>50 000</td></tr>
</table>

2011 年 7 月 1 日，事业单位向银行归还借款，并支付利息 5 500 元，会计分录如下：

<table>
<tr><td>借：短期借款</td><td>50 000</td></tr>
<tr><td>　　其他支出——利息支出</td><td>5 500</td></tr>
<tr><td>　　贷：银行存款</td><td>55 500</td></tr>
</table>

二、应缴税费

事业单位在从事经济活动的过程中会发生各种收入，需要按国家规定缴纳各种税款，主要包括：事业单位应缴纳的增值税；事业单位提供劳务或销售商品应缴纳的营业税、城市维护建设税、教育费附加、车船税、房产税、城镇土地使用税、企业所得税等，事业单位代扣代缴的个人所得税也通过应缴税费进行核算。这些应缴税金，要按照权责发生制原则办理，因而在尚未缴纳前形成事业单位的一项流动负债。

为了核算事业单位应缴纳的各种税费，应设置"应缴税费"账户，该账户借方登记已缴的各种税金，贷方登记应缴的各种税金。该账户期末借方余额为多缴的税金，贷方余额为应缴未缴的税金。各事业单位应按所缴纳的税金种类进行明细核算。事业单位应缴纳的印花税不需要预提应缴税费，直接通过支出等有关科目核算，不在本科目核算。

（一）发生增值税纳税义务的会计核算

增值税是对在我国境内销售货物或提供加工、修理修配劳务以及进口货物的单位和个人，以其实现的增值额为征税对象征收的一种税，也就是说从事货物销售或进口，以及提供应税劳务的纳税人，要根据货物或者应税劳务销售额，或进口货物金额，按规定的税率计算销项税额，从中扣除上一环节已纳增值税即进项税额，其余额即为纳税人应缴纳的增值税税款。

一般纳税人的应缴增值税的计算为：

$$\begin{matrix}应缴\\增值税\end{matrix} = \begin{matrix}当期\\销项税额\end{matrix} - \begin{matrix}当期\\进项税额\end{matrix} + \begin{matrix}进项\\税额转出\end{matrix} + \begin{matrix}出口\\退税\end{matrix}$$

属于一般纳税人的事业单位其"应缴增值税"明细账中应设置"进项税额"、"销项税额"、"已交税金"、"进项税额转出"等专栏。

1. 作为一般纳税人的事业单位的应缴增值税的核算

（1）事业单位购入非自用材料的，按确定的成本（不含增值税进项税额），借记"存货"科目，按增值税专用发票上注明的增值税额，借记"应缴税费——应缴增值税（进项税额）"，按实际支付或应付的金额，贷记"银行存款"、"应付账款"等科目。

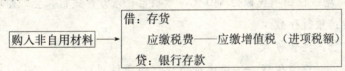

（2）事业单位销售应税产品或提供应税服务，按包含增值税的价款总额，借记"银行存款"、"应收账款"、"应收票据"等科目，按扣除增值税销项税额后的价款金额，贷记"经营收入"等科目，按增值税专用发票上注明的增值税金额，贷记"应缴税费——应缴增值税（销项税额）"。

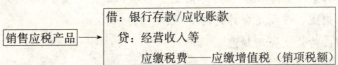

（3）事业单位实际缴纳增值税时，借记"应缴税费——应缴增值税（已交税金）"，贷记"银行存款"科目。

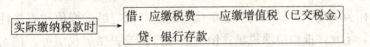

（4）事业单位所购进的非自用材料发生盘亏、毁损、报废、对外捐赠、无偿调出等税法规定不得从增值税销项税额中抵扣进项税额的，将所购进的非自用材料转入待处置资产时，按照材料的账面余额与相关增值税进项税额转出金额的合计金额，借记"待处置资产损溢"科目，按材料的

账面余额，贷记"存货"科目，按转出的增值税进项税额，贷记"应缴税费——应缴增值税（进项税额转出）"。

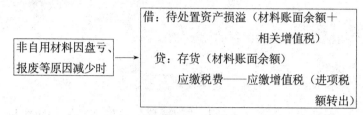

非自用材料因盘亏、报废等原因减少时 →

借：待处置资产损溢（材料账面余额＋
　　　　　　　　相关增值税）
贷：存货（材料账面余额）
　　应缴税费——应缴增值税（进项税
　　　　　　　　　　　　额转出）

【例4-2】　某一般纳税人的事业单位购入一批非自用材料，购入价格为1 000元，增值税进项税额170元，款项由银行存款支付。会计处理如下：

借：存货　　　　　　　　　　　　　　　　　　　1 000
　　应缴税费——应缴增值税（进项税额）　　　　　170
　　贷：银行存款　　　　　　　　　　　　　　　　　　1 170

【例4-3】　某事业单位开展经营活动销售一批产成品，销售价格为2 000元，增值税销项税额为340元，款项已存入开户银行。会计处理如下：

借：银行存款　　　　　　　　　　　　　　　　　2 340
　　贷：经营收入　　　　　　　　　　　　　　　　　　2 000
　　　　应缴税费——应缴增值税（销项税额）　　　　　340

【例4-4】　某事业单位以银行存款缴纳增值税5 100元。会计处理如下：

借：应缴税费——应缴增值税（已交税金）　　　　5 100
　　贷：银行存款　　　　　　　　　　　　　　　　　　5 100

【例4-5】　某事业单位将原购进价值5 000元、增值税850元的自用材料对外捐赠，按规定会计处理如下：

借：待处置资产损溢　　　　　　　　　　　　　　5 850
　　贷：存货　　　　　　　　　　　　　　　　　　　　5 000
　　　　应缴税费——应缴增值税（进项税额转出）　　　850

2. 属于小规模纳税人的事业单位的应缴增值税的核算

作为小规模纳税人的事业单位，购进存货应纳的增值税直接计入存货成本，不允许抵扣销项税额；销售应税产品或提供应税服务，按实际收到或应收的价款，借记"银行存款"、"应收账款"、"应收票据"等科目，按实际收到或应收价款扣除增值税额后的金额，贷记"经营收入"等科目，按应缴增值税金额，贷记"应缴税费——应缴增值税"。实际缴纳增值税时，借记"应缴税费——应缴增值税"，贷记"银行存款"科目。

（二）发生营业税、城建税、教育费附加纳税义务的会计核算

发生营业税、城市维护建设税、教育费附加纳税义务的，按税法规定计算的应缴税费金额，借记"待处置资产损溢——处置净收入"科目（出售不动产应缴的税费）或有关支出科目，贷记"应缴税费"。实际缴纳时，借记"应缴税费"，贷记"银行存款"科目。

【例 4-6】 某事业单位转让一项专利权，取得转让收入 60 万元，款项已存入银行。适用的营业税税率 5%。假定按税额的 7% 和 3% 分别征收城市建设税和教育费附加。会计处理如下：

（1）取得转让收入时：

借：银行存款	600 000
贷：事业收入	600 000

（2）月末按规定计算各项税金和附加费时：

应缴营业税＝600 000×5%＝30 000(元)

应缴城市维护建设税＝30 000×7%＝2100(元)

应缴教育费附加＝30 000×3%＝900(元)

借：事业支出	33 000
贷：应缴税费——应缴营业税	30 000
——应缴城市维护建设税	2 100
——教育费附加	900

（3）缴纳税金和附加费时：

借：应缴税费——应缴营业税	30 000
——应缴城市维护建设税	2 100
——教育费附加	900
贷：银行存款	33 000

【例 4-7】 某事业单位取得经营收入，按规定应该缴纳营业税 4 000 元，教育费附加 300 元。会计处理如下：

借：经营支出	4 300
贷：应缴税费——应缴营业税	4 000
——教育费附加	300

（三）发生房产税、城镇土地使用税、车船税纳税义务的会计核算

发生房产税、城镇土地使用税、车船税纳税义务的，按税法规定计算的应缴税金数额，借记"经营支出"等有关科目，贷记"应缴税费"。实际缴纳时，借记"应缴税费"，贷记"银行存款"科目。

【例4-8】　某事业单位需缴纳营业用房的房产税4 000元。会计处理如下：

借：经营支出　　　　　　　　　　　　　　　　　　　4 000
　　贷：应缴税费——应缴房产税　　　　　　　　　　　4 000

【例4-9】　某事业单位建造实验楼占地60 000平方米，当地政府规定每平方米的税额为5元。会计处理如下：

借：事业支出　　　　　　　　　　　　　　　　　　　300 000
　　贷：应缴税费——应缴城镇土地使用税　　　　　　　300 000

【例4-10】　某事业单位业务用车辆缴纳车船税800元。会计处理如下：

借：事业支出　　　　　　　　　　　　　　　　　　　800
　　贷：应缴税费——应缴车船税　　　　　　　　　　　800
借：应缴税费——应缴车船税　　　　　　　　　　　　800
　　贷：银行存款　　　　　　　　　　　　　　　　　　800

（四）代扣代缴个人所得税的会计核算

个人所得税是在中国境内有住所，或者无住所而在中国境内居住满一年的个人就其来源于中国境内、境外的所得，以及在中国境内无住所又不居住或者无住所而在中国境内居住不满一年的个人就其来源于中国境内的所得，缴纳的一种税。

事业单位不是个人所得税的纳税人，但是扣缴义务人，应对在本单位取得收入的个人履行代扣代缴义务，计算并扣缴个人所得税。按税法规定计算应代扣代缴的个人所得税时，借记"应付职工薪酬"科目，贷记"应缴税费——代扣代缴个人所得税"。实际缴纳时，借记"应缴税费——代扣代缴个人所得税"，贷记"银行存款"科目。

> 计算当期应付职工薪酬 ⟶ 借：事业支出等
> 　　　　　　　　　　　　　贷：应付职工薪酬

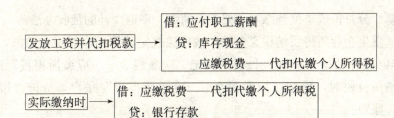

【例4-11】 某事业单位聘请一位专家参与工作。7月份到岗，月薪7 000 元，12 月末发放一次性奖金 15 000 元。该专家每月个人所得税的会计处理如下：

7—11月，该专家每月应纳个人所得税：（7 000－3 500）×10%－105＝245（元）

  借：应付职工薪酬   7 000

   贷：库存现金   6 755

    应缴税费——代扣代缴个人所得税   245

12 月的收入应包含一次性奖金一并计算个人所得税：245＋15 000×10%－105＝1 640（元）

  借：应付职工薪酬   22 000

   贷：库存现金   20 360

    应缴税费——代扣代缴个人所得税   1 640

【例4-12】 某事业单位从个人发明家手中购入一项专有技术。按税法规定，在支付专利费时应代扣代缴个人所得税。该项专有技术价款 80 000元，发明过程中的各项合理支出为 40 000 元。会计处理如下：

应缴个人所得税＝（80 000－40 000）×20%＝8 000（元）

  借：无形资产   80 000

   贷：银行存款   72 200

    应缴税费——代扣代缴个人所得税   8 000

（五）发生企业所得税纳税义务的会计核算

企业所得税是事业单位就其生产经营所得和其他所得缴纳的一种税。生产经营所得和其他所得是指事业单位每一纳税年度中的收入总额减去税法规定准予扣除的成本、费用、税金以及损失后的余额。所得税实行按年计算、分月份或季度预缴，年终汇算清缴，多退少补的征收办法。

发生企业所得税纳税义务的，按税法规定计算的应缴税金数额，借记"非财政补助结余分配"科目，贷记"应缴税金——应缴所得税"账户；缴纳所得税时，借记"应缴税金——应缴所得税"账户，贷记"银行存款"账户。

【例 4-13】 某事业单位 201× 年会计收益为 300 000 元，未按期缴纳税金，支付罚款和滞纳金 5 000 元；取得国库券利息收入 10 000 元，用于某公司开业的赞助支出 10 000 元；1—11 月份已经预缴所得税 60 000 元，所得税税率为 25%。计算该事业单位年终应该补（退）的所得税。会计处理如下：

$$年度应纳税所得额＝300\ 000＋5\ 000－10\ 000＋10\ 000$$
$$＝305\ 000（元）$$

年终应纳所得税额＝305 000×25%＝76 250（元）

年终汇算清缴应补所得税额＝76 250－60 000＝16 250（元）

该单位计算出应缴所得税时：

借：非财政补助结余分配   76 250

 贷：应缴税费——应缴所得税   76 250

汇算清缴补缴所得税时：

借：应缴税费——应缴所得税   16 250

 贷：银行存款   16 250

三、应缴国库款

（一）应缴国库款核算的主要内容

应缴国库款是指事业单位按规定应缴入国库的款项（应缴税费除外）。主要包括：（1）事业单位代收的纳入预算管理的基金；（2）纳入预算管理的事业性收费；（3）罚没款项；（4）其他按预算管理应上缴预算的款项。应缴国库款项的收取是一项政策性很强的工作，事业单位应严格按照国家法律法规的规定进行收取，还应按照国家财政部门规定的缴款方式、缴款期限、缴款要求等及时、足额地上缴国库，不可以缓交、截留、挪用应缴国库的款项。加强对应缴国库款的管理意义重大。

（二）应缴国库款的账户设置

为了核算事业单位的应缴国库款，事业单位会计应当设置"应缴国库款"总账账户。借方反映上缴国库的款项，贷方反映计算确定或实际收到应缴国库款，该账户应当按照应缴国库的各款项类别进行明细核算。期末贷方余额，反映事业单位应缴入库但尚未缴纳的款项。年终，"应缴国库款"账户应无余额。

（三）应缴国库款的账务处理

（1）按规定计算确定或实际取得应缴国库的款项时，借记"银行存款"等有关科目，贷记"应缴国库款"。

（2）事业单位处置资产取得的应上缴国库的处置净收入的账务处理，参见"待处置资产损溢"科目。

（3）上缴款项时，借记"应缴国库款"，贷记"银行存款"等科目。

【例 4-14】　某事业单位发生如下应缴预算款业务：

（1）代收行政性收入 4 000 元，存入银行。会计处理如下：

　　借：银行存款　　　　　　　　　　　　　　　　　　4 000

　　　　贷：应缴国库款　　　　　　　　　　　　　　　　　　4 000

（2）收到罚没收入 10 000 元，存入银行。会计处理如下：

　　借：银行存款　　　　　　　　　　　　　　　　　　10 000

　　　　贷：应缴国库款　　　　　　　　　　　　　　　　　　10 000

（3）收到无主财物的变价收入 5 000 元，存入银行。会计处理如下：

　　借：银行存款　　　　　　　　　　　　　　　　　　5 000

　　　　贷：应缴国库款　　　　　　　　　　　　　　　　　　5 000

（4）将本期应缴预算收入 48 000 元上缴财政。会计处理如下：

　　借：应缴国库款　　　　　　　　　　　　　　　　　　48 000

　　　　贷：银行存款　　　　　　　　　　　　　　　　　　48 000

四、应缴财政专户款

（一）应缴财政专户款会计核算的主要内容

应缴财政专户款是指事业单位在业务活动中按规定向有关单位或个人

收取的应缴入财政专户的预算外财政资金。主要包括：纳入预算外财政资金管理的各种事业性收费、实行收支两条线管理的事业单位国有资产处置收入等。应缴国库款是纳入总预算管理的款项，必须上缴国库；应缴财政专户款不纳入财政总预算，纳入财政预算外资金收支计划上缴财政专户管理。

财政预算外资金是体现政府职能的财政性资金，事业单位应严格按规定收取，纳入预算统一管理，缴入财政部门在商业银行统一开设的财政专户进行管理。预算外资金的支出由财政部门按预算外资金收支计划，纳入事业单位的部门预算，从财政专户中核拨。

（二）应缴财政专户款的账户设置

为了核算事业单位应缴财政专户管理的资金，事业单位会计应当设置"应缴财政专户款"账户，借方反映上缴的应缴财政专户款的数额，贷方反映已取得的、应上缴财政专户管理的各项规定收入。期末贷方余额，反映事业单位应缴入财政专户但尚未缴纳的款项。

（三）应缴财政专户款的帐务处理

（1）取得应缴财政专户的款项时，借记有关科目，贷记本科目。

（2）上缴款项时，借记本科目，贷记"银行存款"等科目。

【例4-15】 某事业单位收到应上缴财政专户的事业性收费，金额为30 000元。有关会计处理如下：

收到时：

借：银行存款　　　　　　　　　　　　　　　　30 000

　　贷：应缴财政专户款　　　　　　　　　　　　30 000

上缴财政专户时：

借：应缴财政专户款　　　　　　　　　　　　　30 000

　　贷：银行存款　　　　　　　　　　　　　　　30 000

五、应付职工薪酬

（一）应付职工薪酬核算的内容

应付职工薪酬是指事业单位为获得职工提供的服务，应该发放给在职人员的职工工资、津贴补贴等。按照《事业单位会计准则》的规定，事业单位的应付职工薪酬包括基本工资、绩效工资、国家统一规定的津贴补贴、社会保险费、住房公积金等。

（二）应付职工薪酬的账户设置

为了核算事业单位应付给职工及为职工支付的各种薪酬，应当设置"应付职工薪酬"总账账户，借方反映事业单位向职工支付工资、津贴补贴等薪酬的情况，贷方反映该单位计算的当期应付职工薪酬。事业单位应当根据国家有关规定按照"工资（离退休费）"、"地方（部门）津贴补贴"、"其他个人收入"以及"社会保险费"、"住房公积金"等进行明细核算。

（三）应付职工薪酬的账务处理

（1）计算当期应付职工薪酬，借记"事业支出"、"经营支出"等科目，贷记"应付职工薪酬"。

（2）向职工支付工资、津贴补贴等薪酬，借记"应付职工薪酬"，贷记"财政补助收入"、"零余额账户用款额度"、"银行存款"等科目。

（3）按税法规定代扣代缴个人所得税，借记"应付职工薪酬"，贷记"应缴税费——应缴个人所得税"科目。

（4）按照国家有关规定缴纳职工社会保险费和住房公积金，借记本科目，贷记"财政补助收入"、"零余额账户用款额度"、"银行存款"等科目。

（5）从应付职工薪酬中支付其他款项，借记"应付职工薪酬"，贷记"财政补助收入"、"零余额账户用款额度"、"银行存款"等科目。

【例4-16】 某事业单位按照国家规定，通过财政直接支付方式发放在职人员工资110 000元，离休人员工资10 000元，退休人员工资30 000元。单位代扣个人住房公积金12 000元。会计处理如下：

计算职工薪酬：

借：事业支出	162 000
贷：应付职工薪酬——工资（在职人员）	110 000
——工资（离退休费）	40 000
——住房公积金	12 000

支付职工薪酬：

借：应付职工薪酬——工资（在职人员） 110 000

　　　——工资（离退休费） 40 000

　　　——住房公积金 12 000

　　贷：财政补助收入 162 000

【例4-17】　某事业单位根据所在部门的规定，通过单位零余额账户向有关在职人员发放地方津贴补贴 12 000 元。会计处理如下：

借：事业支出 12 000

　　贷：应付职工薪酬——地方（部门）津贴补贴 12 000

借：应付职工薪酬——地方（部门）津贴补贴 12 000

　　贷：零余额账户用款额度 12 000

六、应付票据

（一）应付票据的核算内容和管理

应付票据是指事业单位因购买材料、物资等而开出、承兑的商业汇票，包括银行承兑汇票和商业承兑汇票。按国家有关规定，单位之间只有在商品交易的情况下才能使用商业汇票结算方式。在会计核算中，购买商品在采用商业汇票结算的方式下，如果开出的是商业承兑汇票，必须由付款方（购买单位）承兑；如果是银行承兑汇票，必须经出票银行承兑。在商业汇票尚未到期前，视为一笔负债，期末反映在资产负债表上的应付票据项目内。

付款单位应在商业汇票到期前，及时将款项足额交存其开户银行，可使银行在到期日凭票将款项划转给收款人、背书人或贴现银行。单位在收到银行的付款通知时，据以编制付款凭证。事业单位还应当设置"应付票据备查簿"，详细登记每一应付票据的种类、号数、出票日期、到期日、票面金额、交易合同号、收款人姓名或单位名称，以及付款日期和金额等资料。应付票据到期结清票款后，应当在备查簿内逐笔注销。

（二）应付票据的账户设置

为了反映事业单位由于商品交易而开出、承兑的商业汇票的实际情况，会计核算中应设置"应付票据"总账账户，该账户贷方反映单位开出、承兑商业汇票或以承兑商业汇票抵付应付账款的金额，借方反映已支付或已转销或已转作商业汇票结算方式的款项，期末贷方余额反映事业单位开出、承兑的尚未支付的应付款项。

（三）应付票据的账务处理

（1）开出、承兑商业汇票时，借记"存货"等科目，贷记"应付票据"。

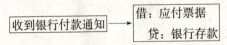

购买材料开出商业汇票 → 借：存货
　　　　　　　　　　　　　　贷：应付票据

以承兑商业汇票抵付应付账款时，借记"应付账款"科目，贷记"应付票据"。

（2）支付银行承兑汇票的手续费时，借记"事业支出"、"经营支出"等科目，贷记"银行存款"等科目。

支付承兑手续费 → 借：事业支出/经营支出
　　　　　　　　　　贷：银行存款

（3）商业汇票到期时，应当分别以下情况处理：

①收到银行支付到期票据的付款通知时，借记"应付票据"，贷记"银行存款"科目。

收到银行付款通知 → 借：应付票据
　　　　　　　　　　　贷：银行存款

②银行承兑汇票到期，本单位无力支付票款的，按照汇票票面金额，借记"应付票据"，贷记"短期借款"科目。

票据到期无力支付
转为借款 → 借：应付票据
　　　　　　贷：短期借款

③商业承兑汇票到期，本单位无力支付票款的，按照汇票票面金额，借记"应付票据"，贷记"应付账款"科目。

票据到期无力支付
转为应付账款 → 借：应付票据
　　　　　　　　贷：应付账款

【例4-18】　某事业单位购入材料一批，价值50 000元，增值税款8 500元，开出并承兑一张期限3个月的不带息商业汇票，金额58 500元，该单位为增值税一般纳税人。会计处理如下：

购入材料时：

借：存货　　　　　　　　　　　　　　　　　　　　　50 000

    应缴税金——应缴增值税（进项税额）   8 500

     贷：应付票据   58 500

 偿还应付票据款项时：

   借：应付票据   58 500

     贷：银行存款   58 500

 票据到期不能如期支付票据款时：

   借：应付票据   58 500

     贷：应付账款   58 500

【例 4-19】 某事业单位用商业承兑汇票结算方式购入经营用材料一批，材料成本 20 000 元，增值税 3 400 元。单位开出期限为 6 个月的带息商业承兑汇票一张，年利率为 12％，材料已验收入库。会计处理如下：

 购入材料时：

   借：存货   20 000

    应缴税金——应缴增值税（进项税额）   3 400

    贷：应付票据   23 400

 票据到期偿还时：利息＝23 400×(1＋12％×1/2)－23 400＝1 404（元）

   借：经营支出   1 404

    应付票据   23 400

    贷：银行存款   24 804

 票据到期不能如期支付票款时：

   借：应付票据   23 400

    经营支出   1 404

    贷：应付账款   24 804

七、应付账款

（一）应付账款核算的主要内容

  应付账款是指事业单位因购买材料、物资和接受劳务供应等而应付给有关单位的款项。应付账款因事业单位购进商品或接受劳务等经济业务发生时间与付款时间不一致而产生。应付账款通常为所购买商品、材料等验收入库后或接受劳务时，按发票金额登记入账。

（二）应付账款的帐户设置

为了总括反映事业单位因购买材料、物资，接受劳务等而产生的应付账款及偿还情况，事业单位会计应设置"应付账款"账户，该账户贷方反映单位应支付的款项，借方反映已支付或已转销或已转作商业汇票结算方式的款项，期末贷方余额反映尚未支付的应付款项。"应付账款"账户应按照债权单位（或个人）进行明细核算。

（三）应付账款的账务处理

（1）购入材料、物资等已验收入库但货款尚未支付的，按照应付未付金额，借记"存货"等科目，贷记本科目。

（2）偿付应付账款时，按照实际支付的款项金额，借记本科目，贷记"银行存款"等科目。

（3）开出、承兑商业汇票抵付应付账款，借记本科目，贷记"应付票据"科目。

（4）无法偿付或债权人豁免偿还的应付账款，借记本科目，贷记"其他收入"科目。

【例 4-20】　某事业单位（实行成本核算的事业单位）201×年 6 月发生如下经济业务：

（1）6 月 19 日购入材料一批，增值税专用发票上注明材料价款 100 000元，增值税税额 17 000 元。材料已验收入库，货款未付。会计处理如下：

借：存货　　　　　　　　　　　　　　　　　　　　100 000

　　应缴税费——应缴增值税（进项税额）　　　　　　17 000

　　贷：应付账款　　　　　　　　　　　　　　　　　117 000

（2）6 月 28 日购入价值 80 000 元的材料一批，同时向对方支付增值税进项税额 13 600 元，材料已验收入库，款项未付。但对方开具的增值税专用发票尚未收到。该单位暂不作会计处理，月末仍未收到发票，暂估材料价值为 80 000 元。会计处理如下：

6 月末暂估材料价款时：

借：存货　　　　　　　　　　　　　　　　　　　　80 000

　　贷：应付账款　　　　　　　　　　　　　　　　　80 000

7 月初用红字冲销：

借：存货　　　　　　　　　　　　　　　　　　　80 000
　　贷：应付账款　　　　　　　　　　　　　　　　　　80 000

7月2日收到对方转来的增值税发票时：

借：存货　　　　　　　　　　　　　　　　　　　80 000
　　应缴税费——应缴增值税（进项税额）　　　　13 600
　　贷：应付账款　　　　　　　　　　　　　　　　　　93 600

（3）7月15日该事业单位支付6月19日的应付账款。会计处理如下：

借：应付账款　　　　　　　　　　　　　　　　117 000
　　贷：银行存款　　　　　　　　　　　　　　　　　117 000

（4）7月20日，单位开出一张商业汇票抵付6月28日购入材料款。会计处理如下：

借：应付账款　　　　　　　　　　　　　　　　　93 600
　　贷：应付票据　　　　　　　　　　　　　　　　　93 600

八、预收账款

（一）预收账款核算的主要内容

预收账款是指事业单位按照合同规定向购货单位或接受劳务单位预收的款项。事业单位预收的款项需要在以后以交付货物或提供劳务等方式等予以偿付。收到的款项，是事业单位预收的账款，构成事业单位一项负债，如预收货款、租金、报刊杂志订阅费等。在事业单位按照合同如期交货或提供劳务以后，预收账款才转为收入，债务才得以解除。

预收账款和应付账款都是事业单位的流动负债，其区别在于：预收账款是由销货引起的，而应付账款是由购货引起的；预收账款是事业单位预先收取的而应付账款是事业单位需要事后偿付的款项。

（二）预收账款的帐户设置

预收账款的核算，应视单位的具体情况而定，如果预收货款比较多，可以设置"预收账款"账户；预收账款不多的单位，也可将预收账款直接计入"应收账款"账户的贷方。

单独设置"预收账款"账户核算的单位，其"预收账款"账户的贷方反映预收的货款和补付的货款,其借方反映付款方补付的货款和退回多收的货款。期末贷方余额,反映事业单位按合同规定预收但尚未实际结算的款项。本账户按照债权单位(或个人)进行明细核算。

(三)预收账款的账务处理

(1)从付款方预收款项时,按照实际预收的金额,借记"银行存款"等科目,贷记"预收账款"科目。

(2)确认有关收入时,借记"预收账款",按照应确认的收入金额,贷记"经营收入"等科目,按照付款方补付或退回付款方的金额,借记或贷记"银行存款"等科目。

(3)无法偿付或债权人豁免偿还的预收账款,借记"预收账款",贷记"其他收入"科目。

【例 4-21】 某实行成本核算的事业单位接受一批订货合同,按合同规定,货款总额为 30 000 元,预计 3 个月完成。订货方预付货款 50%,另 50% 待产品完工发出后再支付(假如该产品为免税产品),根据上述经济业务,应作如下会计处理:

收到预付的货款时:

借:银行存款		15 000
贷:预收账款		15 000

3 个月后产品发出时:

借:预收账款		30 000
贷:经营收入		30 000

订货单位补付货款时:

借:银行存款		15 000
贷:预收账款		15 000

九、其他应付款

(一)其他应付款核算的主要内容

其他应付款是指事业单位除应缴税费、应缴国库款、应缴财政专户款、应付职工薪酬、应付票据、应付账款、预收账款之外的其他各项偿还期限在 1 年内(含 1 年)的应付及暂收款项,如存入保证金等。

（二）其他应付款的账户设置

为了总括反映事业单位其他应付款的应付、暂收及支付情况，应设置"其他应付款"账户，该账户贷方反映应付或暂收其他单位或个人的款项，借方反映已经偿还给其他单位和个人的款项，期末贷方余额反映事业单位尚未支付的其他应付款。该账户应按照应付的类别以及债权单位（或个人）设置明细账。

（三）其他应付款的账务处理

事业单位发生的各种应付、暂收款项，借记"银行存款"、"事业支出"、"经营支出"等账户，贷记"其他应付款"账户；支付时借记"其他应付款"账户，贷记"银行存款"等账户。对于无法偿付或债权人豁免偿还的其他应付款项，借记"其他应付款"，贷记"其他收入"科目。

【例4-22】 某事业单位（实行内部成本核算），201×年7月发生如下业务：

（1）经营租入一台机器，应支付租赁费4 000元。会计处理如下：

借：经营支出 4 000

　　贷：其他应付款 4 000

（2）根据退休金统筹办法按期提取统筹退休金8 000元。会计处理如下：

借：经营支出 8 000

　　贷：其他应付款 8 000

（3）收取包装物的押金3 000元。会计处理如下：

借：银行存款 3 000

　　贷：其他应付款 3 000

（4）支付租入设备的租赁费4 000元。会计处理如下：

借：其他应付款 4 000

　　贷：银行存款 4 000

【例4-23】 某事业单位网络维修工程完工，工程款600 000元，留取工程质量保证金50 000元，其余款项已支付，此项维修工程从修购基金列支。会计处理如下：

借：专用基金——修购基金 600 000

贷：银行存款　　　　　　　　　　　　　　　　　　550 000

　　其他应付款　　　　　　　　　　　　　　　　　 50 000

第三节　非流动负债的核算

非流动负债是指流动负债以外的负债，包括长期借款和长期应付款。主要用于购建固定资产发生的借款及其利息、融资租赁租入固定资产的租赁费、基建项目的借款等。

一、长期借款

（一）长期借款核算的主要内容

长期借款是指事业单位借入的期限超过 1 年（不含 1 年）的各种借款。

（二）长期借款的账户设置

为了总括反映事业单位长期借款的借入、偿还及支付利息情况，应设置"长期借款"账户，该账户贷方反映借入的款项，借方反映已经偿还的款项，期末贷方余额，反映事业单位尚未偿还的长期借款本金。

（三）长期借款的账务处理

（1）借入各项长期借款时，按照实际借入的金额，借记"银行存款"科目，贷记"长期借款"。

$$\boxed{借入长期款项} \longrightarrow \begin{array}{l} 借：银行存款 \\ \ 贷：长期借款 \end{array}$$

（2）为购建固定资产支付的专门借款利息，分别以下情况处理：

①属于工程项目建设期间支付的，计入工程成本，按照支付的利息，借记"在建工程"科目，贷记"非流动资产基金——在建工程"科目；同时，借记"其他支出"科目，贷记"银行存款"科目。

②属于工程项目完工交付使用后支付的，计入当期支出但不计入工程成本，按照支付的利息，借记"其他支出"科目，贷记"银行存款"科目。

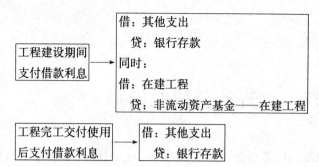

（3）其他长期借款利息，按照支付的利息金额，借记"其他支出"科目，贷记"银行存款"科目。

$$\boxed{\text{支付长期借款利息}} \longrightarrow \begin{array}{l}借：其他支出\\ \quad 贷：银行存款\end{array}$$

（4）归还长期借款时，借记"长期借款"，贷记"银行存款"科目。

$$\boxed{\text{归还长期借款}} \longrightarrow \begin{array}{l}借：长期借款\\ \quad 贷：银行存款\end{array}$$

【例 4-24】 某事业单位 201× 年 10 月 10 日向某银行借款 50 000 元，期限 2 年，年利率 11%。会计分录如下：

借入款项时：

借：银行存款　　　　　　　　　　　　　　　　　50 000

　　贷：长期借款　　　　　　　　　　　　　　　　50 000

支付第一年利息时：

借：经营支出　　　　　　　　　　　　　　　　　5 500

　　贷：银行存款　　　　　　　　　　　　　　　　5 500

偿还本金并支付第二年利息时：

借：长期借款　　　　　　　　　　　　　　　　　50 000

　　经营支出　　　　　　　　　　　　　　　　　5 500

　　贷：银行存款　　　　　　　　　　　　　　　　55 500

【例 4-25】 某事业单位 201× 年 1 月 5 日为购建固定资产发生借款 50 万元，期限 2 年，年利率 10%，该项固定资产于 201× 年 1 月 15 日开工建造，建成交付使用经历了一年八个月的时间。会计分录如下：

借入款项时：

借：银行存款　　　　　　　　　　　　　　　　　500 000

贷：长期借款	500 000

支付第一年利息时：

借：在建工程	50 000
贷：非流动资产基金——在建工程	50 000
借：其他支出	50 000
贷：银行存款	50 000

支付第二年利息时：

借：其他支出	50 000
贷：银行存款	50 000

偿还本金时：

借：长期借款	500 000
贷：银行存款	500 000

二、长期应付款

（一）长期应付款核算的主要内容

长期应付款是指事业单位发生的偿还期限超过 1 年（不含 1 年）的应付款项，如以融资租赁租入固定资产的租赁费、跨年度分期付款购入固定资产的价款等。

（二）长期应付款的账户设置

为了总括反映事业单位长期应付款的应付、暂收及支付情况，应设置"长期应付款"账户，该账户贷方反映应付或暂收债权单位或个人的款项，借方反映已经偿还给债权单位或个人的款项，期末贷方余额反映事业单位尚未支付的长期应付款。该账户应按照长期应付款的类别以及债权单位（或个人）进行明细核算。

（三）长期应付款的账务处理

（1）发生长期应付款时，借记"固定资产"、"在建工程"等科目，贷记"长期应付款"、"非流动资产基金"等科目。

（2）支付长期应付款时，借记"事业支出"、"经营支出"等科目，贷记"银行存款"等科目；同时，借记"长期应付款"，贷记"非流动资产基金"科目。

（3）无法偿付或债权人豁免偿还的长期应付款，借记"长期应付款"，贷记"其他收入"科目。

【例 4-26】　某事业单位融资租赁一台 A 机器设备，协议价 500 万元，每年支付租金 100 万元，分五年付清。租入该设备时，发生运杂费、安装费等 4 万元。会计分录如下：

（1）取得设备时：

借：固定资产——A 设备		5 000 000
在建工程		40 000
贷：长期应付款		5 000 000
非流动资产基金——固定资产		40 000

（2）每年支付租金时：

借：事业支出		1 000 000
贷：财政补助收入		1 000 000

同时：

借：长期应付款		1 000 000
贷：非流动资产基金——固定资产		1 000 000

复习思考题

1. 事业单位的负债包括哪些？
2. 事业单位的应缴税费包括哪些？各自如何核算？
3. 应缴财政专户款包括哪些内容？应如何核算？
4. 事业单位有哪些应付账款？
5. 事业单位的非流动负债有哪些用途？

练习题

一、判断题

1. 事业单位负债核算的内容包括借入款项、应付账款、预收账款、应缴国库款、应缴财政专户款、应付职工薪酬及各种应缴税费等。（√）

2. 属于小规模纳税人的事业单位，销售货物或者提供劳务时，一般情况下只开普通发票，按含税价格的3%计算应缴增值税。（×）

二、单项选择题

1. 下列（C）不属于负债。

A. 借入银行存款 100 000 元　　B. 计提应付职工工资 30 000 元

C. 正在筹划对慈善机构的捐款　　D. 赊购货物 200 000 元

2. 以下关于事业单位负债的说法错误的是（B）。

A. 是指事业单位承担的能以货币计量的，需要以资产或劳务偿付的经济责任与义务

B. 是一种强制性的责任，这种强制性通常源于法律、合同或其他类似文件的要求

C. 是资产与所有者权益之差

D. 按偿还方式，可分为以货币偿还的负债和以商品、劳务偿还的负债

3. 事业单位应缴纳（A）时直接计入有关支出，不需要预提应缴税费，不形成负债。

A. 印花税　　　　　　　　　　B. 车船税

C. 营业税　　　　　　　　　　D. 教育费附加

4. 关于负债核算内容下列说法中错误的是（B）。

A. 应付和预收款项是事业单位流动负债核算的主要内容，包括应付票据、应付账款、预收账款、其他应付款等

B. 应缴税金就是事业单位按税法规定应缴纳的各种税金。但不包括事业单位销售商品、提供劳务应缴纳的营业税

C. 应缴款项是事业单位按照规定应向有关部门上缴的各种款项，包括按财政部门规定应缴国库款、应缴财政专户款、应缴税金以及其他按上级单位规定应上缴的款项

D. 长期借款是事业单位借入的期限超过一年的各种借款

5. 以下不属于城市维护建设税的计税依据的是（B）。

A. 增值税　　　　　　　　　　B. 营业税

C. 消费税　　　　　　　　　　D. 个人所得税

6. 事业单位的负债不包括（A）。

A. 预付账款　　　　　　　　　B. 应付账款

C. 预收账款　　　　　　　　　D. 其他应付款

7. 事业单位因无法偿付或债权人豁免偿还的长期应付款，应贷记（A）。

A. 其他收入　　　　　　　　　B. 经营收入

C. 营业外收入　　　　　　　　D. 其他支出

8. 以下说法中，不正确的是（C）。

A. 预收账款业务不多的事业单位，可以将预收的账款直接记入"应收账款"科目的贷方，不设置"预收账款"科目

B. 事业单位取得应缴预算的各项收入时，增加"银行存款"，增加"应缴预算款"

C. 单位开出、承兑汇票或以汇票抵付应付账款时，增加"材料"或减少"应付账款"，增加"应付票据"

D. 单位开出商业汇票抵付应付账款时，减少"应付账款"账户，增加"应付票据"

9. 以下关于事业单位应缴税费的说法，错误的是（C）。

A. 主要包括：增值税、营业税、城市维护建设税、教育费附加、车船税、房产税、城镇土地使用税、企业所得税以及代扣代缴的个人所得税等

B. 要按照收付实现制原则办理，因而在尚未缴纳前形成事业单位的一项流动负债

C. 为了核算应缴纳的各种税费，事业单位应设置"应缴税费"账户

D. 事业单位应缴纳的印花税支出时直接计入有关支出，不需要预提应缴税费，不形成负债

会计核算题

1. 某事业单位经营活动有关应付票据的业务如下：

（1）开出不带息的银行承兑汇票一张，抵付前欠大海公司的货款，面额为 30 000 元；

（2）上述商业汇票应按 1% 支付银行手续费；

（3）向黄海公司购进一批材料，价值 50 000 元，根据交易合同开出带息商业汇票一张。

（4）上述商业汇票到期，收到银行支付本息通知，共支付 50 500 元。

根据以上业务，编制会计分录。

答案：

(1) 借：应付账款——大海公司   30 000

       贷：应付票据——大海公司   30 000

(2) 借：经营支出   300

       贷：银行存款   300

(3) 借：存货   50 000

       贷：应付票据——黄河公司   50 000

(4) 借：应付票据——黄河公司   50 500

       贷：银行存款   50 500

2. 某事业单位 10 月发生如下经济业务：

(1) 10 月 1 日，向某银行借款 100 000 元，期限 1 年，年利率 11%。

(2) 10 月 10 日，向某银行借款 50 000 元，期限 2 年，年利率 11%，每年付息一次。

(3) 10 月 12 日，购入非自用的材料，增值税专用发票注明买价 20 000 元，增值税 3 400 元，款项以银行存款支付，材料验收入库。

(4) 10 月 20 日，发现材料毁损，账面价值 1 000 元，相应进项税额 170 元。

(5) 10 月 30 日，取得应缴国库款收入 8 000 元，存入银行。

(6) 10 月 31 日，收到应上缴财政专户款的预算 20 000 元。

根据上列业务，编制会计分录。

答案：

(1) 借：银行存款   100 000

       贷：短期借款   100 000

(2) 借：银行存款   50 000

       贷：长期借款   50 000

(3) 借：存货——材料   20 000

       应缴税费——应缴增值税（进项税额）   3 400

       贷：银行存款   23 400

(4) 借：待处置资产损溢   1 170

       贷：存货——材料   1 000

       应缴税费——应缴增值税（进项税额转出）   170

（5）借：银行存款   8 000

   贷：应缴国库款   8 000

（6）收取款项时：

  借：银行存款   20 000

    贷：应缴财政专户款   20 000

上缴款项时：

  借：应缴财政专户款   20 000

    贷：银行存款   20 000

  3. 某事业单位部分职工工资采用财政授权支付方式，12月份工资187 500元，其中：在职人员工资110 000元，离休人员工资10 000元，退休人员工资30 000元；在职人员地方津贴补贴12 000元，离休人员地方津贴补贴2 000元，退休人员地方津贴补贴6 000元；在职人员其他个人收入15 000元，离休人员其他个人收入1 000元，退休人员其他个人收入1 500元。12月1日支付工资164 500元，单位代扣个人住房公积金15 000元，各类保险3 000元，个人所得税5 000元。单位承担职工住房公积金15 000元、各类保险4 000元。

  根据上列业务，编制会计分录。

  答案：

  （1）计提应付职工薪酬时：

   借：事业支出   187 500

    贷：应付职工薪酬——工资——在职人员 110 000

          ——离退休费   40 000

      ——地方（部门）津贴补贴 20 000

      ——其他个人收入   17 500

  （2）支付工资并代扣个人应承担的社会保险、住房公积金及个人所得税时：

   借：应付职工薪酬——工资——在职人员 110 000

        ——离退休费   40 000

     ——地方（部门）津贴补贴   20 000

     ——其他个人收入   17 500

    贷：零余额账户用款额度   164 500

其他应付款——住房公积金（个人）　　　　　　　15 000

　　　　　　——社会保险（个人）　　　　　　　3 000

应缴税费——应缴个人所得税　　　　　　　　　　5 000

（3）计提单位承担的住房基金和社会保险：

借：事业支出（单位）　　　　　　　　　　　　　19 000

　　贷：应付职工薪酬——住房公积金（单位）　　　　15 000

　　　　　　　　　　　——社会保险（单位）　　　　4 000

（4）缴纳住房公积金时：

借：应付职工薪酬——住房公积金（单位）　　　　15 000

其他应付款——住房公积金（个人）　　　　　　　15 000

　　贷：零余额账户用款额度　　　　　　　　　　　30 000

（5）缴纳社会保险金时：

借：应付职工薪酬——社会保险（单位）　　　　　4 000

其他应付款——社会保险（个人）　　　　　　　　3 000

　　贷：零余额账户用款额度　　　　　　　　　　　7 000

（6）缴纳税金时：

借：应缴税费——应缴个人所得税　　　　　　　　5 000

　　贷：零余额账户用款额度　　　　　　　　　　　5 000

4. 某事业单位经营活动有关应付票据的业务如下：

（1）开出不带息的银行承兑汇票一张，抵付前欠大海公司的货款，面额为 30 000 元。

（2）上述商业汇票应按 1‰ 支付银行手续费。

（3）向黄海公司购进一批材料，价值 50 000 元，根据交易合同开出带息商业汇票一张。

（4）上述商业汇票到期，收到银行支付本息通知，共支付 50 500 元。

根据上列业务，编制会计分录。

答案：

（1）借：应付账款　　　　　　　　　　　　　　　30 000

　　　　贷：应付票据　　　　　　　　　　　　　　30 000

（2）借：经营支出　　　　　　　　　　　　　　　300

　　　　贷：银行存款　　　　　　　　　　　　　　300

（3）借：材料　　　　　　　　　　　　　　　　　50 000

        贷：应付票据   50 000

（4）借：应付票据   50 000

        经营支出   500

        贷：银行存款   50 500

CHAPTER

5

第五章
收入管理与核算

第一节　收入概述

一、收入的概念及特点

事业单位收入是指事业单位为开展业务活动以及其他活动依法取得的非偿还性资金。它不仅包括财政补助收入，而且包括上级补助收入、事业单位依法取得的事业收入和经营收入、附属单位上缴收入以及其他收入等。这一概念有以下几层含义：

（1）事业单位的收入从依法开展的业务活动中所获取。事业单位一般不从事物质资料的生产，其主要任务是依据党和政府确定的事业发展方针，在精神生产领域组织和开展各项业务活动和其他活动。事业单位因完成国家规定的科、教、文、卫等事业任务而发生消耗，因而可以获得政府的财政补助收入或上级补助收入；因开展有偿服务的业务活动和经营活动而取得事业收入和经营收入，补偿其费用支出，因此，开展业务活动的资金耗费，主要是从财政部门取得财政补助收入，从主管部门或上级单位获得上级补助收入；同时，还可以通过开展有偿服务活动和生产经营活动获得事业收入和经营收入，予以补偿。可见，开展业务活动和其他活动是事业单位取得收入的前提，同企业相类似，业务活动和有关活动的数量和质量决定了事业单位收入的多少，这与行政单位不完全相同。

事业单位各项收入的取得必须符合国家有关法律、法规和规章制度的规定。收入是事业单位经济利益的增加。收入只包括本会计主体经济利益的流入，不包括为本会计主体以外的单位或个人代收的款项，代收的款项一方面增加单位的资产；另一方面增加单位的负债，不会增加单位的经济利益，不能作为本单位的收入。在会计内部各部门之间、各资金项目之间的资金转移，也不能认为发生了收入。

值得注意的是，收入会引起货币资金的流入、其他资产的增加或负债的减少，或者资产增加、负债减少兼而有之。并非所有的资产流入都是收入，例如向银行借款，则不能视为收入，这些资产流入具有偿还性，形成了单位的现时义务，应当作为负债处理，不作为收入处理。

（2）事业单位收入是通过多种形式、多种渠道取得的。由于事业单位的改革，一部分事业单位走向了市场，其收入来源形式和渠道呈多元化趋势，除财政补助收入、上级补助收入、附属单位上缴收入外，还有事业收入、经营收入以及其他收入等。

（3）事业单位的收入具有非偿还性。即事业单位取得各项收入后不需要偿还，可根据需要安排于业务活动及其他活动。若需要偿还，则应作为"负债"处理。

二、收入的分类

事业单位类型较多，收入项目复杂，为了便于研究各项收入的范围、内容、特点，有针对性地加强管理，必须对收入进行科学分类。

按收入的来源，可将事业单位的收入分为拨款收入、业务收入和调剂收入。拨款收入有财政补助收入；业务收入包括事业收入、经营收入和其他收入；调剂收入包含上级补助收入和附属单位上缴收入。

（一）拨款收入

目前事业单位的拨款收入只有财政补助收入，它是指事业单位按核定的预算和经费领拨关系从财政部门取得的各类财政预算内资金，包括正常经费和专项资金。

（二）业务收入

业务收入是指事业单位在开展业务活动和经营活动过程中，依照国家法律法规的规定，获得政府有关部门的批准后，通过向社会提供专业性服务和从事经营活动而获取的收入。主要包括事业收入、经营收入、其他收入。

（1）事业收入是指事业单位开展专业业务活动及辅助活动所取得的收入。所谓专业业务活动，是指事业单位根据本单位专业特点所从事或开展的主要业务活动，也可以叫做"主营业务"。如文化事业单位的演出活动、教育事业单位的教学活动、卫生事业单位的医疗保健活动、农业事业单位的技术推广活动、水利事业单位的排灌和抗旱活动等。辅助活动是指与专业业务活动相关、直接为专业业务活动服务的单位行政管理活动、后勤服务活动及其他有关活动。

（2）经营收入是指事业单位在专业业务活动及辅助活动之外开展非独立核算经营活动取得的收入。如科研单位的产品（商品）销售收入、经营服务收入、工程承包收入、租赁收入、其他经营收入等。经营收入必须具备两个特征：一是经营活动取得的收入，而不是专业业务活动及辅助活动取得的收入；二是非独立核算的经营活动取得的收入，而不是独立核算的经营业务取得的收入。事业单位经营活动若规模较大，应尽可能地进行独立核算，执行企业财务制度，其上缴给事业单位的纯收入，作为附属单位缴款处理。经营活动规模较小，不便或无法独立核算的，可纳入到经营收入中核算。

（3）其他收入是指上述范围以外的收入，如投资收益、利息收入、捐赠收入等。

（三）调剂收入

上级补助收入和附属单位上缴收入都是来自系统内部其他单位的非财政性的资金融通，单位之间有上下级的隶属关系，通过相互之间的资金互惠互补，以便顺利完成事业任务。这种起调剂作用的资金被称之为调剂收入。

（1）上级补助收入是指事业单位从主管部门和上级单位取得的非财政补助收入。即事业单位的主管部门或上级单位用自身组织的收入或集中下级单位的收入拨给事业单位的资金。

（2）附属单位上缴收入是指事业单位附属的独立核算单位按规定标准或比例缴纳的各项收入。包括附属的事业单位上缴的收入和附属的企业上缴的利润等（附属单位补偿上级单位在事业支出中垫支的各种费用，应当冲减相应支出，不能作为缴款收入处理）。

三、收入管理的原则

按照《事业单位财务规则》的规定，事业单位应将各项收入全部纳入单位预算，统一核算，统一管理。根据这一要求，事业单位在收入管理中应遵循以下原则。

（一）充分利用现有条件依法组织收入

在社会主义市场经济条件下，各项事业要获得较快发展，除了政府财政部门积极给予支持外，有条件的事业单位还要按照市场经济的客观要求，充分利用人才、技术、设备等条件，拓宽服务范围，组织各种收入，增强自我发展能力。同时要强调收入的合法性，收费的合规性，将组织收入活动纳入正确的轨道。

（二）正确处理社会效益与经济效益的关系

事业单位要把经济效益与社会效益统一起来，在获得社会效益的同时获得较好的经济效益，不能单纯追求经济效益而忽视社会效益。事业单位开展组织收入的活动，必须将社会效益放在首位，有利于事业发展，有利于社会主义精神文明建设。同时，事业单位组织收入应当按照市场经济规律来办事，要讲求经济效益。

（三）要注意划清各种收入的界限

由于事业单位组织各自的特点，应按本单位特点准确区分事业收入和经营收入，分别核算。同时，个别单位的事业活动和经营活动的性质和内容可能相互交叉，难以划分清楚，在这种情况下，应由主管部门和财政部门根据实际情况予以认定。

事业单位在进行会计处理时，要注意划分以下收入的界限：

（1）划清基建拨款与事业经费的界限；

（2）划清财政补助收入与上级补助收入的界限；

（3）划清事业收入与经营收入的界限；

（4）划清预算外资金收入与其他事业收入的界限；

（5）划清经营收入与附属单位上缴收入的界限。

（四）收入统管、纳入预算

事业单位的各项收入应全部纳入单位预算，统一核算，统一管理。应缴预算的款项应及时呈报上缴，经营性服务收入应依法缴纳各种税费。事业单位的收入规模和流向应符合国家的宏观经济调控需求。

第二节 财政补助收入

一、财政补助收入的概念

财政补助收入是指事业单位按核定的预算和经费领报关系从财政部门取得的各类事业经费。它源于国家预算资金，是国家对发展各项事业的投入，是事业单位开展业务活动的经常性资金来源。

（一）事业经费的领报原则

事业单位应按单位预算和年度计划申请拨款，拨入的经费应按规定的用途使用，不得随意改变资金用途。事业经费应按国家规定的预算级次逐级领拨经费，主管单位不得向没有经费领拨关系的单位垂直划拨、跨级划拨，也不能对没有预算关系的单位拨款。

（二）财政补助收入的界定

财政补助收入仅包括事业单位从财政部门领取的无须单独报账的预算内资金，它的性质是国家预算资金的一部分。

（1）主管部门或上级单位利用非财政补助资金，如事业收入、经营收入或附属单位缴款补助附属单位的正常业务的资金，应作为附属单位的上级补助收入，不能作为财政补助收入；

（2）拨入的财政补助限定专门用途且要求事业单位单独核算并报账时，不能作为该事业单位的财政补助收入，而应作为拨入专款；

（3）国家对事业单位的基本建设投资不包括在财政补助收入中。

（三）财政补助收入的确认

实行国库集中收付制度以后，财政部门对不同类型的支出，按照不同的支付主体，分别实行两种支付制度。事业单位依据批复的用款计划办理财政直接支付用款申请和财政授权支付手续。

1. 财政直接支付

由财政部门开具支付令，通过国库单一账户体系，直接将政府资金支付到收款人（即商品和劳务提供者）或用款单位账户。各预算单位根据代理银行开具的《财政直接支付入账通知单》及有关凭证，按规定进行会计核算，确认财政补助收入。事业单位实行财政直接支付的财政性资金包括：工资支出、工程采购支出、物品和服务采购支付等。

（1）工资支出实行财政直接支付方式，范围是行政单位和事业单位由财政拨款供养的在编人员和离退休人员，代理银行可按支付指令直接支付到收款人。

（2）工程采购支出、物品和服务采购支出可以按照规定程序，由代理银行通过财政零余额账户将资金直接支付给收款人或用款单位。

2. 财政授权支付

财政授权支付适用于未纳入工资支出、工程采购支出、物品和服务采购支付管理的购买支付和零星支付。事业单位根据《财政授权支付额度到账通知书》所确定的额度支用资金，在收到该凭证时确认为财政补助收入。事业单位根据支用额度的大小，自行开具支付令，通过国库单一账户体系将资金支付到收款人账户。

在财政授权支付方式下，事业单位根据部门预算和用款计划，按规定时间和程序向财政部门申请财政授权支付用款额度。财政部门经审核无误后，将财政授权支付用款额度下达到事业单位零余额账户代理银行。事业单位在收到代理银行转来的财政授权支付到账通知书时，确认财政补助收入。

二、财政补助收入的账务处理

（一）账户设置

事业单位应设置"财政补助收入"账户，用来核算事业单位按照核定的预算和经费领报关系收到的由财政部门或上级单位拨入的各项事业经费。该账户属于收入类账户，贷方登记实际收到的财政补助收入数；借方登记财政补助收入的缴回数；平时本账户的贷方余额反映财政补助收入累计数。期末，将本期发生额转入"财政补助结转"，期末结账后，本账户应无余额。

按规定，应当设置"基本支出"和"项目支出"两个明细科目；两个明细科目下按照《政府收支分类科目》中"支出功能分类"的相关科目进行明细核算；同时在"基本支出"明细科目下按照"人员经费"和"日常公用经费"进行明细核算，在"项目支出"明细科目下按照具体项目进行明细核算。

（二）财政直接支付方式下财政补助收入的核算

财政直接支付方式下，对财政直接支付的支出，事业单位根据财政国库支付执行机构委托代理银行转来的《财政直接支付入账通知书》及原始凭证，按照通知书中的直接支付入账金额，借记有关科目，贷记"财政补助收入"。也就是说，在财政直接支付方式下，只有在安排支出时才能获得收入并做收入的核算。

年度终了，根据本年度财政直接支付预算指标数与当年财政直接支付实际支出数的差额，借记"财政应返还额度——财政直接支付"科目，贷记"财政补助收入"。

【例5-1】　某科研所收到《财政直接支付入账通知书》，通过财政直接支付办公用房租赁费70万元。会计处理如下：

借：事业支出　　　　　　　　　　　　　　　　　　700 000
　　贷：财政补助收入——财政直接支付——基本支出　　700 000

【例5-2】　某事业单位通过财政直接支付方式支付本月的工资40万元。会计处理如下：

借：事业支出　　　　　　　　　　　　　　　　　　400 000
　　贷：应付职工薪酬——工资　　　　　　　　　　　400 000
借：应付职工薪酬——工资　　　　　　　　　　　　400 000
　　贷：财政补助收入——财政直接支付——基本支出　　400 000

（三）财政授权支付方式下财政补助收入的核算

财政授权支付方式下，事业单位根据代理银行转来的《财政授权支付额度到账通知书》，按照通知书中的授权支付额度，借记"零余额账户用款额度"科目，贷记"财政补助收入"。

年度终了，事业单位本年度财政授权支付预算指标数大于零余额账户用款额度下达数的，根据未下达的用款额度，借记"财政应返还额度——财政授权支付"科目，贷记"财政补助收入"。

【例 5-3】 某事业单位根据代理银行转来的《财政授权支付额度到账通知书》，获得本期零余额账户额度 16 万元。会计处理如下：

借：零余额账户用款额度 160 000
    贷：财政补助收入——财政授权支付——基本支出 160 000

（四）其他方式下财政补助收入的核算

财政补助收入除了有财政直接支付、财政授权支付，还有以实拨资金方式进行的财政补助。在实拨资金方式下，事业单位根据部门预算和用款计划，按规定的时间和程序向财政部门提出资金拨入请求。财政部门经审核无误后，将财政资金直接拨入事业单位的开户银行。事业单位在收到开户银行转来的收款通知时，确认财政补助收入。在实拨资金方式下，事业单位可能会收到上级主管单位转拨的财政预算资金。在这种情况下，事业单位也是在收到开户银行转来的收款通知时，确认财政补助收入。

其他方式下，实际收到财政补助收入时，按照实际收到的金额，借记"银行存款"等科目，贷记"财政补助收入"。

【例 5-4】 某市政府直属事业单位市社会科学研究院尚未纳入财政国库单一账户制度改革。该事业单位发生如下业务：

（1）收到开户银行转来的收款通知，收到财政部门拨入一笔日常事业活动预算经费，具体为："基本支出——日常公用经费"40 万元。会计处理如下：

借：银行存款 400 000
    贷：财政补助收入——基本支出——日常公用经费 400 000

（2）收到开户银行转来的收款通知，收到财政部门拨入一笔专项事业活动预算经费，具体为："项目支出——社会科学研究"40 万元。会计处理如下：

借：银行存款 400 000
    贷：财政补助收入——项目支出——社会科学研究 400 000

第三节 业务收入

事业单位的业务收入包括事业收入、经营收入、其他收入。不同的事业单位收入内容不同。如医院的事业收入主要包括医疗收入和药品收入；科学事业单位的事业收入主要包括科研收入、技术收入、学术活动收入、科普活动收入以及试制产品收入；高等学校的事业收入主要包括教学收入和科研收入。

一、事业收入

(一) 事业收入的内容

事业收入是指事业单位开展专业业务活动及辅助活动所取得的收入和财政专户核拨的预算外资金或经财政部门核准不上缴财政专户管理的预算外资金。专业业务活动是指事业单位根据本单位专业特点所从事或开展的主要业务活动，如文化事业单位的演出活动、教育事业单位的教学活动、科学事业单位的科研活动、卫生事业单位的医疗保健活动等。辅助活动是指与专业业务活动相关、直接为专业业务活动服务的单位行政管理活动、后勤活动及其他有关活动。事业收入包括服务性收入、补偿性收入、代办性收入。

(1) 服务性收入，是事业单位服务于广大人民在精神生活、文化科学知识学习、身体健康保障等方面而取得的收入。如学校的学费收入，科研事业单位的技术服务收入、医院的挂号、诊疗活动收入等。

(2) 补偿性收入，是事业单位向服务对象提供服务、消耗一定数量的物质资料而取得的收入。如学校的学生住宿费收入、科研单位的试制产品收入等。

(3) 代办性收入，是指事业单位为其他单位或个人代办事项所收取的手续费、劳务费等。如代购飞机票、火车票的手续费收入。上述收入中，按规定应上缴财政的部分不计入事业收入。

(二) 事业收入管理的要求

(1) 区分事业收入和经营收入以及其他收入的界限。由于事业单位各自的特点，某个事业单位的事业活动可能在另一个事业单位却是经营活动，事业单位应按本单位特点准确区分事业收入和经营收入，分别核算。同时，个别单位的事业活动和经营活动的性质和内容可能相互交叉，难以准确划分清楚，在这种情况下，应由主管部门和财政部门根据实际情况予以认定。事业单位应当在国家政策允许的范围内，依法组织事业收入，并坚持把社会效益放在首位，同时注重经济效益。

（2）认真执行国家物价政策，严格执行收费标准，并使用符合国家规定的合法票据。充分挖掘潜力，积极合理组织收入。各单位应该建立健全各项收费管理制度，切实加强收费管理。

（3）应按国家规定缴纳税款。事业单位就其事业收入缴纳的税款主要有增值税或营业税。在确定事业收入金额时，应扣除代缴的增值税。对于属于一般纳税人的单位取得事业收入款项时，按计算出的应缴增值税的销项税额，计入应交税金，实际收到的价款扣除增值税销项税额的余额计入事业收入。营业税的税额不从事业收入款项中直接扣除，而是作为费用的一项，年末抵扣事业结余。

（4）事业单位必须使用财政部门和税务部门统一印制的发票，并建立健全各种专用收款收据、门票等票据的管理制度。事业单位必须严格按照经国家批准的收费项目和收费标准收费，不得违反国家规定擅自设立收费项目，自定收费标准。事业单位应当按照规定加强对账户的统一管理，取得的事业收入应当及时入账，防止流失。事业单位的各项事业收入，必须全部纳入单位预算，统一核算，统一管理。

（三）事业收入的账务处理

事业单位为了核算其开展专业业务活动及其辅助活动取得的收入，应设置"事业收入"账户进行核算。按规定，该账户应当按照事业收入类别、项目、《政府收支分类科目》中"支出功能分类"相关科目等进行明细核算。事业收入中如有专项资金收入，还应按具体项目进行明细核算。

1. 采用财政专户返还方式管理的事业收入

（1）收到应上缴财政专户的事业收入时，按照收到的款项金额，借记"银行存款"、"库存现金"等科目，贷记"应缴财政专户款"科目。

（2）向财政专户上缴款项时，按照实际上缴的款项金额，借记"应缴财政专户款"科目，贷记"银行存款"等科目。

（3）收到从财政专户返还的事业收入时，按照实际收到的返还金额，借记"银行存款"等科目，贷记"事业收入"。

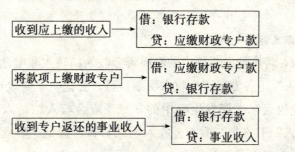

【例5-5】　某市属研究所收到财政部门从财政预算外资金专户核拨的50 000元。款项已存入开户银行。会计处理如下：

借：银行存款　　　　　　　　　　　　　　　　　　　50 000
　　贷：事业收入　　　　　　　　　　　　　　　　　　　50 000

2. 其他事业收入

未采用财政专户返还方式管理的事业收入，在收到事业收入时，按照收到的款项金额，借记"银行存款"、"库存现金"等科目，贷记"事业收入"。涉及增值税业务的，按规定进行相关账务处理。

【例5-6】　（1）某歌舞团商业演出，获演出分成收入20万元，款已划入歌舞团账户。会计处理如下：

借：银行存款　　　　　　　　　　　　　　　　　　200 000
　　贷：事业收入——演出收入　　　　　　　　　　　　200 000

（2）该歌舞团协助某电影制片厂拍摄电影，按协议获得12万元收入，存入银行。会计处理如下：

借：银行存款　　　　　　　　　　　　　　　　　　120 000
　　贷：事业收入——外协演出收入　　　　　　　　　　120 000

【例5-7】　某勘测设计院完成一项市级设计项目，取得收入28万元，存入银行。会计处理如下：

借：银行存款　　　　　　　　　　　　　　　　　　280 000
　　贷：事业收入　　　　　　　　　　　　　　　　　　280 000

【例5-8】　某科研单位生产研制出一种新型电子产品推向市场销售，单价200元，共400件，总金额8万元，本期全部售出，款已入账，增值税税率为17%。会计处理如下：

借：银行存款　　　　　　　　　　　　　　　　　93 600
　　贷：事业收入——产品销售收入　　　　　　　　　80 000
　　　　应缴税金——应缴增值税（销项税额）　　　　13 600

3. 期末账务处理

期末，将本期发生额中的专项资金收入结转入非财政补助结转，借记"事业收入"下各专项资金收入明细科目，贷记"非财政补助结转"科目；将"事业收入"本期发生额中的非专项资金收入结转入事业结余，借记"事业收入"下各非专项资金收入明细科目，贷记"事业结余"科目。期末结账后，本科目应无余额。

二、经营收入

事业单位的经营性收入，是指事业单位在专业业务活动和辅助活动之外，开展非独立核算的生产经营活动取得的收入。这部分收入从性质上讲与企业营业收入相同，因此，从理论上讲应与企业确认营业收入一样，采用权责发生制确认。

（一）经营收入的特点

事业单位的经营收入具有下列特点：

（1）经营收入是事业单位开展经营活动而取得的收入，而并非专业业务活动及辅助活动取得的收入。例如，学校取得的住宿费收入，如果是学生宿舍向学生收取的收入，属于学校为专业业务活动服务的辅助业务活动，只能列为事业收入；如果是学校招待所的客房住宿费收入，属于向社会提供服务取得的收入，因而要作为经营收入处理。

（2）经营收入是非独立核算经营活动而取得的收入，而并非独立核算经营活动而取得的收入。单位对其经营活动的过程及结果独立地、完整地进行会计核算，称之为独立核算。单位从上级单位领取一定数额物资、款项从事业务活动，不独立计算盈亏，而且把日常发生的经济业务资料报由上级进行会计核算，称为非独立核算。例如，学校的校办企业，要独立设置财会机构和配备财会人员，单独设置账目，单独计算盈亏，属于独立核算单位。校办企业将纯收入的一部分上缴学校，学校收到后应当作为附属单位上缴收入，而不能作为经营收入处理。例如，学校的车队、食堂等后勤单位，并未进行工商登记，财务上不实行独立核算，其对社会服务取得的收入及支出，报由学校集中进行会计核算，这部分收入和支出，应作为经营收入和经营支出处理。

（二）经营收入的确认原则

事业单位取得的经营收入应当在提供服务或发出存货，同时收讫价款或者取得索取价款的凭据时，按照实际收到或应收的金额确认收入。事业单位经营收入的确认有两个明显的标志：第一是劳务已经提供或商品、产品已经发出；第二是价款已经收到或者取得了索取价款的凭据。

事业收入和经营收入的区分标准主要是业务活动的性质：如果是开展专业活动及辅助活动取得收入，属于事业收入的性质，如果是在专业活动及辅助活动以外取得并有明显营利目的的收入，属于经营收入的范围。经营收入与附属单位缴款的区别在于经营收入没有开展独立核算，而附属单位缴款是独立核算单位按事业单位的规定缴纳有关费用。

需要强调的是，事业单位的经营活动应当尽可能进行独立核算，执行企业财务制度，其上缴事业单位的纯收入，作为"附属单位上缴收入"处理。有些经营活动规模较小，不便或无法独立核算的，再纳入到经营收入中核算。所谓非独立核算是指从单位领取一定数额的物资、款项从事业务活动，不独立计算盈亏，把日常发生的经济业务资料，报给单位集中进行会计核算。如单位附属的美容美发室、浴室、食堂等，财务上不独立核算，其对社会服务取得的收入及其支出，报给单位集中进行会计核算，属于非独立核算的经营活动。

（三）经营收入的核算

为了核算经营收入，事业单位应设置"经营收入"账户。该账户属于收入类账户，贷方登记取得的经营收入，借方登记冲减的营业收入。平时本账户贷方余额反映经营收入累计数。年终结转时，将本账户贷方余额全数转入"经营结余"账户。结转后，本账户无余额。账务处理的具体规定如下：

（1）实现经营收入时，按照确定的收入金额，借记"银行存款"、"应收账款"、"应收票据"等科目，贷记"经营收入"。

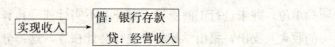

(2) 属于增值税小规模纳税人的事业单位实现经营收入，按实际出售价款，借记"银行存款"、"应收账款"、"应收票据"等科目，按出售价款扣除增值税额后的金额，贷记"经营收入"，按应缴增值税金额，贷记"应缴税费——应缴增值税"科目。

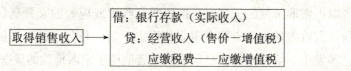

(3) 属于增值税一般纳税人的事业单位实现经营收入，按包含增值税的价款总额，借记"银行存款"、"应收账款"、"应收票据"等科目，按扣除增值税销项税额后的价款金额，贷记"经营收入"，按增值税专用发票上注明的增值税金额，贷记"应缴税费——应缴增值税（销项税额）"科目。

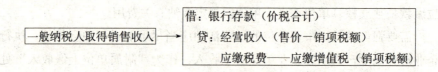

(4) 期末，应将"经营收入"账户本期发生额转入"经营结余"账户，借记"经营收入"账户，贷记"经营结余"账户。期末结账后，本账户应无余额。

$$\boxed{\text{期末转账}} \longrightarrow \begin{array}{l} \text{借：经营收入} \\ \quad \text{贷：经营结余} \end{array}$$

【例 5-9】 某研究院发生下列经营收入：

(1) 非独立核算的车队向外单位提供服务，获得收入 10 000 元。会计处理如下：

 借：银行存款   10 000
  贷：经营收入   10 000

(2) 非独立核算的职工食堂向外提供服务、承办宴席，获得收入 8 000 元。会计处理如下：

 借：银行存款   8 000
  贷：经营收入   8 000

(3) 销售产品一批，不含税售价为 100 000 元，增值税税款 17 000 元，收到货款转账支票 60 000 元，其余的价款属于应收账款。会计处理如下：

借：银行存款   60 000

  应收账款   57 000

 贷：经营收入   100 000

   应缴税金——应缴增值税   17 000

（4）年终结算，本年度共发生经营收入 118 000 元，转入"经营结余"科目。会计处理如下：

借：经营收入   118 000

 贷：经营结余   118 000

三、其他收入

（一）其他收入的内容

事业单位的其他收入是指除财政补助收入、事业收入、上级补助收入、附属单位上缴收入、经营收入以外的各项收入，包括投资收益、银行存款利息收入、租金收入、捐赠收入、现金盘盈收入、存货盘盈收入、收回已核销应收及预付款项、无法偿付的应付及预收款项等。

（二）其他收入的核算

为核算其他收入业务，事业单位应设置"其他收入"账户，贷方登记其他收入的增加数，借方登记其他收入的减少数，平时贷方余额，表示其他收入的累计余额。期末，将本科目本期发生额中的专项资金收入结转入非财政补助结转，借记本科目下各专项资金收入明细科目，贷记"非财政补助结转"科目；将本科目本期发生额中的非专项资金收入结转入事业结余，借记本科目下各非专项资金收入明细科目，贷记"事业结余"科目。期末结账后，本账户应无余额。具体核算如下：

1. 投资收益

（1）对外投资持有期间收到利息、利润等时，按实际收到的金额，借记"银行存款"等科目，贷记"其他收入"（投资收益）。

（2）出售或到期收回国债投资本息，按照实际收到的金额，借记"银行存款"等科目，按照出售或收回国债投资的成本，贷记"短期投资"、

"长期投资"科目，按其差额，贷记或借记"其他收入"（投资收益）。

【例 5-10】 某事业单位收到到期兑付的债券投资的本息共计 32 000 元，其中利息 2 000 元。会计处理如下：

借：银行存款   32 000

  贷：长期投资——债券投资   30 000

    其他收入——投资收益   2 000

同时，按成本价调整事业基金明细账：

借：非流动资产基金——长期投资   30 000

  贷：事业基金——一般基金   30 000

【例 5-11】 某事业单位收到上年度对外联营投资创立的联营企业分配的投资收益 25 000 元，款项存入银行。会计处理如下：

借：银行存款   25 000

  贷：其他收入——投资收益   25 000

2. 捐赠收入

（1）接受捐赠现金资产，按照实际收到的金额，借记"银行存款"等科目，贷记"其他收入"。

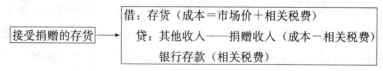

（2）接受捐赠的存货验收入库，按照确定的成本，借记"存货"科目，按照发生的相关税费、运输费等，贷记"银行存款"等科目，按照其差额，贷记"其他收入"。

接受捐赠固定资产、无形资产等非流动资产，不通过本科目核算。

【例 5-12】 某事业单位收到其他单位的未限定用途捐赠收入 40 000 元，款项存入银行。会计处理如下：

借：银行存款   40 000

  贷：其他收入——捐赠收入   40 000

【例 5-13】 某事业单位收到某企业捐赠的一批材料，同类存货的市场价值 8 万元，相关税费 9 200 元。会计处理如下：

借：存货　　　　　　　　　　　　　　　　　　　89 200

　　贷：其他收入——捐赠收入　　　　　　　　　　80 000

　　　　银行存款　　　　　　　　　　　　　　　　9 200

3. 银行存款利息收入、租金收入

收到银行存款利息、资产承租人支付的租金，按照实际收到的金额，借记"银行存款"等科目，贷记"其他收入"。

【例5-14】　某事业单位出租礼堂，取得年租金收入 3 万元存入银行。会计处理如下：

借：银行存款　　　　　　　　　　　　　　　　　30 000

　　贷：其他收入——固定资产出租收入　　　　　　30 000

4. 现金盘盈收入

每日现金账款核对中如发现现金溢余，属于无法查明原因的部分，借记"库存现金"科目，贷记"其他收入"。

5. 存货盘盈收入

盘盈的存货，按照确定的入账价值，借记"存货"科目，贷记"其他收入"。

6. 收回已核销应收及预付款项

已核销应收账款、预付账款、其他应收款在以后期间收回的，按照实际收回的金额，借记"银行存款"等科目，贷记"其他收入"。

7. 无法偿付的应付及预收款项

无法偿付或债权人豁免偿还的应付账款、预收账款、其他应付款及长期应付款，借记"应付账款"、"预收账款"、"其他应付款"、"长期应付款"等科目，贷记"其他收入"。

第四节　调剂性收入

事业单位的调剂收入包括上级补助收入和附属单位上缴收入。

一、上级补助收入的核算

上级补助收入是指事业单位从主管部门和上级单位取得的非财政补助

收入。它是主管部门或上级单位用自身组织的收入或集中下级单位的收入拨给的资金。行政事业单位通过上级单位从财政部门取得的预算经费，应作为财政补助收入处理，不能作为上级补助收入处理。

（一）账户设置

事业单位应设置"上级补助收入"账户，用来正确核算事业单位从主管部门和上级单位拨来的弥补事业开支不足的预算补助款，该账户贷方登记上级补助收入的增加数，平时贷方余额反映上级补助收入的累计数额。

期末，将本期发生额中的专项资金收入结转入非财政补助结转，借记"上级补助收入"下各专项资金收入明细科目，贷记"非财政补助结转"科目；将本期发生额中的非专项资金收入结转入"事业结余"，借记"上级补助收入"下各非专项资金收入明细科目，贷记"事业结余"科目。期末结账后，本账户应无余额。

（二）账务处理

收到上级补助收入时，按照实际收到的金额，借记"银行存款"等科目，贷记"上级补助收入"。核算时，应当按照发放补助单位、补助项目、《政府收支分类科目》中"支出功能分类"相关科目等进行明细核算。上级补助收入中如有专项资金收入，还应按具体项目进行明细核算。

$$\boxed{\text{收到上级补助收入}} \longrightarrow \boxed{\begin{array}{l}\text{借：银行存款}\\\text{贷：上级补助收入}\end{array}}$$

【例 5-15】 某大学收到上级单位拨入补助款 60 万元。会计处理如下：

借：银行存款 600 000

贷：上级补助收入 600 000

年末，该大学"上级补助收入"贷方余额 12 万元。会计处理如下：

借：上级补助收入 120 000

贷：事业结余 120 000

【例 5-16】（1）某事业单位接银行通知，收到上级单位拨来的补助款项 85 万元。会计处理如下：

借：银行存款 850 000

贷：上级补助收入 850 000

（2）该事业单位通过银行将上级单位多拨的补助款项 6 万元缴回。会计处理为：

借：上级补助收入　　　　　　　　　　　　　　　　60 000

　　贷：银行存款　　　　　　　　　　　　　　　　　60 000

（3）年终，该事业单位将"上级补助收入"账户贷方余额 790 000 元（850 000－60 000）全部转入"事业结余"账户。会计处理为：

借：上级补助收入　　　　　　　　　　　　　　　790 000

　　贷：事业结余　　　　　　　　　　　　　　　　790 000

二、附属单位上缴收入的核算

附属单位上缴收入，是指事业单位附属独立核算单位按有关规定上缴的收入，包括附属的事业单位上缴的收入和附属的企业上缴的利润等。

（一）账户设置

为了核算事业单位收到附属单位按规定缴来的款项，应设置"附属单位上缴收入"账户。该账户属于收入类账户，其借方登记减少数，反映其转入"事业结余"账户数以及发生的缴款退回数，贷方登记增加数，反映实际收到的款项。该账户平时余额在贷方，表示附属单位缴款的累计数。

期末，将本期发生额中的专项资金收入结转入非财政补助结转，借记"附属单位上缴收入"下各专项资金收入明细科目，贷记"非财政补助结转"科目；将本期发生额中的非专项资金收入结转入事业结余，借记"附属单位上缴收入"下各非专项资金收入明细科目，贷记"事业结余"科目。期末结账后，本账户应无余额。

（二）账务处理

收到附属单位缴来款项时，按照实际收到金额，借记"银行存款"等科目，贷记"附属单位上缴收入"。核算时，应当按照附属单位、缴款项目、《政府收支分类科目》中"支出功能分类"相关科目等进行明细核算。附属单位上缴收入中如有专项资金收入，还应按具体项目进行明细核算。

【例 5-17】　某事业单位收到下属单位乙公司按比例缴来款项 108 万元。会计处理如下：

借：银行存款   1 080 000

    贷：附属单位上缴收入——乙公司   1 080 000

年终结算，将"附属单位上缴收入"贷方余额 1 080 000 元转入"事业结余"科目。会计处理如下：

借：附属单位上缴收入——乙公司   1 080 000

    贷：事业结余   10 80 000

【例 5-18】 某事业单位发生如下附属单位缴款业务。

（1）收到下属甲单位按比例缴来款项 45 万元。会计处理如下：

借：银行存款   450 000

    贷：附属单位上缴收入——甲单位   450 000

（2）退回下属甲单位缴来款项 8 万元。会计处理如下：

借：附属单位上缴收入——甲单位   80 000

    贷：银行存款   80 000

（3）年终结算，结转"附属单位上缴收入"科目。会计处理如下：

借：附属单位上缴收入——甲单位   370 000

    贷：事业结余   370 000

复习思考题

1. 什么是事业单位收入？事业单位的收入主要包括哪些内容？

2. 什么是财政补助收入？财政补助收入在财政直接支付、财政授权支付方式下，分别应当在什么时候确认？

3. 什么是事业单位的事业收入？事业收入的管理要求是什么？

4. 什么是事业单位的经营收入？它有什么特点？

5. 事业单位的其他收入主要包括哪些内容？

练习题

一、判断题

1. 预算外资金是指行政事业单位及社会团体为履行或代行政府职能，依据国家有关法律、法规和具有法律效力的规章制度的规定而收取、提取和安排使用的未纳入国家预算管理的各种财政性资金。（√）

2. 事业单位应按本单位特点准确区分事业收入和经营收入，分别核算。个别单位的事业活动和经营活动的性质与内容相互交叉，难以准确划分清楚时，应全部作为经营收入进行核算。（×）

二、选择题

1. 下列各项收入中，不属于事业单位收入的一项是（B）。

A. 经营收入　　　　　　　　B. 预算外资金收入

C. 财政补助收入　　　　　　D. 其他收入

2. 下列关于事业单位拨入专项款的来源的说法错误的一项是（A）。

A. 内部形成的有专门用途的资金

B. 财政机关拨入的专款

C. 管理部门或上级单位用非财政补助收入资金拨入的专款

D. 社会其他单位或个人无偿捐赠的、有指定的专门用途的款项

3. 事业单位盘盈的存货，应（B）。

A. 增加营业外收入　　　　　B. 增加其他收入

C. 冲减营业外支出　　　　　D. 冲减当期支出

4. 下列各项中，影响事业单位经营结余的因素有（D）。

A. 财政补助收入　　　　　　B. 上级补助收入

C. 其他收入　　　　　　　　D. 经营收入

5. 事业单位收到从财政专户核拨的预算外资金，在会计处理时应贷记的会计科目是（B）。

A. 财政补助收入　　　　　　B. 事业收入

C. 其他收入　　　　　　　　D. 拨入专款

6. 下列哪项业务不通过其他收入科目核算（D）。

A. 现金盘盈收入　　　　　　B. 利息收入

C. 接受存货捐赠　　　　　　D. 接受固定资产捐赠

7. 某学校收到上级单位拨给的资金 50 万元，应计入的科目为（C）。

A. 附属单位上缴收入　　　　B. 事业收入

C. 上级补助收入　　　　　　D. 财政补助收入

8. 以下收入不通过事业收入核算的是（D）。

A. 博物馆的展览活动收入　　B. 教育事业单位的教学活动

C. 农业事业单位的技术推广活动　　D. 独立核算附属单位上缴收入

会计核算题

1. 某事业单位 2012 年 7 月发生如下经济业务，请根据各项经济业务编制会计分录。

(1) 7 月 1 日，收到财政部门或上级主管部门通过银行拨来的预算经费 200 万元。

(2) 7 月 2 日，经单位申请，财政批准，本月财政授权支付额度为 200 000 元。

(3) 7 月 12 日，通过政府采购完成单位内部局域网的改扩建工程，工程完工，验收合格，总支出为 100 000 元，款项由财政直接支付。

(4) 单位实行预算外资金全额专户存储，财政按计划拨还的核算方法，7 月 15 日，取得预算外应缴财政专户款 17 000 元，收存银行。16 日，将上述预算外资金 17 000 元，上缴财政专户。18 日，收到财政按计划拨还的预算外资金 12 800 元，收存开户银行。

答案：

(1) 借：银行存款　　　　　　　　　　　　　　2 000 000

　　　贷：拨入经费——拨入经常性经费　　　　　　2 000 000

(2) 借：零余额账户用款额度　　　　　　　　　200 000

　　　贷：拨入经费——财政授权支付（基本经费）　200 000

(3) 借：经费支出——基本支出　　　　　　　　100 000

　　　贷：拨入经费——财政直接支付（基本经费）　100 000

　　借：固定资产　　　　　　　　　　　　　　100 000

　　　贷：固定基金　　　　　　　　　　　　　　100 000

(4) 取得预算外应缴财政专户款时：

　　借：银行存款　　　　　　　　　　　　　　17 000

　　　贷：应缴财政专户款　　　　　　　　　　　17 000

　　将上述预算外资金上缴财政专户时：

　　借：应缴财政专户款　　　　　　　　　　　17 000

　　　贷：银行存款　　　　　　　　　　　　　　17 000

　　收到财政按计划拨还的预算外资金时：

　　借：银行存款　　　　　　　　　　　　　　12 800

　　贷：预算外资金收入　　　　　　　　　　　　　　　　　　　　12 800

　　2. 某事业单位 2012 年 7 月发生如下经济业务，请根据各项经济业务编制会计分录。

　　(1) 7 月 1 日，收到主管部门拨来补助款项 300 万元，开户银行转来收款通知。

　　(2) 7 月 2 日，收到上级单位拨入补助款 50 万元。

　　(3) 7 月 10 日，完成一项市级设计项目，取得收入 15 万元，存入银行。

　　(4) 7 月 12 日，非独立核算的车队向外单位提供服务，获得收入 20 000 元。

　　(5) 7 月 25 日，收到以银行存款对外投资取得的投资收益 10 000 元。

　　(6) 收到下属单位乙公司按比例缴来款项 45 万元。

　　答案：

　　(1) 借：银行存款　　　　　　　　　　　　　　　　　　　　3 000 000
　　　　　　贷：财政补助收入　　　　　　　　　　　　　　　　3 000 000

　　(2) 借：银行存款　　　　　　　　　　　　　　　　　　　　　500 000
　　　　　　贷：上级补助收入　　　　　　　　　　　　　　　　　500 000

　　(3) 借：银行存款　　　　　　　　　　　　　　　　　　　　　150 000
　　　　　　贷：事业收入　　　　　　　　　　　　　　　　　　　150 000

　　(4) 借：银行存款　　　　　　　　　　　　　　　　　　　　　 20 000
　　　　　　贷：经营收入　　　　　　　　　　　　　　　　　　　 20 000

　　(5) 借：银行存款　　　　　　　　　　　　　　　　　　　　　 10 000
　　　　　　贷：其他收入——投资收益　　　　　　　　　　　　　 10 000

　　(6) 借：银行存款　　　　　　　　　　　　　　　　　　　　　450 000
　　　　　　贷：附属单位上缴收入——乙公司　　　　　　　　　　450 000

　　3. 某事业单位 20×2 年发生如下经济业务：

　　(1) 以政府采购方式购进专业活动所需设备，通过财政直接支付方式向供应商支付款项 300 万元，收到《财政直接支付入账通知书》。

　　(2) 通过财政直接支付方式支付本月的工资 36 万元，收到《财政直接支付入账通知书》。

　　(3) 项目财政直接支付预算指标数 3 000 万元，当年项目实际支出 2 500 万元，年末未使用的预算指标 500 万元，确认财政应返还额度。

（4）代理银行转来的《财政授权支付额度到账通知书》确立本期零余额账户额度 33 万元。

（5）年末将本期取得的财政补助收入予以结转。

根据以上业务，作出相应的会计处理。

答案：

（1）借：固定资产   3 000 000

      贷：非流动资产基金——固定资产   3 000 000

  借：事业支出   3 000 000

     贷：财政补助收入——财政直接支付——项目支出   3 000 000

（2）借：事业支出   360 000

      贷：应付职工薪酬——工资   360 000

  借：应付职工薪酬——工资   360 000

     贷：财政补助收入——基本支出   360 000

（3）借：财政应返还额度——财政直接支付   5 000 000

     贷：财政补助收入——项目支出   5 000 000

次年用于专业活动支付时：

  借：事业支出   5 000 000

     贷：财政应返还额度——财政直接支付   5 000 000

（4）借：零余额账户用款额度   330 000

     贷：财政补助收入——基本支出   330 000

（5）借：财政补助收入——基本支出   690 000

           ——项目支出   8 000 000

     贷：财政补助结转——基本支出结转   690 000

           ——项目支出结转   8 000 000

4. 某事业单位 20×2 年发生以下相关业务：

（1）取得上级补助收入 360 万元，其中：专项资金收入 160 万元，非专项资金收入 200 万元。

（2）取得附属单位上缴收入 800 万元，其中：专项资金收入 300 万元，非专项资金收入 500 万元。

（3）非独立核算的商店销售商品获得收入 10 000 元。增值税税款 1 700 元。

（4）销售产品一批，不含税售价为 20 000 元，增值税税款 3 400 元，收到货款转账支票 10 000 元，其余的价款属于应收账款。

（5）收到银行存款利息 10 000 元，款项存入银行。

（6）收到其他单位的限定用途捐赠收入 20 000 元，款项存入银行。

（7）收回已核销应收账款 10 000 元，款项存入银行。

（8）期末，结转相关收入。

根据以上业务，作出相应的会计处理。

答案：

（1）借：银行存款 3 600 000

    贷：上级补助收入 3 600 000

（2）借：银行存款 8 000 000

    贷：附属单位上缴收入 8 000 000

（3）借：银行存款 11 700

    贷：经营收入 10 000

      应缴税费——应缴增值税 1 700

（4）借：银行存款 10 000

    应收账款 13 400

    贷：经营收入 20 000

      应缴税费——应缴增值税 3 400

（5）借：银行存款 10 000

    贷：其他收入——利息 10 000

（6）借：银行存款 20 000

    贷：其他收入——捐赠收入 20 000

（7）借：银行存款 10 000

    贷：其他收入 10 000

（8）借：上级补助收入 3 600 000

    附属单位上缴收入 8 000 000

    其他收入——利息 10 000

        ——捐赠收入 20 000

        ——收回核销的应收账款 20 000

    贷：事业结余 7 030 000

    非财政补助结转 4 620 000

  借：经营收入 30 000

    贷：经营结余 30 000

CHAPTER

6

第六章
支出管理与核算

第一节　支出概述

事业单位的支出是指事业单位为开展业务活动和其他活动所发生的资金耗费和损失，属于事业单位会计要素的一项。

一、支出的分类

（一）按支出的性质和去向分类

按照事业单位支出的性质和去向，支出可分为："事业支出"、"上缴上级支出"、"经营支出"、"对附属单位补助支出"和"其他支出"。

1. 事业支出

事业支出，即事业单位开展专业业务活动及其辅助活动发生的基本支出和项目支出。基本支出是指事业单位为了保障其正常运转、完成日常工作任务而发生的人员支出和公用支出。项目支出是指事业单位为了完成特定工作任务和事业发展目标，在基本支出之外所发生的支出。

事业支出是事业单位支出的主要内容，也是事业单位会计核算的主要内容。它是考核事业成果和资金使用效益的依据。事业单位应根据财政补助收入、上级补助收入、事业收入、经营收入和其他收入等情况统筹安排事业支出，其中，财政补助收入、上级补助收入、事业收入和其他收入等只能用于事业支出，不得用于经营活动的支出。

2. 对附属单位补助支出

对附属单位补助支出是指事业单位用财政补助收入之外的收入对附属单位补助发生的支出。对附属单位补助支出是无偿拨付的、不需要单独报账的、国家预算以外的资金。如果上级事业单位对附属单位的非财政补助限定用于特殊的业务活动或某项专门活动，且要求附属单位单独核算并报账，则称为专项资金。

3. 上缴上级支出

上缴上级支出是指事业单位按照财政部门和主管部门的规定上缴上级单位的支出。收入上缴主要有两种形式，一是定额上缴，即在核定预算时，确定一个上缴的绝对数额；一是按比例上缴，即根据收支情况，确定按收入的一定比例上缴。事业单位按已确定的定额或比例上缴的收入即为上缴上级支出。但事业单位返还上级单位在其事业支出中垫支的工资、水电费、房租、住房公积金和福利费等各种费用时，应计入相应的支出，不能作为上缴上级支出。

4. 经营支出

经营支出是指事业单位在专业业务活动及其辅助活动之外开展非独立核算经营活动发生的支出。事业单位开展非独立核算经营活动的，应当正确归集开展经营活动发生的各项费用数；无法直接归集的，应当按照规定的标准或比例合理分摊。事业单位的经营支出与经营收入应当配比。

5. 其他支出

其他支出是指事业支出、对附属单位补助支出、上缴上级支出和经营支出以外的各项支出，包括利息支出、捐赠支出等。

（二）按支出的对象分类

根据事业单位支出的对象的不同，可以分为本单位支出、调剂性支出。

（1）本单位支出是指事业单位自身在开展业务活动和其他活动中所发生的各项资金耗费和损失。包括事业支出、经营支出、其他支出等。

（2）调剂性支出是指事业单位按规定将一部分非财政预算资金调剂给本系统内其他单位而发生的支出。包括上缴上级支出、对附属单位补助支出。

（三）按支出的用途分类

事业单位的各项支出，按部门预算编制的要求，可分为：基本支出和项目支出。

（1）基本支出是事业单位为保证其机构正常运转和完成其日常工作任务所必需的支出。包括人员支出（如工资、社保缴费等）、公用支出（如办公费、差旅费、日常维修费等）、对个人和家庭的补助支出（如离退休费、住房补贴等）。

（2）项目支出是事业单位为完成特定的工作任务或事业发展而发生的支出。

事业单位的支出一般应当在实际支付时予以确认，并按照实际支付金额进行计量。采用权责发生制确认的支出或者费用，应当在其发生时予以确认，并按照实际发生额进行计量。

二、支出的管理要求

事业单位支出既要保证事业单位发展的需要，又要遵守各项财务制度的规定，精打细算，厉行节约，使各项支出发挥最大的效益。在管理各项支出时，应做到以下几个方面：

（1）各单位的支出必须按照批准的预算和计划所规定的用途及开支范围办理，不得办理无预算、超预算的支出，也不得以领代报、以拨作支。对于国家规定的各种财务制度，事业单位必须遵守，不得任意更改，违反财经纪律的开支不得报销支付，否则主管部门和财政机关有权纠正。

（2）事业单位的支出应当严格执行国家有关财务规章制度规定的开支范围及开支标准；国家有关财务规章制度没有统一规定的，由事业单位规定，报主管部门和财政部门备案。事业单位的规定违反法律制度和国家政策的，主管部门和财政部门应当责令改正。

（3）各项支出应按规定的渠道，分别列支，按收入的情况统筹安排，同时注意保持支出结构的合理性，尤其是人员经费和公用经费应保持一个合理的比例，以促进事业发展。同时，各事业单位要精打细算，提倡勤俭办事业，反对铺张浪费，节约使用每一笔事业经费。少花钱，多办事，提高资金使用效益。

此外，经营支出要与经营收入相配比，直接用于经营活动消耗的材料、工资等费用，直接计入经营支出。由单位在事业支出中统一垫支的各项费用，应按规定比例合理分摊，在经营支出中列支，冲减事业支出。

（4）划清各项支出的界限：

①划清基本支出和项目支出的界限。项目支出是事业单位在基本支出之外所发生的支出。

②划清人员支出和公用支出的界限。应由个人负担的支出，不得由单位负担。

③划清事业支出与经营支出的界限。应当列入事业支出的项目，不得列入经营支出；应当列入经营支出的项目，也不得列入事业支出。

④划清事业支出与对附属单位补助支出和上缴上级支出的界限。对附属单位补助支出和上缴上级支出，属于本系统内部调剂性质的支出，这部分支出最终将体现在本系统内部其他单位，不能计入本单位的事业支出，以免虚增事业支出。

第二节 事业单位的本单位支出

一、事业支出

事业支出是事业单位开展各项专业业务活动及与之相关的辅助活动发生的实际支出，构成了事业单位支出的主体。

（一）事业支出的基本内容

国家预算收支的调整已经完成，新的支出分类方法让人们知道财政资金分配到哪些部门（按用途划分），并且是如何使用的（按功能划分）。根据管理要求，事业单位要编制预算，各项收支要统一核算、统一管理。所以，事业支出必须根据国家预算支出科目中规定的"款"、"项"、"目"级科目进行明细核算。其具体内容如下：

1. 人员支出

人员支出是指事业单位支付给在职职工和临时聘用人员的各类劳动报酬、为上述人员缴纳的各项社会保险费、按工资一定比例提取的福利费等。具体包括：

（1）基本工资。是指国家统一规定的基本工资，包括事业单位工作人员的固定工资和国家规定比例的津贴、各类学校毕业生见习期间的临时待遇等。

（2）津贴。是指事业单位在基本工资之外按国家统一规定开支的津贴、补贴，如政府特殊津贴、艰苦边远地区津贴、各类学校的教龄津贴、班主任津贴、特殊教育津贴、医院的护龄津贴、运动员津贴等。

（3）奖金。是指事业单位按国家规定开支的各类奖金，包括国家统一规定的事业单位年终一次性奖金等。

（4）福利费。是指事业单位根据国家统一规定按工资总额一定比例提取的福利费。

（5）社会保险缴费。是指事业单位为职工缴纳的基本养老、医疗、失业、工伤等社会保险费。

（6）其他。这是指上述项目未包括的人员支出，包括各种加班费、病假两个月以上期间的人员工资等。

2. 公用支出

公用支出是指事业单位购买商品（不包括按规定纳入固定资产管理范围的商品）和劳务的支出。具体包括如下几个"目"级科目：

（1）办公费。是指事业单位购置并且依照规定不纳入固定资产管理范围的书报杂志和一般性办公用品（如钢笔、铅笔、公文夹、订书器、电话机、档案袋、信封、账表、纸张、计算器、计算机软盘、硒鼓等办公用品）以及单位的一般印刷费支出。

（2）专用材料购置费。是指事业单位购置并且依照规定未纳入固定资产管理范围的专用材料支出，如药品及医疗耗材、实验室用品及小型设备、专用服装及劳保用品、专用工具及仪器等。

（3）专项业务费。这是指事业单位为完成某项专项业务（如教育和科研单位的专项科学研究考察活动，事业单位按规定组织的离退休人员的各项活动，以及事业单位离退休人员的异地安置费、探亲路费、丧葬费、离退休人员特需费等）而支出的无法细化到日常公用经费有关目的开支。

（4）劳务费。是指事业单位支付给其他单位和个人的劳务支出，如翻译费、手续费等。

（5）水电费。是指事业单位支付的水费（包括饮用水、卫生用水、绿化用水、中央空调用水等）、污水处理费和电费（包括照明用电、空调用电、电梯用电、食堂用电、取暖加压用电、计算机等办公设备用电等）。

（6）邮寄费。是指事业单位开支的信函、包裹、货物等物品的邮寄费。

（7）电话通讯费。是指事业单位开支的电话费、电报费、传真费、网络通讯费等。

（8）取暖费。是指事业单位取暖用的燃料费、热力费、炉具购置费、锅炉临时工的工资以及在原离退休公用经费中开支的离退休人员的取暖费。

（9）物业管理费。是指事业单位开支的办公用房、高层设备（如高层电梯等）的物业管理费。

（10）交通费。是指事业单位开支的国内外交通费，包括租车费、车辆燃料费、过桥过路费、车辆保险费、行车安全奖励费等。

（11）差旅费。是指事业单位工作人员出差、出国的交通费、住宿费、伙食补助费，因工作需要开支的杂费，调干随行家属旅费，大中专学生调遣费的多退少补部分等。

（12）维修费。是指事业单位为保持固定资产的正常工作效能而开支的日常修理和维护费用，包括车船保养修理费，一般办公设备如传真机、电话交换机、计算机、打印机、复印机等的维修费；专用设备如大型计算机系统的维修费；教学、科研仪器和试验设备维修费；单位公用房屋、建筑物及其附属设备的维修费；文物保护单位管理的古建筑、纪念建筑物的维修费等。

（13）租赁费。是指事业单位租赁办公用房、宿舍、机械设备、专用通信网、场地、车船等的费用。

（14）会议费。是指事业单位会议中按规定开支的房租费、伙食补贴费以及文件资料的印刷费、会议场地租赁费等。

（15）培训费。是指事业单位政治学习培训和职工业务培训支出，包括学习资料购置费、调研费用等。

（16）招待费。是指事业单位开支的各类接待费用，包括用餐费、住宿费、交通费等。

（17）其他。是指事业单位上述"目"未包括的日常公用支出，如诉讼费等。

3. 对个人和家庭的补助支出

对个人和家庭的补助支出是指事业单位对个人和家庭无偿性补助支出，具体包括如下几个"目"：

（1）离休费。是指未参加基本养老保险的事业单位离休人员和移交地方政府安置的军队离休人员的离休费及按国家统一规定发放给离休人员的护理费和其他补贴。

（2）退休费。是指不参加基本养老保险的事业单位退休人员和移交地方政府安置的军队退休人员的退休费及按国家统一规定发放给退休人员的护理费和其他补贴。

（3）退职（役）费。是指事业单位退职人员的生活补贴，一次性支付给职工或军官、军队无军籍退职职工、军队文职人员及运动员的退职补助，按月支付给自主择业的军队转业干部的退役金。

（4）就业补助费。是指事业单位按规定给予国有企业下岗职工、残疾人、退伍军人等的就业补助。

（5）抚恤金。是指事业单位按规定开支的烈士家属、牺牲病故人员家属的一次性和定期抚恤金，以及革命伤残人员的抚恤金和其他人员按规定开支的各项抚恤金等。

（6）救济费。是指事业单位支付给城乡贫困人员、灾民、归侨、外侨人员和按国家规定支付给特殊人员的生活救济费，包括发给城市居民的最低生活保障费，退职老弱残职工救济费等。

（7）医疗费。是指未参加职工基本医疗保险的事业单位和军队移交地方安置的离退休人员的医疗费支出，以及参保人员在医疗保险基金开支范围之外，按规定应由事业单位负担的医疗补助支出。

（8）生活补贴。是指优抚对象的定期定量生活补贴费，事业单位职工和遗属生活补助，因公负伤等住院治疗、住疗养院期间的伙食补贴费、长期赡养人员补助费等。

（9）提租补贴。是指事业单位对原住房补贴、房租改革后的提租补贴。

（10）住房公积金。是指事业单位按职工工资总额一定比例交纳的住房公积金。

（11）购房补贴。是指事业单位的购房补贴支出。

（12）助学金。是指各类学校学生助学金、奖学金、学生贷款贴息、出国留学（实习）人员生活费，青少年业余体校学员伙食补助费和生活费补贴，按照协议由我方负担或享受我方奖学金的来华留学生、进修生生活费等。

（13）其他。是指未包括在上述各"目"的事业单位对个人和家庭补助支出，如独生子女保健费、职工探亲旅费、退职人员及随行家属路费等。

4. 固定资产购建和大修理支出

固定资产购建和大修理支出是指事业单位购置、自行建造固定资产的支出，固定资产的更新改造和大修理支出，具体包括如下几个"目"：

（1）建筑物购建费。是指事业单位购买、自行建造办公用房、仓库、职工生活用房、食堂等建筑物（含附属设施，如电梯、通讯线路、水气管道等）的支出。

（2）办公设备购置费。是指事业单位购置并按规定纳入固定资产管理范围的一般办公家具和办公设备的支出。

（3）专用设备购置费。是指事业单位购置的具有专门用途并按规定纳入固定资产管理范围的各类专用设备的支出。如通讯设备、发电设备、卫星转发器、气象设备等。

（4）交通工具购置费。是指事业单位购置各类交通工具（如小汽车、摩托车等）的支出（含车辆购置税）。

（5）大修理费。是指事业单位对各类设备、建筑物等的大修理支出。

（6）更新改造费。是指事业单位在其固定资产使用一定时期后，为恢复其原有的生产效能而对其主要组成部分进行的全面更新和改造的支出。

（7）其他。是指未包括在上述各"目"的固定资产购建和大修理支出。如事业单位按固定资产管理的档案设备购置费，各类文物、陈列品、图书的购置费等。

（二）事业支出的报销口径

事业单位基本业务支出的报销应遵循以下规定：

（1）对于发给个人的工资、津贴、补贴和抚恤救济费等，应根据实有人数和实发金额，取得本人签发的凭证列报支出。通过银行划入职工个人账户的，应根据提交给银行的工资发放明细表及银行提供的凭证列报支出。

（2）购入办公用品、业务用品一般按购入数直接列报支出。购入事业用材料应先列入"存货"科目进行核算，领用时再列报支出。

（3）社会保障费、职工福利费和管理部门支付的工会经费，按照规定标准和实有人数每月计算提取，列为事业支出。

（4）固定资产修购基金按核定的比例提取，直接列报支出。

（5）购入固定资产，经验收后列报支出，同时记入"固定资产"和"非流动资产基金"科目。

（6）其他各项费用，均以实际报销数列报支出。

（三）事业支出的会计核算

1. 账户设置

事业单位应设置"事业支出"账户，用来核算事业单位开展专业业务活动及其辅助活动发生的实际支出。本科目应当按照"基本支出"和"项目支出"，"财政补助支出"、"非财政专项资金支出"和"其他资金支出"等层级进行明细核算，并按照《政府收支分类科目》中"支出功能分类"相关科目进行明细核算；"基本支出"和"项目支出"明细科目下应当按照《政府收支分类科目》中"支出经济分类"的"款"级科目进行明细核算；同时在"项目支出"明细科目下按照具体项目进行明细核算。

2. 事业支出的主要账务处理

（1）为从事专业业务活动及其辅助活动人员计提的薪酬等，借记"事业支出"，贷记"应付职工薪酬"等科目。

（2）开展专业业务活动及其辅助活动领用的存货，按领用存货的实际成本，借记"事业支出"，贷记"存货"科目。

（3）开展专业业务活动及其辅助活动中发生的其他各项支出，借记"事业支出"，贷记"库存现金"、"银行存款"、"零余额账户用款额度"、"财政补助收入"等科目。

（4）期末，将"事业支出（财政补助支出）"本期发生额结转入"财政补助结转"科目，借记"财政补助结转——基本支出结转、项目支出结转"科目，贷记"事业支出（财政补助支出——基本支出、项目支出）"

或"事业支出（基本支出——财政补助支出、项目支出——财政补助支出）"；将"事业支出（非财政专项资金支出）"本期发生额结转入"非财政补助结转"科目，借记"非财政补助结转"科目，贷记"事业支出（非财政专项资金支出）"或"事业支出（项目支出——非财政专项资金支出）"；将"事业支出（其他资金支出）"本期发生额结转入"事业结余"科目，借记"事业结余"科目，贷记"事业支出（其他资金支出）"或"事业支出（基本支出——其他资金支出、项目支出——其他资金支出）"。

（5）期末结账后，本科目无余额。

【例6-1】 某事业单位20××年1月发生以下经济业务：

（1）以现金150元购买办公用品，直接交有关业务部门使用。会计处理如下：

借：事业支出——基本支出——办公费　　　　　　　　　150

　　贷：库存现金　　　　　　　　　　　　　　　　　　　　150

（2）通过零余额账户支付办公用水电费1 800元。会计处理如下：

借：事业支出——基本支出——水电费　　　　　　　　1 800

　　贷：零余额账户用款额度　　　　　　　　　　　　　1 800

（3）收到财政直接支付入账通知单，支付办公楼大型修缮费用专项支出46万元。会计处理如下：

借：事业支出——项目支出——大型修缮　　　　　　460 000

　　贷：财政补助收入　　　　　　　　　　　　　　　460 000

（4）发放本月工资，工资汇总表的情况如下：应付基本工资400 000元，应付津贴28 000元，应付工资金额合计428 000元，代扣住房公积金28 000元，代扣养老保险金35 000元，代扣金额合计63 000元，实发金额365 000元。

① 按实发金额365 000元，从银行提取现金，备发工资。会计处理如下：

借：库存现金　　　　　　　　　　　　　　　　　　365 000

　　贷：银行存款　　　　　　　　　　　　　　　　　365 000

② 用现金发放职工工资365 000元。会计处理如下：

借：事业支出——基本支出——基本工资　　　　　　337 000

　　　　　　　　　　　　——津贴　　　　　　　　　28 000

　　贷：库存现金　　　　　　　　　　　　　　　　　365 000

③ 以银行存款支付代扣住房公积金28 000元。会计处理如下：

借：事业支出——基本支出——基本工资　　　　　　　　28 000

　　贷：银行存款　　　　　　　　　　　　　　　　　　　28 000

④ 以银行存款支付代扣职工养老保险金 35 000 元。会计处理如下：

借：事业支出——基本支出——基本工资　　　　　　　　35 000

　　贷：银行存款　　　　　　　　　　　　　　　　　　　35 000

(5) 计提本月工会经费 2 500 元。会计处理如下：

借：事业支出——基本支出——福利费　　　　　　　　　2 500

　　贷：专用基金——职工福利费　　　　　　　　　　　　2 500

(6) 从仓库领用甲材料一批用于办公，价值 10 000 元。会计处理如下：

借：事业支出——基本支出——办公费　　　　　　　　　10 000

　　贷：存货——甲材料　　　　　　　　　　　　　　　　10 000

(7) 年终将"事业支出"科目借方余额 800 000 元全数转入"事业结余"科目。会计处理如下：

借：事业结余　　　　　　　　　　　　　　　　　　　800 000

　　贷：事业支出　　　　　　　　　　　　　　　　　　800 000

二、经营支出

(一) 经营支出的概念

经营支出是指事业单位在专业业务活动及其辅助活动之外开展非独立的核算经营活动时发生的各项支出，以及实行内部成本核算的事业单位结转已销产品或劳务成果的实际成本。

事业单位开展非独立核算经营活动的，应当正确归集开展经营活动发生的各项费用数；无法直接归集的，应当按照规定的标准或比例合理分摊。事业单位的经营支出与经营收入应当配比。

(二) 经营支出的会计核算

1. 账户设置

事业单位为了核算和监督单位的经营支出情况和经营活动取得的成果，应设置"经营支出"账户，用来核算事业单位在专业业务活动及其辅助活动之外开展非独立核算经营活动发生的支出。

本科目应当按照经营活动类别、项目、《政府收支分类科目》中"支出功能分类"相关科目等进行明细核算。

2. 主要账务处理

（1）为在专业业务活动及其辅助活动之外开展非独立核算经营活动人员计提的薪酬等，借记"经营支出"，贷记"应付职工薪酬"等科目。

计提薪酬 —→ 借：经营支出
                贷：应付职工薪酬

（2）在专业业务活动及其辅助活动之外开展非独立核算经营活动领用、发出的存货，按领用、发出存货的实际成本，借记"经营支出"，贷记"存货"科目。

发出、领用存货 —→ 借：经营支出
                    贷：存货

（3）在专业业务活动及其辅助活动之外开展非独立核算经营活动中发生的其他各项支出，借记"经营支出"，贷记"库存现金"、"银行存款"、"应缴税费"等科目。

发生其他各项支出 —→ 借：经营支出
                      贷：银行存款/应缴税费

（4）期末，将本期发生额转入经营结余，借记"经营结余"科目，贷记"经营支出"。

期末转账 —→ 借：经营结余
              贷：经营支出

（5）期末结账后，本科目无余额。

【例6-2】 某事业单位非独立核算的车队20××年1月发生下列支出的业务：

（1）以现金20 000元支付经营人员基本工资。会计处理如下：

借：经营支出——基本支出　　　　　　　　　　　　　　　　20 000
　　贷：库存现金　　　　　　　　　　　　　　　　　　　　　　20 000

（2）提取修购基金8 000元。会计处理如下：

借：经营支出——项目支出　　　　　　　　　　　　　　　　8 000
　　贷：专用基金——修购基金　　　　　　　　　　　　　　　　8 000

（3）以银行存款支付职工福利费12 000元。会计处理如下：

借：经营支出——项目支出　　　　　　　　　　　　　　　12 000

　　贷：银行存款　　　　　　　　　　　　　　　　　　　　　12 000

（4）以银行存款购置设备 10 000 元。会计处理如下：

借：经营支出——项目支出　　　　　　　　　　　　　　　10 000

　　贷：银行存款　　　　　　　　　　　　　　　　　　　　　10 000

【例 6-3】　　某研究所是某科学研究院附属非独立核算的单位，20××年 1 月发生下列经营支出的业务：

（1）支付本月水费 10 000 元。会计处理如下：

借：经营支出——基本支出　　　　　　　　　　　　　　　10 000

　　贷：银行存款　　　　　　　　　　　　　　　　　　　　　10 000

（2）支付技术人员进修学习费用 5 000 元。会计处理如下：

借：经营支出——培训费　　　　　　　　　　　　　　　　5 000

　　贷：银行存款　　　　　　　　　　　　　　　　　　　　　5 000

（3）支付维修办公用房修缮费 10 000 元。会计处理如下：

借：经营支出——维修费　　　　　　　　　　　　　　　　10 000

　　贷：银行存款　　　　　　　　　　　　　　　　　　　　　10 000

（4）购入实验设备一台，发票金额总计为 55 000 元，款项已付。会计处理如下：

借：经营支出——设备费　　　　　　　　　　　　　　　　55 000

　　贷：银行存款　　　　　　　　　　　　　　　　　　　　　55 000

同时，

借：固定资产　　　　　　　　　　　　　　　　　　　　　55 000

　　贷：非流动资产基金——固定资产　　　　　　　　　　　　55 000

（5）结转销售甲产品成本 26 000 元：

借：经营支出——产品成本——甲产品　　　　　　　　　　26 000

　　贷：存货——甲产品　　　　　　　　　　　　　　　　　　26 000

三、其他支出

（一）其他支出的内容

其他支出是指事业单位除事业支出、上缴上级支出、对附属单位补助支出、经营支出以外的其他各项支出。一般包括利息支出、捐赠支出、现金盘亏损失、资产处置损失、接受捐赠（调入）非流动资产发生的税费支出等。

（二）其他支出的核算

为了核算事业单位除事业支出、上缴上级支出、对附属单位补助支出、经营支出以外的其他支出，应设置"其他支出"账户。本科目应当按照其他支出的类别、《政府收支分类科目》中"支出功能分类"相关科目等进行明细核算。其他支出中如有专项资金支出，还应按具体项目进行明细核算。

其他支出的主要账务处理如下：

（1）利息支出。支付银行借款利息时，借记"其他支出"，贷记"银行存款"科目。

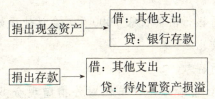

（2）捐赠支出。对外捐赠现金资产，借记"其他支出"，贷记"银行存款"等科目；对外捐出存货，借记"其他支出"，贷记"待处置资产损溢"科目；对外捐赠固定资产、无形资产等非流动资产，不通过"其他支出"核算。

```
捐出现金资产 ──→ 借：其他支出
                    贷：银行存款
```

```
捐出存款 ──→ 借：其他支出
              贷：待处置资产损溢
```

（3）现金盘亏损失。每日现金账款核对中如发现现金短缺，属于无法查明原因的部分，报经批准后，借记"其他支出"，贷记"库存现金"科目。

```
发生现金盘亏 ──→ 借：其他支出
                  贷：库存现金
```

（4）资产处置损失。报经批准核销应收及预付款项、处置存货，借记"其他支出"科目，贷记"待处置资产损溢"科目。

```
资产处置损失 ──→ 借：其他支出
                  贷：待处置资产损溢
```

（5）接受捐赠（调入）非流动资产发生的税费支出。接受捐赠、无偿调入非流动资产发生的相关税费、运输费等，借记"其他支出"，贷记"银行存款"等科目。

以固定资产、无形资产取得长期股权投资，所发生的相关税费计入本科目。

（6）期末，将本科目本期发生额中的专项资金支出结转入非财政补助结转，借记"非财政补助结转"科目，贷记本科目下各专项资金支出明细科目；将本科目本期发生额中的非专项资金支出结转入事业结余，借记"事业结余"科目，贷记本科目下各非专项资金支出明细科目。

期末转账 ⟶
```
借：非财政补助结转
    贷：其他支出——专项
或：借：事业结余
    贷：其他支出
```

（7）期末结账后，本科目无余额。

【例6-4】 某事业单位20××年1月发生下列支出业务，根据各项业务进行会计处理。

（1）支付上月银行借款利息2 000元。会计处理如下：

借：其他支出 2 000

　　贷：银行存款 2 000

（2）为履行社会责任，该单位对外捐赠现金50 000元。会计处理如下：

借：其他支出 50 000

　　贷：库存现金 50 000

（3）15日现金账款核对中，发现现金短缺1 280元，无法查明原因，报经批准后，会计处理如下：

借：其他支出 1 280

　　贷：库存现金 1 280

（4）经批准后处置一批存货，损失2 500元，会计处理如下：

借：其他支出 2 500

　　贷：待处置资产损溢 2 500

第三节　调剂性支出

一、上缴上级支出的核算

上缴上级支出是指事业单位按规定的标准或比例上缴上级单位的支出。这里需要指出的是,附属于上级单位的有经营活动的独立核算的事业单位,按规定的标准或比例上缴上级的纯收入,才纳入"上缴上级支出"科目核算。

为了核算实行收入上缴办法的单位按照规定的定额或者比例上缴上级单位的支出,应设置"上缴上级支出"账户。本科目核算事业单位按照财政部门和主管部门的规定上缴上级单位的支出。本科目应当按照收缴款项单位、缴款项目、《政府收支分类科目》中"支出功能分类"相关科目等进行明细核算。

上缴上级支出的主要账务处理如下:

(1) 按规定将款项上缴上级单位的,按照实际上缴的金额,借记"上缴上级支出",贷记"银行存款"等科目。

(2) 期末,将本科目本期发生额转入事业结余,借记"事业结余"科目,贷记"上缴上级支出"。

(3) 期末结账后,本科目无余额。

【例 6-5】　北方环境保护科研所20××年1月发生如下支出业务:

(1) 按规定的定额上缴上级单位支出 70 000 元。会计处理如下:

借:上缴上级支出　　　　　　　　　　　　　　　　70 000
　　贷:银行存款　　　　　　　　　　　　　　　　　70 000

(2) 年终,假定"上缴上级支出"账户余额为 190 000 元,转入"事业结余"账户。会计处理如下:

借:事业结余　　　　　　　　　　　　　　　　　190 000
　　贷:上缴上级支出　　　　　　　　　　　　　　190 000

二、对附属单位补助支出的核算

(一) 对附属单位补助支出的含义

对附属单位补助是指事业单位用财政补助收入之外的收入对附属单位

补助发生的支出。附属单位在其业务活动以及完成事业计划的过程中，由于上级拨入和自身组织的款项往往不能满足其自身支出的需要，由此就要求事业单位在财政补助收入之外再补充一部分款项给附属单位。补助款项是非财政补助收入，不能用财政补助收入拨付给附属单位。所以，事业单位对附属单位的补助支出，一般是事业单位从事业务活动所取得的自有资金，或附属单位的上缴收入。

（二）对附属单位补助支出的账务处理

为了核算对附属单位的补助支出，事业单位应设置"对附属单位补助支出"账户，该账户属于支出类账户，用来核算事业单位用财政补助收入之外的收入对附属单位补助发生的支出。

本科目应当按照接受补助单位、补助项目、《政府收支分类科目》中"支出功能分类"相关科目等进行明细核算。

对附属单位补助支出的主要账务处理如下：

（1）发生对附属单位补助支出的，按照实际支出的金额，借记"对附属单位补助支出"，贷记"银行存款"等科目。

（2）期末，将本科目本期发生额转入事业结余，借记"事业结余"科目，贷记"对附属单位补助支出"。

（3）期末结账后，本科目无余额。

【例6-6】 东方大学用自有资金拨给所属研究所一次性补助 65 000元。会计处理如下：

借：对附属单位补助支出——研究所   65 000

 贷：银行存款   65 000

年终，东方大学将"对附属单位补助支出"科目借方余额 106 000 元全数转入"事业结余"科目。会计处理如下：

借：事业结余   106 000

 贷：对附属单位补助支出   106 000

复习思考题

1. 什么是事业支出？事业支出的报销口径是什么？

2. 什么是经营支出？它与事业支出有何不同？

3. 调剂性支出指的是什么？

练习题

一、判断题

1. 事业单位的支出是指事业单位为开展业务活动所发生的各项资金耗费及损失，主要包括经营支出、事业支出、专项支出等。（×）

2. 财政补助收入、上级补助收入、事业收入和其他收入等只能用于事业支出，不得用于经营活动的支出。（√）

3. 经营支出是指事业单位在专业业务活动及其辅助活动之外开展经营活动发生的支出。（×）

4. 对附属单位补助是指事业单位用取得的收入对附属单位补助所发生的支出。（×）

5. 事业支出，可以分为人员支出和公用支出。（×）

二、单项选择题

1. 下列说法错误的是（B）。

A. 事业单位的支出按用途可分为基本支出和项目支出

B. 事业单位的支出按其性质和去向分为基建支出、专项支出、事业支出等

C. 基本支出按其用途分为人员支出、公用支出、对个人和家庭的补助支出三部分

D. 事业支出按支付方式，可分为财政直接支付、财政授权支付两种

2. 下列各项需在年终转入"经营结余"账户的是事业单位的（D）科目余额。

A. "拨出经费"   B. "其他支出"

C. "事业支出"   D. "经营支出"

3. 事业单位盘亏现金，应（D）。

A. 冲减营业外收入   B. 冲减当期收入

C. 增加营业外支出   D. 增加其他支出

4. 事业单位处置存货的损失应计入（A）。

A. 其他支出   B. 营业外支出

C. 事业支出   D. 经营支出

5. 对于由财政直接支付的从事专业业务活动人员工资，事业单位应借记的科目为（A）。

A. 事业支出   B. 其他支出

C. 上缴上级支出   D. 经营支出

6. 事业单位为开展专业业务活动及其辅助活动而短期借款所发生的利息，在进行账务处理时，应计入（B）。

A. 事业支出   B. 其他支出

C. 财务费用   D. 经营支出

7. 事业单位按规定的标准或比例上缴上级单位的支出列入（C）。

A. 事业支出   B. 经营支出

C. 上缴上级支出   D. 其他支出

8. 以下各项支出不属于工资福利支出是（D）。

A. 基本工资   B. 津贴

C. 奖金   D. 离休费

会计核算题

1. 某事业单位4月份发生下列经济支出业务，请根据各项经济业务编制会计分录。

（1）4月1日，总务部门用单位公务卡购买1800元的办公用品，办理报销。

（2）4月2日，开出60 000元的授权支付金，通过零余额账户支付礼堂的修理费。

（3）4月15日，某科长用个人公务卡办理报销差旅费2 400元。

（4）4月25日，以现金30 000元支付经营人员基本工资。

（5）4月27日，按规定的定额上缴上级单位支出100 000元。

（6）4月28日，用自有资金拨给附属甲单位一次性补助90 000元。

答案：

（1）借：事业支出——基本支出——办公费   1 800

    贷：零余额账户用款额度   1 800

（2）借：事业支出——项目支出——修理费   60 000

  贷：零余额账户用款额度   60 000

（3）借：事业支出——基本支出——差旅费   2 400

  贷：银行存款   2 400

（4）借：经营支出——基本工资   30 000

  贷：现金   30 000

（5）借：上缴上级支出   100 000

  贷：银行存款   100 000

（6）借：对附属单位补助——甲单位   90 000

  贷：银行存款   90 000

2. 某事业单位 20×2 年 12 月发生以下经济业务：

（1）以现金 260 元购买办公用品，直接交有关业务部门使用。

（2）通过零余额账户支付印刷费 9 000 元。

（3）以非财政专项资金支付实验室构建费 3 000 000 元，以银行存款支付。

（4）发放本月工资，工资汇总表的情况如下：应付基本工资 300 000 元，应付津贴 20 000 元，应付工资金额合计 320 000 元，代扣住房公积金 21 000 元，代扣各项社会保险金 20 000 元，代扣个人所得税 9 000 元，代扣金额合计 50 000 元，实发金额 270 000 元。单位承担职工住房公积金 21 000 元、各类保险 30 000 元。职工工资采用财政直接支付方式，缴纳社保、个人所得税通过零余额账户支付。

（5）从仓库领用低值易耗品一批用于办公，价值 2 000 元。

（6）年末，"事业支出"账户借方余额 600 万元，基本支出 300 万元，项目支出 300 万元。其中：财政补助支出 200 万元，非财政专项支出 100 万元，其他资金支出 300 万元。应全数转入"事业结余"科目。

根据以上业务，编制相应的会计分录。

答案：

（1）借：事业支出——基本支出——办公费   260

  贷：库存现金   260

（2）借：事业支出——基本支出——水电费   9 000

  贷：零余额用款额度   9 000

（3）借：事业支出——项目支出——实验室构建费 3 000 000

  贷：银行存款   3 000 000

（4）①发放职工工资，并代扣款项。会计处理如下：

借：事业支出——基本支出——基本工资　　　　　300 000
　　　　　　　　　——津贴　　　　　　　　　　 20 000
　　贷：应付职工薪酬　　　　　　　　　　　　　320 000
借：应付职工薪酬　　　　　　　　　　　　　　　320 000
　　贷：财政补助收入　　　　　　　　　　　　　270 000
　　　　其他应付款——住房公积金（个人）　　　 21 000
　　　　　　　　　——社会保险（个人）　　　　 20 000
　　　　应缴税费——应缴个人所得税　　　　　　　9 000

②以零余额账户支付住房公积金、社会保险和个人所得税。会计处理如下：

借：事业支出——基本支出——住房公积金（单位）　21 000
　　　　　　　　　——基本支出——社会保障费（单位）　30 000
　　　　其他应付款——住房公积金（个人）　　　 21 000
　　　　　　　　　——社会保险（个人）　　　　 20 000
　　　　应缴税费——应缴个人所得税　　　　　　　9 000
　　贷：零余额账户用款额度　　　　　　　　　　101 000

（5）借：事业支出——基本支出——办公费　　　　　2 000
　　　贷：存货——低值易耗品　　　　　　　　　　2 000

（6）借：财政补助结转　　　　　　　　　　　　2 000 000
　　　非财政补助结转　　　　　　　　　　　　1 000 000
　　　事业结余　　　　　　　　　　　　　　　3 000 000
　　贷：事业支出——基本支出　　　　　　　　　3 000 000
　　　　　　　　——项目支出　　　　　　　　　3 000 000

3. 某事业单位 20×3 年 12 月发生以下经济业务：

（1）总务部门用单位公务卡购买 2 500 元的办公用品，办理报销。

（2）结转产品销售成本 3 000 元

（3）某科长用个人公务卡办理报销差旅费 5 000 元。

（4）以银行存款 60 000 元支付经营人员基本工资。

（5）按规定的比例上缴上级单位支出 200 000 元。

（6）用自有资金拨给附属丙单位一次性补助 30 000 元。

（7）为履行社会责任，该单位对外捐赠现金 20 000 元。

（8）经批准后处置一批存货，损失 1 000 元。

根据以上业务，编制相应的会计分录。

答案：

（1）借：事业支出——基本支出——办公费   2 500

      贷：零余额账户用款额度   2 500

（2）借：经营支出——产品销售成本   3 000

      贷：存货——产成品   3 000

（3）借：事业支出——基本支出——差旅费   5 000

      贷：银行存款   5 000

（4）借：经营支出——基本工资   60 000

       贷：应付职工薪酬   60 000

   借：应付职工薪酬   60 000

     贷：银行存款   60 000

（5）借：上缴上级支出   200 000

      贷：银行存款   200 000

（6）借：对附属单位补助支出——丙单位   30 000

      贷：银行存款   30 000

（7）借：其他支出   20 000

      贷：银行存款   20 000

（8）借：其他支出   1 000

      贷：待处置资产损溢   1 000

CHAPTER

7

第七章
净资产管理与核算

第一节 净资产概述

一、净资产的形成

净资产是事业单位持有的资产净值及出资者所拥有的产权，是事业单位会计的会计要素之一，它表明事业单位的资产总额在抵偿了一切现存义务以后的差额部分。

净资产的形成渠道有很多，但从根本上看，其一般来源有以下几个方面：

（1）政府初始投拨款。政府为了特定目的设置事业单位时要进行初始投入，这些投拨款构成净资产的来源之一。

（2）政府拨款的各年收支结余数。各年事业单位有拨款也有支出，收支相抵后的结余必然也会对事业单位的净资产构成影响。

（3）政府拨款以外事业单位的各项业务收支结果。有些事业单位除政府拨款以外，还从事一定的经营活动，有一些其他收入，这些其他的收入相抵后的净额经过分配以后有一部分流入事业单位，也影响净资产数。

（4）其他来源。如接受未指定用途的捐赠、融资租入固定资产等。

二、净资产的计价

1. 投入净资产的计价

投入净资产的计价原则是按当期实际发生或转入的数额计价。

当资产提供者提供货币资金时，不存在提供资产的计价问题，以实际收到或存入事业单位开户银行的货币资金数额计价。

当资产提供者提供实物资产时，如材料、商品、房屋建筑物、机器设备、仪器仪表等，首先应对实物资产进行计价。通常提供的流动资产按投入单位的账面价值或市价计价，提供的固定资产等按双方经过协商后所确认的数额计价，或按资产评估机构的评估价计价。

当资产提供者提供无形资产时，按双方所确认的价值计价。

2. 存续期间净资产的计价

净资产的数量除了在资产提供者提供时可计量外，在事业单位存续期间的任一时点上，都不能进行直接计量，而是按照一定的方法计量资产和负债以后，依据资产、负债计量的结果计量净资产。其计量的公式为"净资产＝资产－负债"。因此，从本质上讲，净资产是事业单位拥有的资产总额在扣除了债权人的债务总额后的资产净值。

三、净资产的分类

事业单位的净资产包括事业基金、非流动资产基金、专用基金、结转结余等。

事业基金是事业单位拥有的非限定用途的净资产。

非流动资产基金是事业单位长期投资、固定资产、在建工程、无形资产等非流动资产占用的金额。

专用基金是指事业单位按规定提取、设置的有专门用途的净资产。主要包括修购基金、职工福利基金以及其他专用基金等。

结转结余是事业单位在一定期间各项收入与支出相抵后的差额。主要包括财政补助结转、财政补助结余、非财政补助结转、事业结余、经营结余等。结转资金是指当年预算已执行但未完成，或因故未执行，下一年度需要按照原用途继续使用的资金。结余资金是指当年预算工作目标已完成，或者因故终止，当年剩余的资金。

第二节　基金的核算

一、事业基金

（一）事业基金的概述

设置事业基金是事业单位开展专业业务活动的客观需要。事业单位开展科教文卫等专业业务活动及其辅助活动，必须拥有一定规模的事业基金。为了保证事业单位的业务活动在一定规模上持续稳定进行，需要经常维持原有的事业基金；为了促进事业单位的业务活动在扩大的规模上进行，需要补充增加事业基金。

事业基金是事业单位拥有的非限定用途的净资产，可由事业单位自主调配使用。与基金的其他部分相比，事业基金具有来源的多样性和广泛性等特点，主要包括以下三个方面：

（1）各年非财政补助结余扣除结余分配后滚存的金额，是事业基金的主要来源。

（2）已完成项目的非财政补助专项剩余资金，按规定留给本单位使用的，转入事业基金。

（3）单位年终结账后，发生以前年度会计事项调整或变更，涉及以前年度非财政补助结余的事项，一般应直接转入或冲减事业基金。国家另有规定的从其规定。

由此可见，在事业单位资金运作过程中，事业基金并不直接安排各项支出，只是起着蓄水池的作用，调节各个年度之间的收支平衡。

（二）事业基金的核算

为了核算和监督事业单位拥有的非限定用途的净资产的使用情况，应设置"事业基金"账户。该账户属于净资产类账户，贷方登记按规定转入数，借方登记冲减及弥补收支差额数，余额在贷方，反映事业单位历年积存的，当期拥有的非限定用途净资产的数额。

主要账务处理如下：

1. 结余分配转入事业基金

结余分配转入的事业基金是影响事业基金增加的主要方面。年末，事业单位应按规定进行分配，在缴纳了所得税、提取了职工福利基金后的剩余部分全部转入事业基金。如果转入的为负数，意味着当年收不抵支，需要使用以前年度的结余来平衡。

事业单位将"非财政补助结余分配"科目余额转入事业基金，借记或贷记"非财政补助结余分配"科目，贷记或借记本科目。

【例 7-1】　某事业单位将"非财政补助结余分配"中的年终分配结余500 000 元转入"事业基金"。会计处理如下：

借：非财政补助结余分配　　　　　　　　　　　　　　　　500 000

　　贷：事业基金　　　　　　　　　　　　　　　　　　　　500 000

2. 专项资金结余转入事业基金

专项资金结余是指拨入专项资金已完成项目的结余额中，按规定留归事业单位使用的部分。专项资金原是有指定用途、专款专用的资金，但项目完成验收后，如规定余额留归单位使用，其限制条件即告解除，应转入事业基金。

事业单位将留归本单位使用的非财政补助专项（项目已完成）剩余资金转入事业基金，借记"非财政补助结转——××项目"科目，贷记"事业基金"。

【例 7-2】　某事业单位实验室专项工程完工后，按规定将该非财政补助专项剩余资金20 000 元留归本单位使用。会计处理如下：

借：非财政补助结转——实验室专项工程　　　　　　　20 000

　　贷：事业基金　　　　　　　　　　　　　　　　　　　20 000

3. 投资业务影响事业基金

第一，以货币资金取得长期股权投资、长期债券投资，按照实际支付的全部价款（包括购买价款以及税金、手续费等相关税费）作为投资成本，借记"长期投资"科目，贷记"银行存款"等科目；同时，按照投资成本金额，借记"事业基金"，贷记"非流动资产基金——长期投资"科目。

【例 7-3】　某事业单位 2007 年 8 月发生如下业务：

(1) 购买长期债券 30 000 元，并支付手续费 400 元，会计处理如下：

借：长期投资　　　　　　　　　　　　　　　　　　　30 400

　　　　贷：银行存款　　　　　　　　　　　　　　　　　　　　30 400

　　同时，

　　　　借：事业基金　　　　　　　　　　　　　　　　　　　　30 400

　　　　　贷：非流动资产基金——长期投资　　　　　　　　　　30 400

　　（2）到期兑付一项原购入的 20 000 元长期债券，利息 8 000 元，会计处理如下：

　　　　借：银行存款　　　　　　　　　　　　　　　　　　　　28 000

　　　　　贷：长期投资　　　　　　　　　　　　　　　　　　　20 000

　　　　　　其他收入——投资收益　　　　　　　　　　　　　　 8 000

　　同时，

　　　　借：非流动资产基金——长期投资　　　　　　　　　　　20 000

　　　　　贷：事业基金　　　　　　　　　　　　　　　　　　　20 000

　　第二，对外转让或到期收回长期债券投资本息，按照实际收到的金额，借记"银行存款"等科目，按照收回长期投资的成本，贷记"长期投资"科目，按照其差额，贷记或借记"其他收入——投资收益"科目；同时，按照收回长期投资对应的非流动资产基金，借记"非流动资产基金——长期投资"科目，贷记"事业基金"。

　　【例 7-4】　某事业单位用银行存款购入 5 年期、年利率 8%，面值为 6 000 元的长期债券，实际支付 6 000 元。该债券 5 年到期后收回本息，其会计处理如下：

　　　　借：银行存款　　　　　　　　　　　　　　　　　　　　 6 480

　　　　　贷：长期投资　　　　　　　　　　　　　　　　　　　 6 000

　　　　　　其他收入——投资收益　　　　　　　　　　　　　　　 480

　　　　借：非流动资产基金——长期投资　　　　　　　　　　　 6 000

　　　　　贷：事业基金　　　　　　　　　　　　　　　　　　　 6 000

二、非流动资产基金

（一）非流动资产基金的概述

　　非流动资产基金是事业单位长期投资、固定资产、在建工程、无形资产等非流动资产占用的金额。非流动资产基金是事业单位非流动资产的资金来源。一般是由财政或上级主管部门投入的，也有可能是由其他有关部门投入或单位自筹资金形成的。

（二）非流动资产基金的核算

为了核算和监督事业单位非流动资产基金的增加和使用情况，应设置"非流动资产基金"账户。该账户属于净资产类账户，贷方登记非流动资产基金的增加数，借方登记冲减及弥补收支差额数，余额在贷方，反映事业单位非流动资产占用的金额。该账户应当设置"长期投资"、"固定资产"、"在建工程"、"无形资产"等明细科目，进行明细核算。

非流动资产基金应当在取得长期投资、固定资产、在建工程、无形资产等非流动资产或发生相关支出时予以确认。

1. 以货币资金取得长期投资（长期债券）、固定资产、无形资产、在建工程而形成的非流动资产基金

取得相关资产或发生相关支出时，借记"长期投资"、"固定资产"、"在建工程"、"无形资产"等科目，贷记"非流动资产基金"等有关科目；同时或待以后发生相关支出时，借记"事业支出"等有关科目，贷记"财政补助收入"、"零余额账户用款额度"、"银行存款"等科目。

【例 7-5】 某事业单位发生如下业务：

（1）购入 A 公司 2009 年 1 月 1 日发行的债券，债券面值 10 000 元，还本期为 3 年，年利率为 12%，每年支付一次利息，购入价格为 11 000 元，会计处理如下：

借：长期投资　　　　　　　　　　　　　　　　　　11 000
　　贷：银行存款　　　　　　　　　　　　　　　　　11 000

同时，

借：事业基金　　　　　　　　　　　　　　　　　　11 000
　　贷：非流动资产基金——长期投资　　　　　　　　11 000

（2）2009 年 12 月 31 日收到利息时，会计处理如下：

利息额＝10 000×12%×1＝1 200（元）

借：银行存款　　　　　　　　　　　　　　　　　　1 200
　　贷：其他收入——投资收益　　　　　　　　　　　1 200

（3）2010 年 1 月 1 日转让所持 A 公司的债券，实际取得价款 11 600 元，款项存入银行，会计处理如下：

借：银行存款   11 600

   贷：长期投资   11 000

      其他收入——投资收益   600

同时，

借：非流动资产基金——长期投资   11 000

   贷：事业基金   11 000

【例 7-6】 某事业单位发生如下业务：

(1) 2008 年 12 月 31 日以事业经费购入某项设备，价值 200 000 元，款项已通过银行转账支付，使用年限为 5 年，直线法计提折旧，预计净残值为 20 000 元，会计处理如下：

借：事业支出——设备购置费   200 000

   贷：银行存款   200 000

同时，

借：固定资产   200 000

   贷：非流动资产基金——固定资产   200 000

(2) 2009 年 1—12 月每月计提折旧，每月计提折旧的会计处理如下：

每月折旧＝(200 000－20 000)÷5÷12＝3 000（元）

借：非流动资产基金——固定资产   3 000

   贷：累计折旧   3 000

(3) 2012 年 12 月 16 日，固定资产报废，会计处理如下：

累计折旧计提总额＝(200 000－20 000)÷5×4＝144 000（元）

借：待处置资产损溢   56 000

   累计折旧   144 000

   贷：固定资产   200 000

同时，

借：非流动资产基金——固定资产   56 000

   贷：待处置资产损溢   56 000

【例 7-7】 某事业单位发生如下经济业务：

(1) 从某科研机构购入一项专利权，价值 60 000 元，用银行存款支付，该专利权期限为 5 年，会计处理如下：

购入时，

借：事业支出   60 000

　　　　贷：银行存款　　　　　　　　　　　　　　　　　　　　60 000

同时，

　　　　借：无形资产　　　　　　　　　　　　　　　　　　　　60 000

　　　　　　贷：非流动资产基金——无形资产　　　　　　　　　　60 000

　　　　每月计提折旧＝60 000÷5÷12＝1 000（元）

　　　　借：非流动资产基金——无形资产　　　　　　　　　　　　1 000

　　　　　　贷：累计摊销　　　　　　　　　　　　　　　　　　　1 000

　　（2）次年，将该专利权对外投资，该专利权的评估值为 50 000 元，并用银行存款支付相关税费 1 000 元，此时该专利权已摊销 13 000 元，会计处理如下：

　　　　借：长期投资　　　　　　　　　　　　　　　　　　　　51 000

　　　　　　贷：非流动资产基金——长期投资　　　　　　　　　　51 000

　　　　借：其他支出　　　　　　　　　　　　　　　　　　　　 1 000

　　　　　　贷：银行存款　　　　　　　　　　　　　　　　　　　1 000

同时，

　　　　借：非流动资产基金——无形资产　　　　　　　　　　　　47 000

　　　　　　累计摊销　　　　　　　　　　　　　　　　　　　　13 000

　　　　　　贷：无形资产　　　　　　　　　　　　　　　　　　　60 000

　　【例 7-8】　某事业单位发生如下经济业务：

　　（1）收到财政部门拨入的用于甲工程的款项 3 590 000 元，已经收妥入账，会计处理如下：

　　　　借：银行存款　　　　　　　　　　　　　　　　　　　3 590 000

　　　　　　贷：财政补助收入——项目支出——甲工程　　　　 3 590 000

　　（2）以银行存款 2 000 000 元预付甲工程款，会计处理如下：

　　　　借：事业支出——财政补助支出——甲工程　　　　　　2 000 000

　　　　　　贷：银行存款　　　　　　　　　　　　　　　　　2 000 000

　　　　借：在建工程——甲工程　　　　　　　　　　　　　　2 000 000

　　　　　　贷：非流动资产基金——在建工程　　　　　　　　　2 000 000

　　2. 计提固定资产折旧、无形资产摊销时，应当冲减非流动资产基金

　　计提固定资产折旧、无形资产摊销时，按照计提的折旧、摊销金额，借记非流动资产基金（固定资产、无形资产），贷记"累计折旧"、"累计

摊销"科目。

【例7-9】 某事业单位20××年8月购入通用设备一台,价值24万元,预计使用10年。会计处理如下:

经计算,应计提固定资产月折旧额2 000元。

按规定,下月计提折旧时:

借:非流动资产基金——固定资产 2 000

    贷:累计折旧 2 000

3. 处置长期投资、固定资产、无形资产,以及以固定资产、无形资产对外投资时,应当冲销该资产对应的非流动资产基金

以固定资产、无形资产对外投资,按照评估价值加上相关税费作为投资成本,借记"长期投资"科目,贷记"非流动资产基金"(长期投资),按发生的相关税费,借记"其他支出"科目,贷记"银行存款"等科目;同时,按照投出固定资产、无形资产对应的非流动资产基金,借记"非流动资产基金"(固定资产、无形资产),按照投出资产已提折旧、摊销,借记"累计折旧"、"累计摊销"科目,按照投出资产的账面余额,贷记"固定资产"、"无形资产"科目。

出售或以其他方式处置长期投资、固定资产、无形资产,转入待处置资产时,借记"待处置资产损溢"、"累计折旧"[处置固定资产]或"累计摊销"[处置无形资产]科目,贷记"长期投资"、"固定资产"、"无形资产"等科目。实际处置时,借记"非流动资产基金"(有关资产明细科目),贷记"待处置资产损溢"科目。

【例7-10】 某事业单位申请报废一台尚未达到规定使用年限的专用设备。该设备原值22 000元,已提折旧20 000元。申请报废已获批准。会计处理如下:

转为待处置资产状态:

借:待处置资产损溢——处置资产价值 2 000

    累计折旧 20 000

    贷:固定资产 22 000

获得批准冲销该资产对应的非流动资产基金:

借:非流动资产基金——固定资产 2 000

    贷:待处置资产损溢——处置资产价值 2 000

三、专用基金的核算

(一) 专用基金的概述

1. 专用基金的构成

专用基金是指事业单位按规定提取或者设置的有专门用途的资金。专用基金包括:

(1) 修购基金,即按照事业收入和经营收入的一定比例提取的,并按照规定在相应的购置和修缮科目中列支(各列 50%),以及按照其他规定转入,用于事业单位固定资产维修和购置的资金。

(2) 职工福利基金,即按照非财政补助结余的一定比例提取以及按照其他规定提取转入,用于单位职工的集体福利设施、集体福利待遇等的资金。

(3) 其他基金,即按照其他有关规定提取或者设置的专用资金。

2. 专用基金的特点

专用基金按规定一般不直接参加业务经营活动,其运动过程具有相对独立的特点:一是专用基金的取得,均有专门的规定,如修购基金是根据一定的比例或数额提取,在相关支出列支后转入的;职工福利基金是根据非财政补助结余的一定比例提取转入的。二是各项专用基金,都规定有专门用途和使用范围,除财务制度规定可以允许合并使用的以外,专用基金一般不得互相占用、挪用。三是专用基金的使用,均属一次消耗,没有循环周转,不得通过专用基金支出直接取得补偿。

3. 专用基金的管理要求

专用基金的管理遵循"先提后用、收支平衡、专款专用"的原则。"先提后用"是指各项专用基金必须根据规定的来源渠道,在取得资金以后方能安排使用。"收支平衡"是指各项专用基金的使用应统筹安排,收支协调平衡。"专款专用"是指各种专用基金都要按照规定的用途和使用范围安排开支,支出不得超过资金规模,保证专用基金的合理合法性。

专用基金在管理上必须做到提取按比例、支出按规定、收支按计划。《事业单位财务规则》规定:专用基金的提取,国家有统一规定的,要按统一规定执行；国家没有统一规定的，按照财务管理权限，由财政部门和事业主管部门依据相关因素协商确定。在确定具体比例时，还要考虑单位收支结余的数额和集体福利的正常开支需要。另外，事业单位各项专用基金，都规定有专门的用途，在使用中要注意划清各项专用基金的界限。最后，事业单位对各项专用基金，要编制收支计划，收支计划不能赤字。

(二) 专用基金的核算

为了核算和监督专用基金的提取和使用情况，事业单位应设置"专用基金"科目，本科目核算事业单位按规定提取、设置的有专门用途的资金的收入、支出及结存情况。贷方登记按规定提取、增加的专用基金，借方登记专用基金的使用数额，贷方余额，反映事业单位专用基金余额。本科目按专用基金的种类设置二级科目。

1. 修购基金的账务处理

修购基金是按事业收入和经营收入的一定比例提取的，以及按照其他规定转入用于事业单位固定资产维修和购置的资金。在确定提取比例时，应本着"收入多的多提、收入少的少提"的原则，尽可能保证修购基金达到一定的规模，并稳定地增长。在实际工作中，事业收入和经营收入较少的事业单位可以不提取修购基金，实行固定资产折旧的事业单位不提取修购基金。

按规定提取修购基金的，按照提取金额，借记"事业支出"、"经营支出"科目，贷记"专用基金"（修购基金）。

$$\boxed{按规定提取修购基金} \longrightarrow \boxed{\begin{array}{l}借：事业支出/经营支出\\ 贷：专用基金——修购基金\end{array}}$$

【例 7-11】 某事业单位 20×7 年 6 月发生下列有关修购基金的业务：

(1) 事业用固定资产 1 000 000 元，经营用固定资产 700 000 元，按 6% 的比例提取基金。会计处理如下：

借：事业支出	60 000
经营支出	42 000
贷：专用基金——修购基金	102 000

(2) 用专用基金 200 000 元购置设备一台。会计处理如下：

借：专用基金——修购基金	200 000
贷：银行存款	200 000

借：固定资产　　　　　　　　　　　　　　　　200 000

　　贷：非流动资产基金——固定资产　　　　　　　　200 000

2. 职工福利基金的账务处理

职工福利基金是按非财政补助结余的一定比例提取以及按其他规定提取转入的，与按标准在事业支出和经营支出中列支提取的国家工作人员福利费不同，前者主要用于集体福利的开支，后者主要用于职工个人方面的开支，福利费提取后也在专用基金科目核算，两者应分开核算。

年末，按规定从本年度非财政补助结余中提取职工福利基金的，按照提取金额，借记"非财政补助结余分配"科目，贷记"专用基金"（职工福利基金）。

> 按规定提取职工福利基金　→　借：非财政补助结余分配
> 　　　　　　　　　　　　　　　　贷：专用基金——职工福利基金

【例 7-12】　某事业单位 20×× 年年终分配，非财政补助结余总额为 3 000 000 元，按结余 30% 提取职工福利基金。会计处理如下：

借：非财政补助结余分配　　　　　　　　　　　　900 000

　　贷：专用基金——职工福利基金　　　　　　　　　900 000

3. 提取、设置其他专用基金

若有按规定提取的其他专用基金，按照提取金额，借记有关支出科目或"非财政补助结余分配"等科目，贷记"专用基金"。

若有按规定设置的其他专用基金，按照实际收到的基金金额，借记"银行存款"等科目，贷记"专用基金"。

4. 使用专用基金

按规定使用专用基金时，借记"专用基金"，贷记"银行存款"等科目；使用专用基金形成固定资产的，还应借记"固定资产"科目，贷记"非流动资产基金——固定资产"科目。

【例 7-13】　某事业单位 20×× 年用专用基金 18 000 元购置专用设备一台。会计处理如下：

借：专用基金　　　　　　　　　　　　　　　　18 000

　　贷：银行存款　　　　　　　　　　　　　　　　18 000

同时：

借：固定资产　　　　　　　　　　　　　　　　18 000

贷：非流动资产基金——固定资产   18 000

第三节　结转结余及分配的核算

一、事业单位结转结余概述

（一）结余结转的概念

结转和结余是指事业单位年度收入与支出相抵后的余额。结转资金是指当年预算已执行但未完成，或者因故未执行，下一年度需要按照原用途继续使用的资金。结余资金是指当年预算工作目标已完成，或者因故终止，当年剩余的资金。事业单位开展专业业务活动及其辅助活动，以及非独立核算的经营活动，必然发生各项支出，也会取得一定收入。事业单位的结转结余，是事业单位在年末结余分配之前，收支相抵后未分配的余额；而在年终分配后，非财政补助结余按规定转入事业基金，非财政补助结余就不存在了。在年终资产负债表中一般没有"非财政补助结余"项目，只有经营项目的亏损、未完工项目的非财政补助结转、财政补助结转、财政补助结余。

事业单位的非财政补助结余，可以按照国家有关规定提取职工福利基金，剩余部分作为事业基金用于弥补以后年度单位收支差额；国家另有规定的，从其规定。

结转结余的核算是事业单位会计的一项重要内容，其核算方法不仅关系到资金使用效果考核，而且关系到各个收支项目的划分，关系到事业收支和专项资金收支的划分，必须合理地加以设计。

（二）结转结余的构成

事业单位的结转结余一般由以下五部分构成：

1. 财政补助结转

财政补助结转核算事业单位滚存的财政补助结转资金，包括基本支出结转和项目支出结转。期末贷方余额反映事业单位财政补助结转资金数额。

2. 财政补助结余

财政补助结余核算事业单位滚存的财政补助项目支出结余资金，期末贷方余额反映事业单位财政补助结余资金数额。

3. 非财政补助结转

非财政补助结转核算事业单位除财政补助收支以外的各专项资金收入与其相关支出相抵后剩余滚存的、须按规定用途使用的结转资金。期末贷方余额反映事业单位非财政补助专项结转资金数额。

4. 事业结余

事业结余是事业单位为开展专业业务活动及其辅助活动所获得的收入扣减相关支出后的余额，是事业单位一定期间除财政补助收支、非财政专项资金收支和经营支出以外各项收支相抵后的余额。

5. 经营结余

经营结余是事业单位开展非独立核算的经营活动所实现的结余，是事业单位一定期间各项经营收支相抵后余额弥补以前年度亏损后的余额。

（三）结转结余的特点

事业单位的结转结余与企业的利润相比，有以下特点：

1. 不具有营利性质

事业单位是非营利组织，基本业务活动为科、教、文、卫等业务活动及其辅助活动，以实现社会效益为目标。收支相抵后通常总会有一些结转结余，但不具有营利性质，只表示收支后的余额，甚至是应办而未办理事项的资金结存。

2. 其确定有时采用收付实现制原则

企业的利润是依据权责发生制原则和配比原则来确定的；而事业单位的事业结余、财政补助结转结余、非财政补助结转往往是按收付实现制原则来确定的，其经营结余是按权责发生制原则及配比原则来确定的。

3. 一般不向资金提供者分配

企业实现的利润，通常要向所有者分配；而事业单位的结转结余，一般不向出资者分配，非财政补助结余除提取专用基金外，要转入事业基金，用于事业的发展。

二、财政补助结转结余的核算

(一) 财政补助结转的核算

1. 财政补助结转的概述

财政补助结转是事业单位根据预算要求，使用财政拨款执行事业计划尚未完成而结转下年继续使用的资金。所以，事业单位为了掌握财政拨款执行预算的情况，设置了"财政补助结转"账户，核算事业单位滚存的财政补助结转资金，包括基本支出结转和项目支出结转。期末贷方余额反映事业单位财政补助结转资金数额。

财政补助结转＝财政补助收入－事业支出（财政补助支出）

事业单位发生需要调整以前年度财政补助结转的事项，通过本科目核算。

2. 财政补助结转的核算

（1）期末，将财政补助收入本期发生额结转入"财政补助结转"，借记"财政补助收入——基本支出、项目支出"科目，贷记"财政补助结转"（基本支出结转、项目支出结转）；将事业支出（财政补助支出）本期发生额结转入"财政补助结转"，借记"财政补助结转"（基本支出结转、项目支出结转），贷记"事业支出——财政补助支出（基本支出、项目支出）"或"事业支出——基本支出（财政补助支出）、项目支出（财政补助支出）"科目。

【例 7-14】 某事业单位 20××年结账前有关会计科目的余额如下：

财政补助收入——基本支出（基本工资）	600 000
——基本支出（办公费）	10 000
——项目支出（礼堂修理费）	60 000
事业支出——基本支出（财政补助支出）	560 000
——项目支出（财政补助支出）	50 000

根据上述资料编制会计分录如下：

结转有关收入：

借：财政补助收入——基本支出	610 000
——项目支出	60 000

贷：财政补助结转——基本支出结转　　　　　　　　610 000

　　　　　　　　——项目支出结转　　　　　　　　　60 000

　结转有关支出：

　　　借：财政补助结转——基本支出结转　　　　　　　　560 000

　　　　　　　　　——项目支出结转　　　　　　　　　50 000

　　　贷：事业支出——基本支出——财政补助支出　　　　560 000

　　　　　　　　——项目支出——财政补助支出　　　　　50 000

（2）年末，完成上述结转后，应当对财政补助各明细项目执行情况进行分析，按照有关规定将符合财政补助结余性质的项目余额转入财政补助结余，借记或贷记"财政补助结转"（项目支出结转——××项目），贷记或借记"财政补助结余"科目。

【例 7-15】　年末，事业单位将符合财政补助结余性质的项目余额转入财政补助结余：60 000－50 000＝10 000（元）

　　　借：财政补助结转——项目支出结转　　　　　　　　10 000

　　　贷：财政补助结余　　　　　　　　　　　　　　　　10 000

（3）按规定上缴财政补助结转资金或注销财政补助结转额度的，按照实际上缴资金数额或注销的资金额度数额，借记"财政补助结转"，贷记"财政应返还额度"、"零余额账户用款额度"、"银行存款"等科目。取得主管部门归集调入财政补助结转资金或额度的，做相反会计分录。

【例 7-16】　年末，将符合财政补助结余性质的项目余额转入财政补助结余：

　　　借：财政补助结转——项目支出结转　　　　　　　　10 000

　　　贷：财政补助结余　　　　　　　　　　　　　　　　10 000

　财政部门要求将多余的补助款项 50 000 元缴回财政部门：

　　　借：财政补助结转——基本支出结转　　　　　　　　50 000

　　　贷：银行存款　　　　　　　　　　　　　　　　　　50 000

本科目应当设置"基本支出结转"、"项目支出结转"两个明细科目，并在"基本支出结转"明细科目下按照"人员经费"、"日常公用经费"进行明细核算，在"项目支出结转"明细科目下按照具体项目进行明细核算；本科目还应按照《政府收支分类科目》中"支出功能分类科目"的相关科目进行明细核算。

（二）财政补助结余的核算

1. 财政补助结余的概述

财政补助结余是事业单位当年财政补助项目支出结余资金的滚存数。"财政补助结余"科目是用来核算这项资金的余存情况，期末贷方余额反映事业单位财政补助结余资金数额。事业单位发生需要调整以前年度财政补助结余的事项，通过本科目核算。

2. 财政补助结余的核算

（1）年末，对财政补助各明细项目执行情况进行分析，按照有关规定将符合财政补助结余性质的项目余额转入财政补助结余，借记或贷记"财政补助结转——项目支出结转（××项目）"科目，贷记或借记"财政补助结余"。

【例 7-17】 接【例 7-15】，财政部要求上缴财政补助结余资金，会计处理如下：

借：财政补助结转——项目支出结转——礼堂修理项目　　10 000

　　贷：财政补助结余　　　　　　　　　　　　　　　　　　10 000

上缴财政补助结余资金：

借：财政补助结余　　　　　　　　　　　　　　　　　　　10 000

　　贷：银行存款　　　　　　　　　　　　　　　　　　　　10 000

（2）按规定上缴财政补助结余资金或注销财政补助结余额度的，按照实际上缴资金数额或注销的资金额度数额，借记"财政补助结余"，贷记"财政应返还额度"、"零余额账户用款额度"、"银行存款"等科目。取得主管部门归集调入财政补助结余资金或额度的，做相反会计分录。

三、非财政补助结转结余与分配

（一）非财政补助结转

1. 非财政补助结转的概述

非财政补助结转核算事业单位除财政补助收支以外的各专项资金收入与其相关支出相抵后剩余滚存的资金，须按规定用途结转下年继续使用。期末贷方余额反映事业单位非财政补助专项结转资金数额。本科目应当按照非财政专项资金的具体项目进行明细核算。

2. 非财政补助结转的核算

（1）期末，将事业收入、上级补助收入、附属单位上缴收入、其他收入本期发生额中的专项资金收入结转入"非财政补助结转"，借记"事业收入"、"上级补助收入"、"附属单位上缴收入"、"其他收入"科目下各专项资金收入明细科目，贷记"非财政补助结转"；将事业支出、其他支出本期发生额中的非财政专项资金支出结转入"非财政补助结转"，借记"非财政补助结转"，贷记"事业支出——非财政专项资金支出"或"事业支出——项目支出（非财政专项资金支出）"、"其他支出"科目下各专项资金支出明细科目。

（2）年末，完成上述结转后，应当对非财政补助专项结转资金各项目情况进行分析，将已完成项目的项目剩余资金区分以下情况处理：缴回原专项资金拨入单位的，借记"非财政补助结转"（××项目），贷记"银行存款"等科目；留归本单位使用的，借记"非财政补助结转"（××项目），贷记"事业基金"科目。

【例 7-18】　某事业单位发生的有关体育中心建设的经济业务如下：

（1）接银行通知，上级拨入的用于体育中心建设的专项资金 7 000 000 元，已经收妥入账，会计处理如下：

　　借：银行存款　　　　　　　　　　　　　　　　　7 000 000
　　　　贷：上级补助收入——体育中心建设工程　　　　　　7 000 000

（2）以银行存款 2 000 000 元支付工程款，会计处理如下：

　　借：事业支出——非财政专项资金支出（体育中心建设工程）

　　　　　　　　　　　　　　　　　　　　　　　　　2 000 000

　　　　贷：银行存款　　　　　　　　　　　　　　　　2 000 000

（3）以银行存款支付工程其他相关的费用 500 000 元，会计处理如下：

　　借：事业支出——非财政专项资金支出（体育中心建设工程）

　　　　　　　　　　　　　　　　　　　　　　　　　　500 000

　　　　贷：银行存款　　　　　　　　　　　　　　　　　500 000

（4）体育中心建设工程完工，验收完毕，应付工程单位的全部工程款为 6 500 000 元，以银行存款结算未付的 4 000 000 元，会计处理如下：

　　借：事业支出——非财政专项资金支出（体育中心建设工程）

　　　　　　　　　　　　　　　　　　　　　　　　　4 000 000

　　　　贷：银行存款　　　　　　　　　　　　　　　　4 000 000

同时，

  借：固定资产   6 500 000

    贷：非流动资产基金——固定资产   6 500 000

（5）结算体育中心建设工程的非财政补助结转：

结转专项资金收入，会计处理如下：

  借：上级补助收入——体育中心建设工程   7 000 000

    贷：非财政补助结转——体育中心建设工程   7 000 000

结转专项资金支出，会计处理如下：

  借：非财政补助结转——体育中心建设工程   6 500 000

    贷：事业支出——非财政专项资金支出（体育中心建设工程）

                   6 500 000

（6）按规定，体育中心建设工程的剩余资金40％缴回上级部门，60％转作单位事业基金，会计处理如下：

  借：非财政补助结转——体育中心建设工程   500 000

    贷：银行存款   200 000

      事业基金   300 000

（二）事业结余

1. 事业结余概述

事业结余是事业单位为开展专业业务活动及其辅助活动所获得的收入扣减相关支出后的余额，是事业单位一定期间除财政补助收支、非财政专项资金收支和经营支出以外各项收支相抵后的余额。事业结余的多少说明事业单位开展专业业务活动及其辅助活动过程中收支相抵的程度，计算公式为：

$$\begin{aligned}
事业结余 = & \ 事业收入 + 上级补助收入 + 附属单位上缴收入 + 其他收入 - 事业支出 - 其他支出 \\
& - 对附属单位补助支出 - 上缴上级支出
\end{aligned}$$

2. 事业结余管理要求

事业单位在进行非财政补助结余核算以前，必须着重做好三方面工作：一是清理、核对年度预算收支和各项缴拨款项。对上级单位和所属各单位之间的全年预算数以及应上缴、拨补的款项等，都应按规定逐笔进行清理结算，保证上下级之间的年度预算数、领拨经费数和上缴、下拨数一致。二是清理往来款项。按照规定应当转作各项收入或各项支出的往来款项不能挂在往来款上，凡属本年的各项收支都应及时入账，列入当年收支。三是分别计算各项结余，不能相互混淆。

3. 事业结余的核算

事业单位应设置"事业结余"科目，本科目核算事业单位在一定期间除财政补助收支、非财政专项资金收支和经营支出以外各项收支相抵后的余额。本科目期末如为贷方余额，反映事业单位自年初至报告期末累计实现的事业结余；如为借方余额，反映事业单位自年初至报告期末累计发生的事业亏损。年末结账后，本科目应无余额。

（1）期末，将事业收入、上级补助收入、附属单位上缴收入、其他收入本期发生额中的非专项资金收入结转入"事业结余"，借记"事业收入"、"上级补助收入"、"附属单位上缴收入"、"其他收入"科目下各非专项资金收入明细科目，贷记"事业结余"；将事业支出，其他支出本期发生额中的非财政、非专项资金支出，以及对附属单位补助支出、上缴上级支出的本期发生额结转入"事业结余"，借记"事业结余"，贷记"事业支出——其他资金支出"或"事业支出——基本支出（其他资金支出）、项目支出（其他资金支出）"科目、"其他支出"科目下各非专项资金支出明细科目、"对附属单位补助支出"、"上缴上级支出"科目。

（2）年末，完成上述结转后，将本科目余额结转入"非财政补助结余分配"科目，借记或贷记"事业结余"，贷记或借记"非财政补助结余分配"科目。

【例 7-19】 某事业单位 20×7 年结账前有关会计科目的余额如下：

会计科目	借方金额	贷方金额
上级补助收入——生活补助		2 000 000
事业收入——产品销售收入		6 000 000
附属单位上缴收入——乙单位		1 000 000
其他收入——投资收益		2 000 000
其他支出——手续费	150 000	
事业支出——其他资金支出	4 000 000	
上缴上级支出——甲单位	800 000	

对附属单位补助支出   2 000 000

根据上述资料编制会计分录如下：

结转有关收入：

   借：事业收入——产品销售收入   6 000 000

       上级补助收入——生活补助   2 000 000

       附属单位上缴收入——乙单位   1 000 000

       其他收入——投资收益   2 000 000

     贷：事业结余   11 000 000

结转有关支出：

   借：事业结余   6 950 000

     贷：事业支出——其他资金支出   4 000 000

       其他支出——手续费   150 000

       上缴上级支出 ——甲单位   800 000

       对附属单位补助支出   2 000 000

期末结转事业结余：

   借：事业结余   4 050 000

     贷：非财政补助结余分配   4 050 000

（三）经营结余

1. 经营结余概述

《事业单位会计准则》规定，有非独立核算经营收入的事业单位，实行经营收支配比原则。事业单位的经营支出与经营收入，应当依据它们的内在关系进行配比，以便正确计算各个会计期间的经营结余。

经营结余是事业单位在一定期间各项经营收支相抵后余额弥补以前年度亏损后的余额。经营结余是对事业单位经营活动结果所作的计量，要求经营收入与经营支出相配比，计算公式为：

$$经营结余 = 经营收入 - 经营支出$$

2. 经营结余的核算

事业单位应当设置"经营结余"科目，本科目核算事业单位在一定期间各项经营收支相抵后余额弥补以前年度亏损后的余额。

（1）期末，将经营收入本期发生额结转入"经营结余"，借记"经营收入"科目，贷记"经营结余"；将经营支出本期发生额结转入本科目，借记"经营结余"，贷记"经营支出"科目。

（2）年末，完成上述（1）结转后，如本科目为贷方余额，将本科目余额结转入"非财政补助结余分配"科目，借记"经营结余"，贷记"非财政补助结余分配"科目；如本科目为借方余额，为经营亏损，不予结转。

【例 7-20】 某事业单位有关经营收支的业务如下：

会计科目	借方金额	贷方金额
经营收入		3 100 000
经营支出	2 000 000	

根据上述资料，编制会计分录如下：

结转有关收入：

借：经营收入	3 100 000
贷：经营结余	3 100 000

结转有关支出：

借：经营结余	2 000 000
贷：经营支出	2 000 000
借：经营结余	1 100 000
贷：非财政补助结余分配	1 100 000

（四）非财政补助结余分配

1. 非财政补助结余分配的概述

期末，事业单位实现的非财政补助结余应按规定对其进行分配。非财政补助结余的分配涉及国家、单位、个人等各方面的利益，事业单位要上缴国家所得税，分配给投资者利润，同时要留一部分收益供单位自身从事业务活动，扩大再生产能力。因而，非财政补助结余分配就是要正确处理这几者之间的关系。非财政补助结余分配在一定的分配原则指导下，依据国家的政策，合理地满足各方的利益。

2. 非财政补助结余分配的管理要求

（1）《事业单位财务规则》规定事业单位的非财政补助结余可以按照国家有关规定提取职工福利基金，剩余部分作为事业基金用于弥补以后年度单位收支差额；国家另有规定的，从其规定。

（2）事业单位的非财政补助结余可按一定比例提取职工福利基金，提取比例由主管部门会同同级财政部门确定。提取职工福利基金以后，剩余部分作为事业基金，用于弥补以后年度单位收支差额。

（3）事业单位应当按照《事业单位财务规则》规定的计算方法和计算内容，对单位全年的收支活动进行全面的清查、核对、整理和结算，凡属本年的各项收入，都要及时入账，凡属本年的各项支出，都要按规定的支出渠道列报，正确计算，如实反映全年收支结余情况。需要强调的是，经营收入要与经营支出对应进行结算，以正确反映经营收支结余，其他各项收入之和要与支出之和对应进行结算，以正确反映事业收支结余，两者不能混淆。

3. 非财政补助结余分配的核算

（1）年末，将"事业结余"科目余额结转入"非财政补助结余分配"，借记或贷记"事业结余"科目，贷记或借记本科目；将"经营结余"科目贷方余额结转入"非财政补助结余分配"，借记"经营结余"科目，贷记"非财政补助结余分配"。

（2）有企业所得税缴纳义务的事业单位计算出应缴纳的企业所得税，借记"非财政补助结余分配"，贷记"应缴税费——应缴企业所得税"科目。

（3）按照有关规定提取职工福利基金的，按提取的金额，借记"非财政补助结余分配"，贷记"专用基金——职工福利基金"科目。

（4）年末，按规定完成上述处理后，将本科目余额结转入事业基金，借记或贷记"非财政补助结余分配"，贷记或借记"事业基金"科目。

【例 7-21】　20×7 年，某事业单位在年终结账之前各收入支出账户余额如下：

会计科目	结账前余额（元）
上级补助收入——生活补助	400 000
附属单位缴款——甲单位	300 000
事业收入——学杂费收入	4 000 000
其他收入——投资收益	600 000
经营收入	10 000 000
事业支出——其他资金支出	2 800 000

　　其他支出——手续费支出　　　　　　　　　　　　　　20 000

上缴上级支出　　　　　　　　　　　　　　　　　　900 000

对附属单位补助　　　　　　　　　　　　　　　　　400 000

经营支出　　　　　　　　　　　　　　　　　　　5 000 000

　　该事业单位按照25%的税率计算缴纳所得税，按结余30%计提职工福利基金。

　　年终进行结转时：

　　(1) 年终将各项收入转入"事业结余"账户的贷方：

　　　　借：上级补助收入——生活补助　　　　　　　400 000

　　　　　　附属单位缴款——甲单位　　　　　　　　300 000

　　　　　　事业收入——学杂费收入　　　　　　　4 000 000

　　　　　　其他收入——投资收益　　　　　　　　600 000

　　　　　　贷：事业结余　　　　　　　　　　　　5 300 000

　　(2) 年终，将各项支出转入"事业结余"账户的借方：

　　　　借：事业结余　　　　　　　　　　　　　　4 120 000

　　　　　　贷：事业支出——其他资金支出　　　　2 800 000

　　　　　　　　其他支出——手续费支出　　　　　　20 000

　　　　　　　　上缴上级支出　　　　　　　　　　900 000

　　　　　　　　对附属单位补助　　　　　　　　　400 000

　　(3) 年终，将当年实现的"事业结余"转入"非财政补助结余分配"账户：

　　　　借：事业结余　　　　　　　　　　　　　　1 180 000

　　　　　　贷：非财政补助结余分配　　　　　　　1 180 000

　　(4) 年终，将"经营收入"账户金额转入"经营结余"账户：

　　　　借：经营收入　　　　　　　　　　　　　10 000 000

　　　　　　贷：经营结余　　　　　　　　　　　10 000 000

　　(5) 将"经营支出"账户金额转入"经营结余"账户：

　　　　借：经营结余　　　　　　　　　　　　　5 000 000

　　　　　　贷：经营支出　　　　　　　　　　　5 000 000

　　(6) 将"经营结余"账户余额转入"非财政补助结余分配"账户：

　　　　借：经营结余　　　　　　　　　　　　　5 000 000

　　　　　　贷：非财政补助结余分配　　　　　　5 000 000

(7) 年终计算应缴所得税＝5 000 000×25％＝1 250 000（元）

 借：非财政补助结余分配——应缴所得税   1 250 000

  贷：应缴税费——应缴企业所得税   1 250 000

(8) 按规定比例计提职工福利基金：

$$\text{职工福利基金提取额} = [1\,180\,000 + (5\,000\,000 - 1\,250\,000)] \times 30\%$$

$$= 1\,479\,000（元）$$

 借：非财政补助结余分配——提取专用基金   1 479 000

  贷：专用基金——职工福利基金   1 479 000

(9) 将"非财政补助结余分配"贷方余额转入"事业基金"账户：

 借：非财政补助结余分配   3 451 000

  贷：事业基金   3 451 000

复习思考题

1. 什么是事业单位净资产？形成净资产的渠道有哪些？

2. 专用基金包括哪些内容？专用基金的管理原则是什么？

3. 事业单位的修购基金有哪些资金来源？如何使用？

4. 非财政补助结余分配是如何分配的？

练习题

一、判断题

1. 事业单位在用固定资产进行投资时，增加长期投资的同时，应增加非流动资产基金——固定资产。（√）

2. 事业单位的修购基金是按事业结余和经营结余的一定比例提取的，因此，修购基金属于结余分配的内容。（×）

二、选择题

1. 下列关于事业单位结余的说法错误的是（B）。

A. 结余不具有营利性质

B. 结余的确定采用收付实现制原则

C. 结余一般不向资金提供者分配

D. 在年终资产负债表中一般没有"结余"项目

2. 事业单位按规定提取、设置的有专门用途资金的管理原则是（B）。

A. 专设账户、专款专用、及时结转

B. 先提后用、专设账户、专款专用

C. 先用后转、支出按规定

D. 提前按比例专设账户

3. 事业单位的下列科目中，年终结账后可能有余额的是（B）。

A. 事业结余　　　　　　　　　　B. 经营结余

C. 非财政补助结余分配　　　　　D. 上缴上级支出

4. 下列各项中，不属于事业单位专用基金的是（A）。

A. 事业基金　　　　　　　　　　B. 修购基金

C. 职工福利基金　　　　　　　　D. 其他专用基金

5. 事业单位年终结账后，下列会计科目应无余额的是（D）。

A. 专用基金　　　　　　　　　　B. 非流动资产基金

C. 事业基金　　　　　　　　　　D. 非财政补助结余分配

6 下列各项不属于事业单位净资产的是（D）。

A. 事业基金　　　　　　　　　　B. 非流动资产基金

C. 专用基金　　　　　　　　　　D. 固定资产

7. 某事业单位会议室专项工程完工后，按规定将该非财政补助专项剩余资金20 000元留归本单位使用。则应计入的科目有（A）。

A. 事业基金　　　　　　　　　　B. 非流动资产基金

C. 专用基金　　　　　　　　　　D. 事业结余

8. 以下各项业务不通过"非财政补助结余分配"核算的有（D）。

A. 期末结转"事业结余"　　　　　B. 计提应缴纳所得税

C. 提取职工福利基金　　　　　　D. 提取修购基金

会计核算题

1. 20××年，某事业单位发生以下业务，请根据各项经济业务编制会计分录。

（1）甲专项工程完工后，按规定将该工程剩余资金30 000元留归本单位使用。

（2）以事业经费购入某设备，价值 500 000 元，开出转账支票一张。

（3）用一台设备对外投资，该设备账面原价 600 000 元，已计提折旧 300 000 元，评估价为 360 000 元，用银行存款支付相关税费 3 000 元。

（4）以 30 000 元修购基金购入设备一台。

（5）到期兑付一项原购入的 30 000 元长期债券，利息 5 000 元。

（6）事业用固定资产 5 000 000 元，经营用固定资产 600 000 元，按 6% 的比例提取基金。

答案：

（1）借：非财政补助结转——甲专项工程　　　　　　　　30 000

　　　　　贷：事业基金　　　　　　　　　　　　　　　　　30 000

（2）借：事业支出——设备购置费　　　　　　　　　　　500 000

　　　　　贷：银行存款　　　　　　　　　　　　　　　　　500 000

同时，

　　借：固定资产　　　　　　　　　　　　　　　　　　500 000

　　　　贷：非流动资产基金——固定资产　　　　　　　　　500 000

（3）借：长期投资　　　　　　　　　　　　　　　　　　360 000

　　　　　贷：非流动资产基金——长期投资　　　　　　　　　360 000

　　借：其他支出　　　　　　　　　　　　　　　　　　3 000

　　　　贷：银行存款　　　　　　　　　　　　　　　　　　3 000

同时，

　　借：非流动资产基金——固定资产　　　　　　　　　300 000

　　　　累计折旧　　　　　　　　　　　　　　　　　　300 000

　　　　贷：固定资产　　　　　　　　　　　　　　　　　600 000

（4）借：专用基金——修购基金　　　　　　　　　　　　30 000

　　　　　贷：银行存款　　　　　　　　　　　　　　　　　30 000

同时，

　　借：固定资产　　　　　　　　　　　　　　　　　　30 000

　　　　贷：非流动资产基金——固定资产　　　　　　　　　30 000

（5）借：银行存款　　　　　　　　　　　　　　　　　　35 000

　　　　　贷：长期投资　　　　　　　　　　　　　　　　　30 000

　　　　　　其他收入——投资收益　　　　　　　　　　　　5 000

同时，

借：非流动资产基金——长期投资　　　　　　　　　30 000

　　贷：事业基金　　　　　　　　　　　　　　　　　　30 000

（6）借：事业支出　　　　　　　　　　　　　　　　300 000

　　　　经营支出　　　　　　　　　　　　　　　　　36 000

　　　贷：专用基金——修购基金　　　　　　　　　　336 000

2. 某事业单位20××年结账前有关会计账户的余额如下：

财政补助收入——基本支出（基本工资）　　　　　　270 000

　　　　　　　——基本支出（办公费）　　　　　　　30 000

　　　　　　　——项目支出（会议室修理费）　　　　60 000

事业支出——基本支出（财政补助支出）　　　　　　280 000

　　　　——项目支出（财政补助支出）　　　　　　　39 000

财政部门要求将多余的补助款项缴回财政部门，根据上述资料编制年终转账的会计分录。

答案：

（1）结转有关收入：

　　借：财政补助收入——基本支出　　　　　　　　　300 000

　　　　　　　　　　　——项目支出　　　　　　　　60 000

　　　　贷：财政补助结转——基本支出结转　　　　　300 000

　　　　　　　　　　　　——项目支出结转　　　　　60 000

（2）结转有关支出：

　　借：财政补助结转——基本支出结转　　　　　　　280 000

　　　　　　　　　　　——项目支出结转　　　　　　39 000

　　　　贷：事业支出——基本支出——财政补助支出　280 000

　　　　　　　　　　——项目支出——财政补助支出　39 000

（3）将符合财政补助结余性质的项目余额转入财政补助结余：

　　借：财政补助结转——项目支出结转　　　　　　　21 000

　　　　贷：财政补助结余　　　　　　　　　　　　　21 000

（4）财政部门要求将多余的补助款项20 000元缴回财政部门：

　　借：财政补助结转——基本支出结转　　　　　　　20 000

　　　　贷：银行存款　　　　　　　　　　　　　　　20 000

（5）上缴财政补助结余资金：

借：财政补助结余 21 000
　　贷：银行存款 21 000

3. 某事业单位20××发生的有关病房改造的经济业务如下：

(1) 20××年1月，接银行通知，上级拨入的用于病房改造的专项资金3 000 000元，已经收妥入账。

(2) 20××年3月，以银行存款2 000 000元支付工程款。

(3) 20××年3月，以银行存款支付工程其他相关的费用300 000元。

(4) 20××年6月，工程完工，验收完毕，应付工程单位的全部工程款为2 500 000元，以银行存款结算未付的200 000元。

(5) 按规定，病房改造工程的剩余资金40%缴回上级部门，60%转作单位事业基金。

要求：

根据上述资料，编制相关会计分录。

答案：

(1) 借：银行存款 3 000 000
　　　　贷：上级补助收入——病房改造工程 3 000 000

(2) 借：事业支出——非财政专项支出——病房改造工程 2 000 000
　　　　贷：银行存款 2 000 000

(3) 借：事业支出——非财政专项支出——病房改造工程 300 000
　　　　贷：银行存款 300 000

(4) 借：事业支出——非财政专项支出——病房改造工程 200 000
　　　　贷：银行存款 200 000

同时，

借：固定资产 2 500 000
　　贷：非流动资产基金——固定资产 2 500 000

结算病房改造工程的非财政补助结转

结转专项资金收入，会计处理如下：

借：上级补助收入——病房改造工程 3 000 000
　　贷：非财政补助结转——病房改造工程 3 000 000

结转专项资金支出，会计处理如下：

借：非财政补助结转——病房改造工程 2 500 000
　　贷：事业支出——非财政专项支出——病房改造工程 2 500 000

（5）按规定，病房改造工程的剩余资金40％缴回上级部门，60％转作单位事业基金，会计处理如下：

借：非财政补助结转——病房改造工程　　　　　　　　　　500 000

　　贷：银行存款　　　　　　　　　　　　　　　　　　　　200 000

　　　　事业基金　　　　　　　　　　　　　　　　　　　　300 000

4. 20××年，某事业单位发生以下业务：

（1）乙专项工程完工后，按规定将该工程剩余资金10 000元留归本单位使用。

（2）以事业经费购入某设备，价值300 000元，开出转账支票一张。

（3）用一台设备对外投资，该设备账面原价600 000元，已计提折旧300 000元，评估价为360 000元，用银行存款支付相关税费3 000元。

（4）以30 000元修购基金购入设备一台。

（5）到期兑付一项原购入的20 000元长期债券，利息3 000元。

（6）事业用固定资产6 000 000元，经营用固定资产900 000元，按6％的比例提取基金。

（7）某事业单位以财政直接支付的方式支付丙工程的款项1 000 000元。

（8）报废一台固定资产，原值为100 000元，已计提折旧80 000元

请根据各项经济业务编制会计分录。

答案：

（1）借：非财政补助结转——乙专项工程　　　　　　　　10 000

　　　　贷：事业基金　　　　　　　　　　　　　　　　　　10 000

（2）借：事业支出——设备购置费　　　　　　　　　　　300 000

　　　　贷：银行存款　　　　　　　　　　　　　　　　　　300 000

同时，

　借：固定资产　　　　　　　　　　　　　　　　　　　　300 000

　　　贷：非流动资产基金——固定资产　　　　　　　　　　300 000

（3）借：长期投资　　　　　　　　　　　　　　　　　　360 000

　　　　贷：非流动资产基金——长期投资　　　　　　　　　360 000

　借：其他支出　　　　　　　　　　　　　　　　　　　　3 000

　　贷：银行存款　　　　　　　　　　　　　　　　　　　　3 000

同时，

　借：非流动资产基金——固定资产　　　　　　　　　　　300 000

| | 累计折旧 | 300 000 |
| | 贷：固定资产 | 600 000 |

（4）借：专用基金——修购基金　　　　　　　50 000

　　　贷：银行存款　　　　　　　　　　　　　50 000

同时，

　借：固定资产　　　　　　　　　　　　　　50 000

　　贷：非流动资产基金——固定资产　　　　50 000

（5）借：银行存款　　　　　　　　　　　　　23 000

　　　贷：长期投资　　　　　　　　　　　　　20 000

　　　　　其他收入——投资收益　　　　　　　3 000

同时，

　借：非流动资产基金——长期投资　　　　　20 000

　　贷：事业基金　　　　　　　　　　　　　20 000

（6）借：事业支出　　　　　　　　　　　　360 000

　　　　经营支出　　　　　　　　　　　　　54 000

　　　贷：专用基金——修购基金　　　　　414 000

（7）借：在建工程——丙工程　　　　　　1 000 000

　　　贷：非流动资产基金——在建工程　1 000 000

　　借：事业支出——财政补助支出——丙工程　1 000 000

　　　贷：财政补助收入——项目支出——丙工程　1 000 000

（8）借：待处置资产损益　　　　　　　　　20 000

　　　　累计折旧　　　　　　　　　　　　80 000

　　　贷：固定资产　　　　　　　　　　　100 000

同时，

　借：非流动资产基金——固定资产　　　　　20 000

　　贷：待处置资产损益　　　　　　　　　　20 000

5. 某事业单位年终各收入支出账户 12 月 31 日的余额如下：

会计科目	结账前余额（元）
上级补助收入——生活补助	50 000
附属单位上缴收入——C 单位	13 000
事业收入——演出收入	300 000
其他收入——投资收益	60 000

经营收入	800 000
事业支出——其他资金支出	150 000
其他支出——手续费支出	7 000
上缴上级支出	35 000
对附属单位补助支出	30 000
经营支出	660 000

该事业单位按照 25％的税率计算缴纳所得税，按结余 30％计提职工福利基金。请根据上述资料编制年终结转的会计分录。

答案：

（1）年终将各项收入转入"事业结余"账户的贷方：

借：上级补助收入——生活补助	50 000
附属单位上缴收入——C 单位	13 000
事业收入——演出收入	300 000
其他收入——投资收益	60 000
贷：事业结余	423 000

（2）年终，将各项支出转入"事业结余"账户的借方：

借：事业结余	222 000
贷：事业支出——其他资金支出	150 000
其他支出——手续费支出	7 000
上缴上级支出	35 000
对附属单位补助支出	30 000

（3）年终，将当年实现的"事业结余"转入"非财政补助结余分配"账户：

借：事业结余	201 000
贷：非财政补助结余分配	201 000

（4）年终，将"经营收入"账户余额转入"经营结余"账户：

借：经营收入	800 000
贷：经营结余	800 000

（5）将"经营支出"账户余额转入"经营结余"账户：

借：经营结余	660 000
贷：经营支出	660 000

（6）将"经营结余"账户余额转入"非财政补助结余分配"账户：

　　借：经营结余　　　　　　　　　　　　　　　　140 000

　　　　贷：非财政补助结余分配　　　　　　　　　　　　140 000

（7）年终计算应缴所得税＝（201 000＋140 000）×25％＝85 250（元）

　　借：非财政补助结余分配——应缴所得税　　　　85 250

　　　　贷：应缴税费——应缴企业所得税　　　　　　　　85 250

（8）按规定比例计提职工福利基金：

　　　　职工福利基金提取额＝[（201 000＋140 000）－85 250]×30％

　　　　　　　　　　　　　＝76 725（元）

　　借：非财政补助结余分配——提取专用基金　　　76 725

　　　　贷：专用基金——职工福利基金　　　　　　　　76 725

（9）将"非财政补助结余分配"贷方余额转入"事业基金"账户：

$$\begin{matrix}\text{非财政补助}\\\text{结余分配余额}\end{matrix}＝[（201\,000＋140\,000）－85\,250－76\,725]$$

　　　　　　　　　　　＝179 025（元）

　　借：非财政补助结余分配　　　　　　　　　　　179 025

　　　　贷：事业基金　　　　　　　　　　　　　　　　179 025

8

第八章
年终清理结算与结账

年终清理结算与结账是事业单位编制年度决算的一个重要环节，也是保证事业单位年终决算数字准确和完整的基础性工作。

事业单位在年度终了前，应根据财政部门或主管部门的决算编审工作要求，对各项收支账目、往来款项、货币资金和财产物资进行全面的年终清理结算，在此基础上办理年度结账，编报决算。事业单位会计年终清理结算和结账工作是编制年度会计报表的基础，主要包括年终清理、年终结账两个部分。

第一节　年终清理

年终清理是对事业单位决算编审工作的前期准备，是对事业单位全年预算资金、其他资金收支活动进行全面的清查、核对、整理和结算工作。

年终清理的目的是：划清年度收支，核实收支数字，结清往来款项，以便如实反映全年预算执行结果；分析全年预算执行情况，总结预算管理的经验；检查财经纪律遵守情况。在每年第四季度，财政部都要对各级财政部门和各主管部门下达关于当年年终清理和决算编审办法的通知，各单位在年终前应按规定认真做好这项工作。年终清理主要包括以下内容：

一、核对年度预算收支数字

预算数字是考核决算和收支结算的依据，也是进行财政、财务结算的基本数字。我国实行"统一领导，分级管理"的财政管理体制，上下级财政之间、财政预算与部门预算之间、部门单位预算与所属单位预算之间存在着预算编制、预算执行以及决算的数字衔接关系。所以，年终前应清理核对年度预算数字和各项领拨款项、上缴下拨款项数字，财政机关、上级单位和所属单位之间的全年预算数（包括追加和追减及上划、下划数字），以及应上缴、拨补的款项等，都要按规定逐笔进行清理结算，该下拨的下拨，该缴回的缴回，保证上下级之间的年度预算数、领拨经费数和上缴下拨数的一致。

为了保证会计年度划期和年终清理工作的顺利开展，本年上下级之间应上缴和应下拨的款项，必须在 12 月 31 日前汇达对方。各主管单位的各项预算拨款截至 12 月 25 日，逾期一般不再下拨。凡是预拨下年度的款项，应注明款项所属年度，以免造成跨年错账。

二、清理核对各项收支款项

凡属本年的各项收入都要入账，不得长期挂在往来账上；属于本年各项应缴国库的收入，要在年终前全部上缴国库；属于本年的各项支出，应按规定的支出渠道如实列报。实行成本费用核算的收支，要结合年终清理，认真审查核实，并把各项收益按规定转入有关收入账户。年度单位支出决算，一律以基层用款单位截止到 12 月 31 日的本年实际支出数为准，不得以拨款数代替支出数。

三、清理往来款项

各项预收、预付、借入、借出等往来款项，应分类清理，年终前应尽量清理完毕，做到别人欠的收回，欠别人的归还，防止错账的发生。应当转作各项收入或各项支出的往来款项要及时转入各有关账户；对于各种委托代管业务，凡是业务已经结束的，要及时向委托单位清算结报，经费都要在年终前如实编报决算，结清账务，委托单位不得以拨作支，受托单位不得以领代报。对于手续尚未完备的各项预收、预付和其他长期挂账的往来款，要查明原因，采取措施，及时清理。

四、清查货币资金和各项财产物资

年度终了，银行存款账面余额要同银行对账单的余额核对相符；库存现金的账面余额，应同现金的实际库存数核对相符；有价证券的账面数字，应与库存实有的有价证券核对相符。

对于单位的各种财产物资年终都必须全部入账，各单位配备专人对全部财产物资进行全面的清查盘点。将盘点的结果和账面数字进行核对，固定资产和材料的盘点结果和账面数如有差异，在年终结账前应查明原因，并按规定做出处理，调整账务，做到账账相符、账实相符。

五、清理结算上下级之间的往来调剂资金

上下级单位之间用于调剂的资金属于非财政性资金。有些事业单位由于占有较多资源或是获得国家资助较多，在对外服务时获得较多收入，可实行收入上缴的方法集中于有隶属关系的主管部门统筹安排使用。另一些事业单位在事业活动过程中存在资金的不足，可以由上级主管部门将集中的下级收入和自行组织的收入，安排补贴给资金不足的事业单位。这样就形成系统内部上下级之间的一种资金能转移。在事业单位进行年终清理时，应注意这部分资金与财政性资金区别开来，分清渠道，认真核对。事业单位与附属单位之间应核对全年集中与调剂的资金数额：附属单位上缴的资金应与事业单位缴款对应一致；事业单位对附属单位的补助应与收到上级单位的补助款对应一致。

第二节 年终结账

事业单位要在年终清理的基础上进行年终结账。年终清理结算完毕，事业单位在对各个账户核对无误后，先办理12月份的月结工作，结出各账户的本月合计数和全年累计数，再以此为基础进行年终结账工作。年终结账包括年终转账、结清旧账和记入新账，其中最主要的是年终转账。

一、年终转账

年终转账的程序如下：

（1）各单位在年度终了对账簿记录核对无误后，进行12月份的月结，计算出各账户借方或贷方的12月份合计数和全年累计数，并结出12月末

的余额；

（2）根据各账户 12 月末的余额，将应对冲结转的各收支账户，按年终冲转办法结平，编制记账凭证办理年终冲转结账，记入本年各有关总账和明细账。

二、结清旧账

在年终转账的基础上，对结转后无余额的收支账户结计出全年总累计数，然后在下面划双红线，表示本账户全部结清；对年终有余额的账户，结出总累计数和结转下年数，在全年累计数下行的摘要栏内注明"结转下年"字样，再在下面划双红线，表示年终余额转入新账，年终旧账结束。同时编制资产负债表。

三、记入新账

记入新账是指年终将各账户的年终余额数，直接记入新年度总账、明细账和日记账各账户预留空行的余额栏内，并在摘要栏内注明上年结转字样，以示区别新年度的发生数。记入新账不需编制记账凭证。

（1）事业收支年终的转账工作，包括下列内容：

①期末，将事业收入、上级补助收入、附属单位上缴收入、其他收入本期发生额中的非专项资金收入结转入事业结余。借记"事业收入"、"上级补助收入"、"附属单位上缴收入"、"其他收入"等账户，贷记"事业结余"账户。

②将事业支出、其他支出本期发生额中的非财政、非专项资金支出，以及对附属单位补助支出、上缴上级支出的本期发生额结转入事业结余，借记"事业结余"，贷记"事业支出——其他资金支出"或"事业支出——基本支出（其他资金支出）、项目支出（其他资金支出）"科目、"其他支出"科目下各非专项资金支出明细科目、"对附属单位补助支出"、"上缴上级支出"科目。

③期末，根据"事业结余"账户的借贷双方发生额求出结余或超支：如为贷方余额，反映事业单位自年初至报告期末累计实现的事业结余；如为借方余额，反映事业单位自年初至报告期末累计发生的事业亏损。

完成上述①和②结转后，将本科目余额结转入"非财政补助结余分配"科目，借记或贷记"事业结余"，贷记或借记"非财政补助结余分配"科目。

（2）经营收支年终的转账工作，包括下列内容：

①期末，将经营收入本期发生额结转入"经营结余"，借记"经营收入"科目，贷记"经营结余"；

②将经营支出本期发生额结转入"经营结余"，借记"经营结余"，贷记"经营支出"科目。

③年末，完成上述（1）、（2）的结转后，求出"经营结余"的借贷方余额：贷方余额，反映事业单位自年初至报告期末累计实现的经营结余弥补以前年度经营亏损后的经营结余；借方余额，反映事业单位截至报告期末累计发生的经营亏损。如本科目为贷方余额，将本科目余额结转入"非财政补助结余分配"科目，借记本科目，贷记"非财政补助结余分配"科目；如本科目为借方余额，为经营亏损，不予结转。

年末结账后，本科目一般无余额；如为借方结余，反映事业单位累计发生的经营亏损。

【例 8-1】　某事业单位年终结账前根据各个账户的余额及其他有关资料编制记账凭证，进行年终转账。

（1）将本年已发生的财政补助收入 16 000 000 元，事业收入 8 454 000 元，附属单位缴款 100 000 元，其他收入 20 000 元，转入"事业结余"科目。

借：财政补助收入	16 000 000
事业收入	8 454 000
附属单位缴款	100 000
其他收入	20 000
贷：事业结余	24 574 000

（2）将本年已发生的事业支出 18 355 000 元，上缴上级支出 512 000 元，对附属单位补助 18 000 元，转入"事业结余"科目。

借：事业结余	18 885 000
贷：事业支出	18 355 000
上缴上级支出	512 000
对附属单位补助	18 000

（3）将本年事业结余 5 689 000 元（24 574 000－18 885 000）转入"结

余分配"科目。

借：事业结余　　　　　　　　　　　　　　5 689 000

　　贷：非财政补助结余分配　　　　　　　　　　　5 689 000

（4）将本年已发生的经营收入 2 100 000 元，转入"经营结余"科目。

借：经营收入　　　　　　　　　　　　　　2 100 000

　　贷：结营结余　　　　　　　　　　　　　　　2 100 000

（5）将本年已发生的经营支出 1 150 000 元，转入"经营结余"科目。

借：经营结余　　　　　　　　　　　　　　1 150 000

　　贷：经营支出　　　　　　　　　　　　　　　1 150 000

（6）将本年经营结余 950 000 元（2 100 000－1 150 000－0 000）转入"结余分配"科目。

借：经营结余　　　　　　　　　　　　　　　950 000

　　贷：非财政补助结余分配　　　　　　　　　　　950 000

（7）将结余分配科目中的本年事业结余 5 689 000 元，经营结余 950 000 元，转入事业基金。

借：非财政补助结余分配　　　　　　　　　1 518 900

　　贷：事业基金　　　　　　　　　　　　　　　1 518 900

上述年终清理和年终结账进行完毕，即可着手编制年度报表。

复习思考题

1. 事业单位的年终清理应该做好哪些工作？

2. 年终转账的核算工作有哪些？

练习题

一、判断题

1. 事业单位会计年终清理结算和结账工作是编制年度会计报表的基础。（√）

2. 为了保证会计年度划期和年终清理工作的顺利开展，本年上下级之间应上缴和应下拨的款项，必须在 12 月 25 日前汇达对方。（×）

3. 经营收支的年终转账工作与事业收支基本相同。（√）

4. 固定资产和存货的盘点结果如有差异，在年终前应查明原因，并按规定作出处理，做到账账相符、账实相符。（√）

5. 各主管单位的预算拨款，截至 12 月 31 日，逾期一般不再下拨。（×）

二、选择题

1. 事业单位的年终转账不包括（C）。

A. 事业收支的年终转账　　　　B. 经营收支的年终转账

C. 专款收支的年终转账　　　　D. 其他收支的年终转账

2. 下列有关事业单位年终结账的说法错误的是（A）。

A. 事业单位年终结账包括年终转账、结清旧账和记入新账，其中最主要的是记入新账

B. 事业单位如不设"专项结余"账户，可将已完工项目的"专款支出"账户发生额，转入"拨入专款"账户。借记"拨入专款"账户，贷记"专项支出"账户

C. 将各项事业性收入、事业性支出全部转入"事业结余"账户

D. 将各项经营性收入、经营性支出全部转入"事业结余"账户

会计核算题

某事业单位年终各收入支出账户 12 月 31 日的余额如下：

会计科目	结账前余额（元）
上级补助收入——生活补助	30 000
附属单位缴款——A 单位	26 000
事业收入——演出收入	200 000
其他收入——投资收益	30 000
经营收入	500 000
事业支出——其他资金支出	100 000
其他支出——手续费支出	5 000
上缴上级支出	35 000
对附属单位补助	20 000
经营支出	360 000

请根据上述资料编制年终结转的会计分录。

答案：

(1) 年终将各项收入转入"事业结余"账户的贷方：

借：上级补助收入——生活补助   30 000

      附属单位缴款——A单位   26 000

      事业收入——演出收入   200 000

      其他收入——投资收益   30 000

    贷：事业结余   286 000

(2) 年终，将各项支出转入"事业结余"账户的借方：

借：事业结余   160 000

    贷：事业支出——其他资金支出   100 000

      其他支出——手续费支出   5 000

      上缴上级支出   35 000

      对附属单位补助   20 000

(3) 年终，将当年实现的"事业结余"转入"非财政补助结余分配"账户：

借：事业结余   126 000

    贷：非财政补助结余分配   126 000

(4) 年终，将"经营收入"账户余额转入"经营结余"账户：

借：经营收入   500 000

    贷：经营结余   500 000

(5) 将"经营支出"账户余额转入"经营结余"账户：

借：经营结余   360 000

    贷：经营支出   360 000

(6) 将"经营结余"账户余额转入"非财政补助结余分配"账户：

借：经营结余   140 000

    贷：非财政补助结余分配   140 000

9

第九章
财务报告

第一节　财务报告概述

一、财务报告的概念

编制财务报告是事业单位会计工作的一项重要内容，是日常会计核算的总结，也是提供会计信息的主要手段。

事业单位财务会计报告是反映事业单位某一特定日期的财务状况和某一会计期间的事业成果、预算执行等会计信息的文件。它是财政部门和上级单位了解情况、掌握政策、指导单位预算执行工作的重要资料，也是编制下年度单位财务收支计划的基础。事业单位财务报告包括事业单位财务报表和其他应当在财务会计报告中被披露的相关信息和资料。

二、财务报告的构成

事业单位的财务报告由财务报表及其附注构成。

财务报表是对事业单位财务状况、事业成果、预算执行情况等的结构性表述。财务报表由会计报表及其附注构成。会计报表至少应当包括下列组成部分：资产负债表、收入支出表或收入费用表、财政补助收入支出表。

资产负债表是指反映事业单位在某一特定日期的财务状况的报表。收入支出表或收入费用表是指反映事业单位在某一会计期间内的事业成果及其分配情况的报表。财政补助收入支出表是指反映事业单位在某一会计期间财政补助收入、支出、结转及结余情况的报表。

会计报表附注是为帮助理解会计报表的内容而对报表的有关项目等所作的解释，其内容至少应当包括：遵循事业单位会计准则、事业单位会计制度（行业事业单位会计制度）的声明；会计报表中列示的重要项目的进一步说明，包括其主要构成、增减变动情况等；有助于理解和分析会计报表需要说明的其他事项。

三、财务报表的编制要求

事业单位应该按照下列规定编制财务报表：

（1）事业单位应当根据本制度规定编制并对外提供真实、完整的财务报表。事业单位不得违反本制度规定，随意改变财务报表的编制基础、编制依据、编制原则和方法，不得随意改变本制度规定的财务报表有关数据的会计口径。

（2）事业单位的财务报表应当按照月度和年度编制，并由单位负责人和主管会计工作的负责人、会计机构负责人（会计主管人员）签名并盖章。

为了充分发挥财务报告的应有作用，事业单位财务报表应当根据登记完整、核对无误的账簿记录和其他有关资料编制，做到数字真实、计算准确、内容完整、报送及时。

（一）数字真实

财务报告必须真实可靠，如实反映单位预算执行情况和收支情况。编报时要以真实的会计账簿数字为依据，不能弄虚作假、篡改和伪造会计数据。为此，各单位必须按期结账，一般不能为赶编报表而提前结账。

（二）计算准确

财务报告必须数字准确，正确地反映单位预算执行情况和收支情况。编报时要以核对无误的会计账簿数字为依据，不能以估计数、计划数填报，也不能由上级单位估计数代编。编制报表前，要认真核对有关账目，切实做到账表相符、账证相符、账账相符和账实相符，保证财务报告的准确性。

（三）内容完整

财务报告必须内容完整，按照统一规定的报表种类、格式和内容编报齐全，不能漏报。规定的格式栏次不论是表内项目还是补充资料，应填的项目、内容要填列齐全，不能任意取舍，要成为一套完整的指标体系，以保证会计报表在本部门、本地区以及全国的逐级汇总分析需要。各级主管部门可以根据本系统内的特殊情况和特殊要求，规定增加一些报表或项目，但不得影响国家统一规定的报表和报表项目的编报。

（四）报送及时

财务报告必须按照国家或上级机关规定的期限和程序，在保证报表真实、准确、完整的前提下，在规定的期限内报送上级单位。如果一个单位的财务报告不及时报送，势必影响主管单位、财政部门乃至全国的逐级汇总，影响全局对会计信息的分析。为此，应当科学、合理地组织好日常的会计核算工作，加强会计部门内部及会计部门与有关部门的协作与配合，以便于工作并尽快地编制出会计报表，满足预算管理和财务管理的需要。

第二节　资产负债表

资产负债表是反映事业单位在某一特定日期全部资产、负债和净资产的情况。它是事业单位最基本、最重要的报表。它提供的资料包括事业单位在某一特定日期的资产、负债和净资产。

一、资产负债表的结构

资产负债表是按照"资产＝负债＋净资产"的平衡会计等式设计的，分为左右两方，左方为资产，右方为负债和净资产，进行分类列示，左右两方的最终合计数应该相等。资产和负债应当分别流动资产和非流动资产、流动负债和非流动负债列示。具体格式如表9-1：

表 9-1   资产负债表

会事业 01 表

编制单位：   年　月　日   单位：元

资产	期末余额	年初余额	负债和净资产	期末余额	年初余额
流动资产：			流动负债：		
货币资金			短期借款		
短期投资			应缴税费		
财政应返还额度			应缴国库款		
应收票据			应缴财政专户款		
应收账款			应付职工薪酬		
预付账款			应付票据		
其他应收款			应付账款		
存货			预收账款		
其他流动资产			其他应付款		
流动资产合计			其他流动负债		
非流动资产：			流动负债合计		
长期投资			非流动负债：		
固定资产			长期借款		
固定资产原价			长期应付款		
减：累计折旧			非流动负债合计		
在建工程			负债合计		
无形资产			净资产：		
无形资产原价			事业基金		
减：累计摊销			非流动资产基金		
待处置资产损溢			专用基金		
非流动资产合计			财政补助结转		
			财政补助结余		
			非财政补助结转		
			非财政补助结余		
			1. 事业结余		
			2. 经营结余		
			净资产合计		
资产总计			负债和净资产总计		

二、资产负债表的编制方法

资产负债表"年初余额"栏内各项数字，应当根据上年年末资产负债表"期末余额"栏内数字填列。如果本年度资产负债表规定的各个项目的名称和内容同上年度不相一致，应对上年年末资产负债表各项目的名称和数字按照本年度的规定进行调整，填入本表"年初余额"栏内。

资产负债表"期末余额"栏各项目的内容和填列方法如下：

1. 资产类项目

（1）"货币资金"项目，反映事业单位期末库存现金、银行存款和零余额账户用款额度的合计数。本项目应当根据"库存现金"、"银行存款"、"零余额账户用款额度"科目的期末余额合计填列。

（2）"短期投资"项目，反映事业单位期末持有的短期投资成本。本项目应当根据"短期投资"科目的期末余额填列。

（3）"财政应返还额度"项目，反映事业单位期末财政应返还额度的金额。本项目应当根据"财政应返还额度"科目的期末余额填列。

（4）"应收票据"项目，反映事业单位期末持有的应收票据的票面金额。本项目应当根据"应收票据"科目的期末余额填列。

（5）"应收账款"项目，反映事业单位期末尚未收回的应收账款余额。本项目应当根据"应收账款"科目的期末余额填列。

（6）"预付账款"项目，反映事业单位预付给商品或者劳务供应单位的款项。本项目应当根据"预付账款"科目的期末余额填列。

（7）"其他应收款"项目，反映事业单位期末尚未收回的其他应收款余额。本项目应当根据"其他应收款"科目的期末余额填列。

（8）"存货"项目，反映事业单位期末为开展业务活动及其他活动耗用而储存的各种材料、燃料、包装物、低值易耗品及达不到固定资产标准的用具、装具、动植物等的实际成本。本项目应当根据"存货"科目的期末余额填列。

（9）"其他流动资产"项目，反映事业单位除上述各项之外的其他流动资产，如将在1年内（含1年）到期的长期债券投资。本项目应当根据"长期投资"等科目的期末余额分析填列。

（10）"长期投资"项目，反映事业单位持有时间超过1年（不含1年）的股权和债权性质的投资。本项目应当根据"长期投资"科目期末余额减去其中将于1年内（含1年）到期的长期债券投资余额后的金额填列。

（11）"固定资产"项目，反映事业单位期末各项固定资产的账面价值。本项目应当根据"固定资产"科目期末余额减去"累计折旧"科目期末余额后的金额填列。

"固定资产原价"项目，反映事业单位期末各项固定资产的原价。本项目应当根据"固定资产"科目的期末余额填列。

"累计折旧"项目，反映事业单位期末各项固定资产的累计折旧。本项目应当根据"累计折旧"科目的期末余额填列。

（12）"在建工程"项目，反映事业单位期末尚未完工交付使用的在建工程发生的实际成本。本项目应当根据"在建工程"科目的期末余额填列。

（13）"无形资产"项目，反映事业单位期末持有的各项无形资产的账面价值。本项目应当根据"无形资产"科目期末余额减去"累计摊销"科目期末余额后的金额填列。

"无形资产原价"项目，反映事业单位期末持有的各项无形资产的原价。本项目应当根据"无形资产"科目的期末余额填列。

"累计摊销"项目，反映事业单位期末各项无形资产的累计摊销。本项目应当根据"累计摊销"科目的期末余额填列。

（14）"待处置资产损溢"项目，反映事业单位期末待处置资产的价值及处置损溢。本项目应当根据"待处置资产损溢"科目的期末借方余额填列；如"待处置资产损溢"科目期末为贷方余额，则以"－"号填列。

（15）"非流动资产合计"项目，按照"长期投资"、"固定资产"、"在建工程"、"无形资产"、"待处置资产损溢"项目金额的合计数填列。

2. 负债类项目

（1）"短期借款"项目，反映事业单位借入的期限在1年内（含1年）的各种借款。本项目应当根据"短期借款"科目的期末余额填列。

（2）"应缴税费"项目，反映事业单位应缴未缴的各种税费。本项目应当根据"应缴税费"科目的期末贷方余额填列；如"应缴税费"科目期末为借方余额，则以"－"号填列。

（3）"应缴国库款"项目，反映事业单位按规定应缴入国库的款项（应缴税费除外）。本项目应当根据"应缴国库款"科目的期末余额填列。

（4）"应缴财政专户款"项目，反映事业单位按规定应缴入财政专户的款项。本项目应当根据"应缴财政专户款"科目的期末余额填列。

（5）"应付职工薪酬"项目，反映事业单位按有关规定应付给职工及为职工支付的各种薪酬。本项目应当根据"应付职工薪酬"科目的期末余额填列。

（6）"应付票据"项目，反映事业单位期末应付票据的金额。本项目应当根据"应付票据"科目的期末余额填列。

（7）"应付账款"项目，反映事业单位期末尚未支付的应付账款的金额。本项目应当根据"应付账款"科目的期末余额填列。

（8）"预收账款"项目，反映事业单位期末按合同规定预收但尚未实际结算的款项。本项目应当根据"预收账款"科目的期末余额填列。

（9）"其他应付款"项目，反映事业单位期末应付未付的其他各项应付及暂收款项。本项目应当根据"其他应付款"科目的期末余额填列。

（10）"其他流动负债"项目，反映事业单位除上述各项之外的其他流动负债，如承担的将于1年内（含1年）偿还的长期负债。本项目应当根据"长期借款"、"长期应付款"等科目的期末余额分析填列。

（11）"长期借款"项目，反映事业单位借入的期限超过1年（不含1年）的各项借款本金。本项目应当根据"长期借款"科目的期末余额减去其中将于1年内（含1年）到期的长期借款余额后的金额填列。

（12）"长期应付款"项目，反映事业单位发生的偿还期限超过1年（不含1年）的各种应付款项。本项目应当根据"长期应付款"科目的期末余额减去其中将于1年内（含1年）到期的长期应付款余额后的金额填列。

3. 净资产类项目

（1）"事业基金"项目，反映事业单位期末拥有的非限定用途的净资产。本项目应当根据"事业基金"科目的期末余额填列。

（2）"非流动资产基金"项目，反映事业单位期末非流动资产占用的金额。本项目应当根据"非流动资产基金"科目的期末余额填列。

（3）"专用基金"项目，反映事业单位按规定设置或提取的具有专门用途的净资产。本项目应当根据"专用基金"科目的期末余额填列。

（4）"财政补助结转"项目，反映事业单位滚存的财政补助结转资金。本项目应当根据"财政补助结转"科目的期末余额填列。

（5）"财政补助结余"项目，反映事业单位滚存的财政补助项目支出结余资金。本项目应当根据"财政补助结余"科目的期末余额填列。

（6）"非财政补助结转"项目，反映事业单位滚存的非财政补助专项结转资金。本项目应当根据"非财政补助结转"科目的期末余额填列。

（7）"非财政补助结余"项目，反映事业单位自年初至报告期末累计实现的非财政补助结余弥补以前年度经营亏损后的余额。本项目应当根据

"事业结余"、"经营结余"科目的期末余额合计填列；如"事业结余"、"经营结余"科目的期末余额合计为亏损数，则以"—"号填列。在编制年度资产负债表时，本项目金额一般应为"0"；若不为"0"，本项目金额应为"经营结余"科目的期末借方余额（"—"号填列）。

"事业结余"项目，反映事业单位自年初至报告期末累计实现的事业结余。本项目应当根据"事业结余"科目的期末余额填列；如"事业结余"科目的期末余额为亏损数，则以"—"号填列。在编制年度资产负债表时，本项目金额应为"0"。

"经营结余"项目，反映事业单位自年初至报告期末累计实现的经营结余弥补以前年度经营亏损后的余额。本项目应当根据"经营结余"科目的期末余额填列；如"经营结余"科目的期末余额为亏损数，则以"—"号填列。在编制年度资产负债表时，本项目金额一般应为"0"；若不为"0"，本项目金额应为"经营结余"科目的期末借方余额（"—"号填列）。

【例 9-1】 假设某事业单位 2013 年 1 月 31 日的资产、负债类账户余额如表 9-2 所示：

表 9-2　　　　　　　　资产、负债类账户余额表　　　　　　　单位：元

项目	期末余额
货币资金	143 500
应收票据	130 000
应收账款	552 000
预付账款	300 000
其他应收款	30 000
存货	96 000
固定资产——原价	626 000
——累计折旧	59 000
在建工程	304 500
无形资产——原价	43 200
——累计摊销	16 500
应付账款	93 000

该单位本月有关事业收支和经营收支会计科目的发生额如表 9-3：

表 9-3　　　　　　　**事业收支和经营收支会计科目的发生额**　　　　　单位：元

会计科目	借方金额	贷方金额
财政补助收入		300 000
上级补助收入		200 000
事业收入		700 000
附属单位上缴收入		100 000
其他收入		100 000
经营收入		105 000
事业支出	1 000 000	
其他支出	100 000	
经营支出	80 000	

其中，事业支出当中的财政补助支出为 100 000 元；除财政补助收入和"事业支出——财政补助支出"之外，其他的收入、支出均为非专项资金收入、支出。

要求：

（1）根据以上资料编制月末转账分录；

（2）编制 2013 年 1 月 31 日的资产负债表。

表 9-4　　　　　　　　　　　　**资产负债表**

会事业 01 表

单位：元

编制单位：　　　　　　　　　　2013 年 01 月 31 日

资产	期末余额	年初余额	负债和净资产	期末余额	年初余额
流动资产：			流动负债：		
货币资金		175 500	短期借款		
短期投资			应缴税费		
财政应返还额度			应缴国库款		
应收票据		85 000	应缴财政专户款		
应收账款		141 000	应付职工薪酬		
预付账款		200 000	应付票据		
其他应收款		50 000	应付账款		38 500
存货		90 000	预收账款		
其他流动资产			其他应付款		
流动资产合计		741 500	其他流动负债		
非流动资产：			流动负债合计		38 500
长期投资			非流动负债：		
固定资产		479 000	长期借款		

续表

资产	期末余额	年初余额	负债和净资产	期末余额	年初余额
固定资产原价		578 000	长期应付款		
减：累计折旧		99 000	非流动负债合计		
在建工程		435 000	负债合计		51 000
无形资产		12 500	净资产：		
无形资产原价		36 600	事业基金		718 000
减：累计摊销		24 100	非流动资产基金		491 500
待处置资产损溢			专用基金		
非流动资产合计		926 500	财政补助结转		300 000
			财政补助结余		120 000
			非财政补助结转		
			非财政补助结余		
			1. 事业结余		
			2. 经营结余		
			净资产合计		1 629 500
资产总计		1 668 000	负债和净资产总计		1 668 000

答：

（1）借：财政补助收入　　　　　　　　　　　　　　300 000

　　　贷：财政补助结转　　　　　　　　　　　　　　300 000

　　借：财政补助结转　　　　　　　　　　　　　　100 000

　　　贷：事业支出——财政补助支出　　　　　　　　100 000

　　借：事业收入　　　　　　　　　　　　　　　　700 000

　　　　上级补助收入　　　　　　　　　　　　　　200 000

　　　　附属单位上缴收入　　　　　　　　　　　　100 000

　　　　其他收入　　　　　　　　　　　　　　　　100 000

　　　贷：事业结余　　　　　　　　　　　　　　　1 100 000

　　借：事业结余　　　　　　　　　　　　　　　1 000 000

　　　贷：事业支出——其他资金支出　　　　　　　　900 000

　　　　　其他支出　　　　　　　　　　　　　　　100 000

　　借：经营收入　　　　　　　　　　　　　　　105 000

　　　贷：经营结余　　　　　　　　　　　　　　　105 000

　　借：经营结余　　　　　　　　　　　　　　　　80 000

　　　　贷：经营支出　　　　　　　　　　　　　　　　　　　　80 000

（2）

表 9-5　　　　　　　　　　　　　资产负债表

编制单位：　　　　　　　　2013 年 01 月 31 日　　　　　　　　　单位：元

资产	期末余额	年初余额	负债和净资产	期末余额	年初余额
流动资产：			流动负债：		
货币资金	143 500	175 500	短期借款		
短期投资			应缴税费		
财政应返还额度			应缴国库款		
应收票据	130 000	85 000	应缴财政专户款		
应收账款	552 000	141 000	应付职工薪酬		
预付账款	300 000	200 000	应付票据		
其他应收款	30 000	50 000	应付账款	93 000	51 000
存货	96 000	90 000	预收账款		
其他流动资产			其他应付款		
流动资产合计	1 251 500	741 500	其他流动负债		
非流动资产：			流动负债合计	93 000	38 500
长期投资			非流动负债：		
固定资产	567 000	479 000	长期借款		
固定资产原价	626 000	578 000	长期应付款		
减：累计折旧	59 000	99 000	非流动负债合计		
在建工程	304 500	435 000	负债合计	93 0000	38 500
无形资产	26 700	12 500	净资产：		
无形资产原价	43 200	36 600	事业基金	718 000	718 000
减：累计摊销	16 500	24 100	非流动资产基金	593 700	491 500
待处置资产损溢			专用基金		
非流动资产合计	898 200	926 500	财政补助结转	500 000	300 000
			财政补助结余	120 000	120 000
			非财政补助结转		
			非财政补助结余		
			1. 事业结余	100 000	
			2. 经营结余	25 000	
			净资产合计	2 056 700	1 629 500
资产总计	2 149 700	1 668 000	负债和净资产总计	2 149 700	1 668 000

三、收入支出表

　　事业单位收入支出表反映事业单位在某一会计期间内各项收入、支出和结转结余情况，以及年末非财政补助结余的分配情况。通过收入支出表可以判断事业单位的经营成果、评价业绩、预测未来发展趋向。

（一）收入支出表的结构

收入支出表的结构如表 9-6 所示。

表 9-6　　　　　　　　　　收入支出表

会事业 02 表

编制单位：　　　　　　　　　年　月　日　　　　　　　　单位：元

项目	本月数	本年累计数
一、本期财政补助结转结余		
财政补助收入		
减：事业支出（财政补助支出）		
二、本期事业结转结余		
（一）事业类收入		
1. 事业收入		
2. 上级补助收入		
3. 附属单位上缴收入		
4. 其他收入		
其中：捐赠收入		
减：（二）事业类支出		
1. 事业支出（非财政补助支出）		
2. 上缴上级支出		
3. 对附属单位补助支出		
4. 其他支出		
三、本期经营结余		
经营收入		
减：经营支出		
四、弥补以前年度亏损后的经营结余		
五、本年非财政补助结转结余		
减：非财政补助结转		
六、本年非财政补助结余		
减：应缴企业所得税		
减：提取专用基金		
七、转入事业基金		

（二）收入支出表的编制方法

本表"本月数"栏反映各项目的本月实际发生数。在编制年度收入支出表时，应当将本栏改为"上年数"栏，反映上年度各项目的实际发生数；如果本年度收入支出表规定的各个项目的名称和内容同上年度不一致，应对上年度收入支出表各项目的名称和数字按照本年度的规定进行调整，填入本年度收入支出表的"上年数"栏。

本表"本年累计数"栏反映各项目自年初起至报告期末止的累计实际发生数。编制年度收入支出表时，应当将本栏改为"本年数"。

本表"本月数"栏各项目的内容和填列方法：

1. 本期财政补助结转结余

（1）"本期财政补助结转结余"项目，反映事业单位本期财政补助收入与财政补助支出相抵后的余额。本项目应当按照本表中"财政补助收入"项目金额减去"事业支出（财政补助支出）"项目金额后的余额填列。

（2）"财政补助收入"项目，反映事业单位本期从同级财政部门取得的各类财政拨款。本项目应当根据"财政补助收入"科目的本期发生额填列。

（3）"事业支出（财政补助支出）"项目，反映事业单位本期使用财政补助发生的各项事业支出。本项目应当根据"事业支出——财政补助支出"科目的本期发生额填列，或者根据"事业支出——基本支出（财政补助支出）"、"事业支出——项目支出（财政补助支出）"科目的本期发生额合计填列。

2. 本期事业结转结余

（4）"本期事业结转结余"项目，反映事业单位本期除财政补助收支、经营收支以外的各项收支相抵后的余额。本项目应当按照本表中"事业类收入"项目金额减去"事业类支出"项目金额后的余额填列；如为负数，以"—"号填列。

（5）"事业类收入"项目，反映事业单位本期事业收入、上级补助收入、附属单位上缴收入、其他收入的合计数。本项目应当按照本表中"事业收入"、"上级补助收入"、"附属单位上缴收入"、"其他收入"项目金额的合计数填列。

"事业收入"项目，反映事业单位开展专业业务活动及其辅助活动取得的收入。本项目应当根据"事业收入"科目的本期发生额填列。

"上级补助收入"项目，反映事业单位从主管部门和上级单位取得的非财政补助收入。本项目应当根据"上级补助收入"科目的本期发生额填列。

"附属单位上缴收入"项目，反映事业单位附属独立核算单位按照有关规定上缴的收入。本项目应当根据"附属单位上缴收入"科目的本期发生额填列。

"其他收入"项目，反映事业单位除财政补助收入、事业收入、上级补助收入、附属单位上缴收入、经营收入以外的其他收入。本项目应当根据"其他收入"科目的本期发生额填列。

"捐赠收入"项目，反映事业单位接受现金、存货捐赠取得的收入。本项目应当根据"其他收入"科目所属相关明细科目的本期发生额填列。

（6）"事业类支出"项目，反映事业单位本期事业支出（非财政补助支出）、上缴上级支出、对附属单位补助支出、其他支出的合计数。本项目应当按照本表中"事业支出（非财政补助支出）"、"上缴上级支出"、"对附属单位补助支出"、"其他支出"项目金额的合计数填列。

"事业支出（非财政补助支出）"项目，反映事业单位使用财政补助以外的资金发生的各项事业支出。本项目应当根据"事业支出——非财政专项资金支出"、"事业支出——其他资金支出"科目的本期发生额合计填列，或者根据"事业支出——基本支出（其他资金支出）"、"事业支出——项目支出（非财政专项资金支出、其他资金支出）"科目的本期发生额合计填列。

"上缴上级支出"项目，反映事业单位按照财政部门和主管部门的规定上缴上级单位的支出。本项目应当根据"上缴上级支出"科目的本期发生额填列。

"对附属单位补助支出"项目，反映事业单位用财政补助收入之外的收入对附属单位补助发生的支出。本项目应当根据"对附属单位补助支出"科目的本期发生额填列。

"其他支出"项目，反映事业单位除事业支出、上缴上级支出、对附属单位补助支出、经营支出以外的其他支出。本项目应当根据"其他支出"科目的本期发生额填列。

3. 本期经营结余

（7）"本期经营结余"项目，反映事业单位本期经营收支相抵后的余额。本项目应当按照本表中"经营收入"项目金额减去"经营支出"项目金额后的余额填列；如为负数，以"－"号填列。

（8）"经营收入"项目，反映事业单位在专业业务活动及其辅助活动之外开展非独立核算经营活动取得的收入。本项目应当根据"经营收入"科目的本期发生额填列。

（9）"经营支出"项目，反映事业单位在专业业务活动及其辅助活动之外开展非独立核算经营活动发生的支出。本项目应当根据"经营支出"科目的本期发生额填列。

4. 弥补以前年度亏损后的经营结余

（10）"弥补以前年度亏损后的经营结余"项目，反映事业单位本年度实现的经营结余扣除本年初未弥补经营亏损后的余额。本项目应当根据"经营结余"科目年末转入"非财政补助结余分配"科目前的余额填列；如该年末余额为借方余额，以"－"号填列。

5. 本年非财政补助结转结余

（11）"本年非财政补助结转结余"项目，反映事业单位本年除财政补助结转结余之外的结转结余金额。如本表中"弥补以前年度亏损后的经营结余"项目为正数，本项目应当按照本表中"本期事业结转结余"、"弥补以前年度亏损后的经营结余"项目金额的合计数填列；如为负数，以"－"号填列。如本表中"弥补以前年度亏损后的经营结余"项目为负数，本项目应当按照本表中"本期事业结转结余"项目金额填列；如为负数，以"－"号填列。

（12）"非财政补助结转"项目，反映事业单位本年除财政补助收支外的各专项资金收入减去各专项资金支出后的余额。本项目应当根据"非财政补助结转"科目本年贷方发生额中专项资金收入转入金额合计数减去本年借方发生额中专项资金支出转入金额合计数后的余额填列。

6. 本年非财政补助结余

（13）"本年非财政补助结余"项目，反映事业单位本年除财政补助之外的其他结余金额。本项目应当按照本表中"本年非财政补助结转结余"项目金额减去"非财政补助结转"项目金额后的金额填列；如为负数，以"－"号填列。

（14）"应缴企业所得税"项目，反映事业单位按照税法规定应缴纳的企业所得税金额。本项目应当根据"非财政补助结余分配"科目的本年发生额分析填列。

（15）"提取专用基金"项目，反映事业单位本年按规定提取的专用基金金额。本项目应当根据"非财政补助结余分配"科目的本年发生额分析填列。

7. 转入事业基金

(16)"转入事业基金"项目，反映事业单位本年按规定转入事业基金的非财政补助结余资金。本项目应当按照本表中"本年非财政补助结余"项目金额减去"应缴企业所得税"、"提取专用基金"项目金额后的余额填列；如为负数，以"－"号填列。

上述（10）至（16）项目，只有在编制年度收入支出表时才填列；编制月度收入支出表时，可以不设置此7个项目。

四、财政补助收入支出表

财政补助收入支出表反映事业单位某一会计年度财政补助收入、支出、结转及结余情况。

（一）财政补助收入支出表的结构

财政补助收入支出表的结构如表9-7所示。

表9-7 财政补助收入支出表

会事业03表

编制单位： _____年度 单位：元

项目	本年数	上年数
一、年初财政补助结转结余		—
（一）基本支出结转		—
1. 人员经费		—
2. 日常公用经费		—
（二）项目支出结转		—
××项目		—
（三）项目支出结余		—
二、调整年初财政补助结转结余		—
（一）基本支出结转		—
1. 人员经费		—
2. 日常公用经费		—
（二）项目支出结转		—
××项目		

项目	本年数	上年数
（三）项目支出结余		—
三、本年归集调入财政补助结转结余		
（一）基本支出结转		
1. 人员经费		
2. 日常公用经费		
（二）项目支出结转		
××项目		
（三）项目支出结余		
四、本年上缴财政补助结转结余		
（一）基本支出结转		
1. 人员经费		
2. 日常公用经费		
（二）项目支出结转		
××项目		
（三）项目支出结余		
五、本年财政补助收入		
（一）基本支出		
1. 人员经费		
2. 日常公用经费		
（二）项目支出		
××项目		
六、本年财政补助支出		
（一）基本支出		
1. 人员经费		
2. 日常公用经费		
（二）项目支出		
××项目		
七、年末财政补助结转结余		—
（一）基本支出结转		—
1. 人员经费		—
2. 日常公用经费		—
（二）项目支出结转		—
××项目		—
（三）项目支出结余		—

（二）财政补助收入支出表的编制方法

本表"上年数"栏内各项数字，应当根据上年度财政补助收入支出表"本年数"栏内数字填列。

本表"本年数"栏各项目的内容和填列方法：

（1）"年初财政补助结转结余"项目及其所属各明细项目，反映事业单位本年初财政补助结转和结余余额。各项目应当根据上年度财政补助收入支出表中"年末财政补助结转结余"项目及其所属各明细项目"本年数"栏的数字填列。

（2）"调整年初财政补助结转结余"项目及其所属各明细项目，反映事业单位因本年发生需要调整以前年度财政补助结转结余的事项，而对年初财政补助结转结余的调整金额。各项目应当根据"财政补助结转"、"财政补助结余"科目及其所属明细科目的本年发生额分析填列。如调整减少年初财政补助结转结余，以"－"号填列。

（3）"本年归集调入财政补助结转结余"项目及其所属各明细项目，反映事业单位本年度取得主管部门归集调入的财政补助结转结余资金或额度金额。各项目应当根据"财政补助结转"、"财政补助结余"科目及其所属明细科目的本年发生额分析填列。

（4）"本年上缴财政补助结转结余"项目及其所属各明细项目，反映事业单位本年度按规定实际上缴的财政补助结转结余资金或额度金额。各项目应当根据"财政补助结转"、"财政补助结余"科目及其所属明细科目的本年发生额分析填列。

（5）"本年财政补助收入"项目及其所属各明细项目，反映事业单位本年度从同级财政部门取得的各类财政拨款金额。各项目应当根据"财政补助收入"科目及其所属明细科目的本年发生额填列。

（6）"本年财政补助支出"项目及其所属各明细项目，反映事业单位本年度发生的财政补助支出金额。各项目应当根据"事业支出"科目所属明细科目本年发生额中的财政补助支出数填列。

（7）"年末财政补助结转结余"项目及其所属各明细项目，反映事业单位截至本年末的财政补助结转和结余余额。各项目应当根据"财政补助结转"、"财政补助结余"科目及其所属明细科目的年末余额填列。

五、附注

事业单位的会计报表附注至少应当披露下列内容：

（1）遵循《事业单位会计准则》、《事业单位会计制度》的声明；

（2）单位整体财务状况、业务活动情况的说明；

（3）会计报表中列示的重要项目的进一步说明，包括其主要构成、增减变动情况等；

（4）重要资产处置情况的说明；

（5）重大投资、借款活动的说明；

（6）以名义金额计量的资产名称、数量等情况，以及以名义金额计量理由的说明；

（7）以前年度结转结余调整情况的说明；

（8）有助于理解和分析会计报表需要说明的其他事项。

六、财务报告分析

财务报告分析，即对财务报告所提供的数据进行加工、分解、比较、评价和解释。财务报告分析是会计记账、编制报表的继续。

（一）事业单位财务报告分析的内容

事业单位进行财务分析的内容包括预算编制与执行、资产使用、收入支出状况等。概括起来主要有以下几个方面：

1. 分析单位预算的编制和执行情况

主要是分析单位的预算编制是否符合国家有关方针政策和财务制度规定、事业计划和工作任务的要求，是否贯彻了量力而行、尽力而为的原则，预算编制的计算依据是否充分可靠；在预算执行过程中，则要分析预算执行进度与事业计划进度是否一致，与以前各期相比，有无特殊变化及其变化的原因。

2. 分析资产、负债的构成及资产使用情况

主要是分析单位的资产构成是否合理，固定资产的保管和使用是否恰当，账实是否相符，各种材料有无超定额储备，有无资产流失等问题；分析单位房屋建筑物和设备等固定资产利用情况；分析流动资产周转情况；

分析负债来源是否符合规定，负债水平是否合理以及负债构成情况等。通过分析，及时发现存在的问题，有针对性地采取措施，保证资产的合理有效使用。

3. 分析收入、支出情况及经费自给水平

一方面要了解掌握单位的各项收入是否符合有关规定，是否执行了国家规定的收费标准，是否完成了核定的收入计划，各项应缴收入收费是否及时足额上缴，超收或短收的主客观因素是什么，是否有能力增加收入；另一方面要了解掌握各项支出是否按进度进行，是否按规定的用途、标准使用，支出结构是否合理等，找出支出管理中存在的问题，提出加强管理的措施，以节约支出，提高资金使用效益。在分析了收入、支出有关情况的同时，还要分析单位经费自给水平，以及单位组织收入的能力和满足经常性支出的程度，分析经费自给率和变化情况及原因。

4. 专项资金收支情况的分析

专项资金收支是事业单位事业收支以外的重要收支活动。专项资金收支情况的分析，主要根据"专项资金收支情况表"和"专项资金支出明细表"来进行。现以该两表为依据编制专项资金收支情况分析表。其格式如表9-8：

表 9-8　　　　　　　　　专项资金收支情况分析表

编制单位：　　　　　　　　　　年　月　日　　　　　　　　　单位：元

项目	合计		××费用		××经费	
	预算数	实际数	预算数	实际数	预算数	实际数
一、上年结余						
未完成项目支出						
结余资金						
二、本年拨入数						
拨入科技三项费用						
拨入代管科研经费						
三、本年已完成项目支出数						
科技三项费用支出						
代管科研经费支出						
四、转入普通基金						
五、本年结余						
未完成项目支出						
结余资金						

根据上列分析表进行评价时，要着重研究以下问题：

（1）分析专项资金拨款是否按计划取得。如未能按计划取得拨款，要查明是主管部门未及时划拨款项，还是本单位延误资金的请拨手续，或是本单位完成规定项目的条件未能具备从而失去享受该项目的权利，并据以改进有关方面的工作。

（2）分析应完成的项目是否按计划完成，已完成的项目的支出是否及时转让，有无结余，结余是否已按规定转入事业基金。

（3）利用"专项资金支出明细表"具体分析专项资金支出中的重要资金的支出，并按其费用的构成项目分析其支出的合理性。

5. 分析定员定额情况

主要分析单位人员是否控制在国家核定的编制以内，有无超编人员，超编的原因是什么，内部人员安排是否合理；分析单位各项支出定额是否完善，是否先进合理；定额执行情况如何等。

6. 分析财务管理情况

主要是分析单位各项财务管理制度是否健全，各项管理措施是否符合国家有关规定和单位的实际情况，措施落实情况怎样。同时，要找出存在的问题，进一步健全和完善各项财务规章制度和管理措施，提高财务管理水平。具体应主要研究以下几个问题：

（1）分析事业单位各项往来款项。要查明各种应收、应付、预收、预付、借入、借出款项的数额及发生的原因，对其中数额较大的应重点分析。特别要注意揭示单位由于不顾条件扩大业务规模、超标准发放奖金、大搞福利设施而欠下大量外债的行为，此外还要检查这些往来款项中有无违反财政、信贷、结算制度的情况。在这类往来款项中，往往潜伏着一些非法行为、不正之风，分析时应该揭露出来，并提请有关方面加以制止。

（2）分析事业基金的增减变动情况。要查明事业基金在年度过程中是否有所增长及其原因。事业单位应主要通过事业性收支结余和经营性收支结余来增加事业基金，至于由固定资产数量或价值减少而增加普通基金的事项，则要检查这类业务的发生是否合理，是否会影响事业发展对固定资产的需要。对购建固定资产而减少普通基金的业务，则要分析所添置的设备是否确属业务发展需要，有无盲目扩大投资规模、造成资产闲置的情况。

（3）分析非流动资产基金、专用基金和投资资金的增减变动情况。

对于非流动资产基金，要分析其增减变动是否合理，对固定资产方面变化的原因及数额要具体分析，并分析提取的各种专用基金能否满足有关支出的需要。

对于各种专用基金如修购基金、职工福利基金等，要分析其增减变动原因及数额，并分析提取的各种专用基金能否满足有关支出的需要。

对于投入资金，要分析吸收投入资金的渠道是否已充分利用，对已投入的资金是否用在本单位最急需并能取得较好收益的项目上，投入资金的收益是否进行了合理分配。

（4）分析单位的偿债能力。

事业单位的短期债务偿还能力和长期债务偿债能力，可分别用流动比率和资产负债率表示。其计算公式如下：

$$流动比率＝流动负债÷流动资产×100\%$$
$$资产负债率＝负债合计÷资产合计×100\%$$

事业单位编制财务收支预算时应量入为出，不得打赤字预算，也不能进行负债运营，因此事业单位负债额不会很多。但在实践中，有些单位由于支出计划过大，实际开支时花费过多，收不抵支，也会不得不欠下大笔借款，以致不能支付到期的本金、利息，形成债务危机。因此，分析事业单位偿债能力仍有必要，应经常分析上述指标，以便合理调度资金。

（5）分析事业单位固定资产的增减变化是否合理，其资金来源是否正当。

要研究新增固定资产中各类固定资产所占比重，重大的固定资产购置是否经过比较充分的可行性论证，业务急需的固定资产购置是否给予了优先安排；减少的固定资产是否合理，有无合法的手续；现有固定资产的利用状况如何，有无长期闲置积压现象。

（6）分析事业单位材料物资的储存情况。

要根据物资采购计划检查各种材料物资是否按计划采购，库存是否合理，有无超储积压，材料采购和库存同使用情况是否相适应，如发现有长期不使用的呆滞材料，应提出积极建议并加以处理。

（二）事业单位财务报告分析的方法

事业单位财务报告分析的方法主要有比较法、比率法、因素分析法等。

（1）比较法。包括：实际指标与计划指标比较，分析计划完成情况；本期指标与前期指标比较，分析事业活动发展情况；本单位指标与其他单位指标比较，衡量单位在整体中所处的位置。

（2）比率法。包括：部分与整体的比率，分析对象的构成，如流动资产与整个资产的比率，事业收入占事业单位整体收入的比率；计算所得指标同所费指标的比率，分析一定项目的效益。

（3）因素分析法。又称连环替代法。它是指以指标存在多个影响因素，将其中的一个因素定位可变量，而将其他因素定位不变量，进行替代，以测定每个因素对该项指标的影响程度，然后根据构成指标因素的依存关系，逐一测定个因素影响的程度。

（三）事业单位财务报告分析的指标

财务分析的指标包括预算收入和支出完成率、人员支出与公用支出分别占事业支出的比率、人均基本支出、资产负债率等。主管部门和事业单位可以根据本单位的业务特点增加财务分析指标。

（1）预算收入和支出完成率，衡量事业单位收入和支出总预算及分项预算完成的程度。计算公式为：

$$\frac{预算收入}{完成率}=\frac{年终}{执行数}\div\left(\frac{年初}{预算数}\pm\frac{年中预算}{调整数}\right)\times100\%$$

年终执行数不含上年结转和结余收入数

$$\frac{预算支出}{完成率}=\frac{年终}{执行数}\div\left(\frac{年初}{预算数}\pm\frac{年中预算}{调整数}\right)\times100\%$$

年终执行数不含上年结转和结余支出数。

（2）人员支出、公用支出占事业支出的比率，衡量事业单位事业支出结构。计算公式为：

$$人员支出比率=人员支出\div事业支出\times100\%$$

$$公用支出比率=公用支出\div事业支出\times100\%$$

（3）人均基本支出，衡量事业单位按照实际在编人数平均的基本支出水平。计算公式为：

$$人均基本支出=（基本支出-离退休人员支出）\div实际在编人数$$

（4）资产负债率，衡量事业单位利用债权人提供资金开展业务活动的能力，以及反映债权人提供资金的安全保障程度。计算公式为：

$$资产负债率＝负债总额÷资产总额×100\%$$

复习思考题

1. 什么是事业单位的财务报告？财务报告与会计报表有何区别？

2. 事业单位会计报表如何分类？其编制要求是什么？

3. 资产负债表的基本格式怎样？应如何编制？

4. 什么是会计报表分析？分析的依据有哪些？

5. 事业单位如何分析事业计划的完成情况？事业收支情况？财务状况？

练习题

一、判断题

1. 事业单位会计报表包括资产负债表、收入支出总表和支出明细表。（×）

2. 事业单位不得随意改变财务报表的编制基础、编制依据、编制原则和方法。（√）

3. 事业单位的财务报表应当按照月度、季度和年度编制。（×）

4. 事业单位的财务报表只由会计主管人员签名并盖章即可。（×）

5. 事业单位财务报告分析的方法主要有比较法、比率法、因素分析法等。（√）

二、选择题

1. 下列说法中错误的是（A）。

A. 事业单位财务报告由财务报表和财务情况说明书组成

B. 事业单位会计报表包括资产负债表、收入支出表和财政补助收入支出表

C. 事业单位最基本、最重要的报表是资产负债表

D. 事业单位进行财务分析的内容包括预算编制与执行、资产使用、

收入支出状况等

2. 下列属于事业单位特有的报表是 (D)。

A. 资产负债表   B. 收入支出表

C. 现金流量表   D. 财政补助收入支出表

3. 下列不属于事业单位会计报表编制要求的是 (B)。

A. 数字真实   B. 绝对正确

C. 内容完整   D. 报送及时

4. 下列关于流动比率说法错误的是 (C)。

A. 事业单位的短期偿债能力用流动比率来表示

B. 流动比率等于流动资产比流动负债

C. 流动比率等于速动比率的二倍

D. 流动比率大于速动比率

5. 财政补助收入支出表属于 (B)。

A. 静态报表   B. 动态报表

C. 会计报表附表   D. 财务状况说明书

附录一　事业单位财务规则

（2012 年 2 月 7 日　中华人民共和国财政部令第 68 号）

第一章　总则

第一条　为了进一步规范事业单位的财务行为，加强事业单位财务管理和监督，提高资金使用效益，保障事业单位健康发展，制定本规则。

第二条　本规则适用于各级各类事业单位（以下简称事业单位）的财务活动。

第三条　事业单位财务管理的基本原则是：执行国家有关法律、法规和财务规章制度；坚持勤俭办事业的方针；正确处理事业发展需要和资金供给的关系，社会效益和经济效益的关系，国家、单位和个人三者利益的关系。

第四条　事业单位财务管理的主要任务是：合理编制单位预算，严格预算执行，完整、准确编制单位决算，真实反映单位财务状况；依法组织收入，努力节约支出；建立健全财务制度，加强经济核算，实施绩效评价，提高资金使用效益；加强资产管理，合理配置和有效利用资产，防止资产流失；加强对单位经济活动的财务控制和监督，防范财务风险。

第五条　事业单位的财务活动在单位负责人的领导下，由单位财务部门统一管理。

第二章　单位预算管理

第六条　事业单位预算是指事业单位根据事业发展目标和计划编制的年度财务收支计划。

事业单位预算由收入预算和支出预算组成。

第七条　国家对事业单位实行核定收支、定额或者定项补助、超支不补、结转和结余按规定使用的预算管理办法。

定额或者定项补助根据国家有关政策和财力可能，结合事业特点、事业发展目标和计划、事业单位收支及资产状况等确定。定额或者定项补助可以为零。

非财政补助收入大于支出较多的事业单位，可以实行收入上缴办法。具体办法由财政部门会同有关主管部门制定。

第八条　事业单位参考以前年度预算执行情况，根据预算年度的收入增减因素和措施，以及以前年度结转和结余情况，测算编制收入预算；根据事业发展需要与财力可能，测算编制支出预算。

事业单位预算应当自求收支平衡，不得编制赤字预算。

第九条　事业单位根据年度事业发展目标和计划以及预算编制的规定，提出预算建议数，经主管部门审核汇总报财政部门（一级预算单位直接报财政部门，下同）。事业单位根据财政部门下达的预算控制数编制预算，由主管部门审核汇总报财政部门，经法定程序审核批复后执行。

第十条　事业单位应当严格执行批准的预算。预算执行中，国家对财政补助收入和财政专户管理资金的预算一般不予调整。上级下达的事业计划有较大调整，或者根据国家有关政策增加或者减少支出，对预算执行影响较大时，事业单位应当报主管部门审核后报财政部门调整预算；财政补助收入和财政专户管理资金以外部分的预算需要调增或者调减的，由单位自行调整并报主管部门和财政部门备案。

收入预算调整后，相应调增或者调减支出预算。

第十一条　事业单位决算是指事业单位根据预算执行结果编制的年度报告。

第十二条　事业单位应当按照规定编制年度决算，由主管部门审核汇总后报财政部门审批。

第十三条　事业单位应当加强决算审核和分析，保证决算数据的真实、准确，规范决算管理工作。

第三章　收入管理

第十四条　收入是指事业单位为开展业务及其他活动依法取得的非偿

还性资金。

第十五条 事业单位收入包括：

（一）财政补助收入，即事业单位从同级财政部门取得的各类财政拨款。

（二）事业收入，即事业单位开展专业业务活动及其辅助活动取得的收入。其中：按照国家有关规定应当上缴国库或者财政专户的资金，不计入事业收入；从财政专户核拨给事业单位的资金和经核准不上缴国库或者财政专户的资金，计入事业收入。

（三）上级补助收入，即事业单位从主管部门和上级单位取得的非财政补助收入。

（四）附属单位上缴收入，即事业单位附属独立核算单位按照有关规定上缴的收入。

（五）经营收入，即事业单位在专业业务活动及其辅助活动之外开展非独立核算经营活动取得的收入。

（六）其他收入，即本条上述规定范围以外的各项收入，包括投资收益、利息收入、捐赠收入等。

第十六条 事业单位应当将各项收入全部纳入单位预算，统一核算，统一管理。

第十七条 事业单位对按照规定上缴国库或者财政专户的资金，应当按照国库集中收缴的有关规定及时足额上缴，不得隐瞒、滞留、截留、挪用和坐支。

第四章 支出管理

第十八条 支出是指事业单位开展业务及其他活动发生的资金耗费和损失。

第十九条 事业单位支出包括：

（一）事业支出，即事业单位开展专业业务活动及其辅助活动发生的基本支出和项目支出。基本支出是指事业单位为了保障其正常运转、完成日常工作任务而发生的人员支出和公用支出。项目支出是指事业单位为了完成特定工作任务和事业发展目标，在基本支出之外所发生的支出。

（二）经营支出，即事业单位在专业业务活动及其辅助活动之外开展非独立核算经营活动发生的支出。

（三）对附属单位补助支出，即事业单位用财政补助收入之外的收入对附属单位补助发生的支出。

（四）上缴上级支出，即事业单位按照财政部门和主管部门的规定上缴上级单位的支出。

（五）其他支出，即本条上述规定范围以外的各项支出，包括利息支出、捐赠支出等。

第二十条 事业单位应当将各项支出全部纳入单位预算，建立健全支出管理制度。

第二十一条 事业单位的支出应当严格执行国家有关财务规章制度规定的开支范围及开支标准；国家有关财务规章制度没有统一规定的，由事业单位规定，报主管部门和财政部门备案。事业单位的规定违反法律制度和国家政策的，主管部门和财政部门应当责令改正。

第二十二条 事业单位在开展非独立核算经营活动中，应当正确归集实际发生的各项费用数；不能归集的，应当按照规定的比例合理分摊。

经营支出应当与经营收入配比。

第二十三条 事业单位从财政部门和主管部门取得的有指定项目和用途的专项资金，应当专款专用、单独核算，并按照规定向财政部门或者主管部门报送专项资金使用情况；项目完成后，应当报送专项资金支出决算和使用效果的书面报告，接受财政部门或者主管部门的检查、验收。

第二十四条 事业单位应当加强经济核算，可以根据开展业务活动及其他活动的实际需要，实行内部成本核算办法。

第二十五条 事业单位应当严格执行国库集中支付制度和政府采购制度等有关规定。

第二十六条 事业单位应当加强支出的绩效管理，提高资金使用的有效性。

第二十七条 事业单位应当依法加强各类票据管理，确保票据来源合法、内容真实、使用正确，不得使用虚假票据。

第五章 结转和结余管理

第二十八条 结转和结余是指事业单位年度收入与支出相抵后的余额。

结转资金是指当年预算已执行但未完成，或者因故未执行，下一年度需要按照原用途继续使用的资金。结余资金是指当年预算工作目标已完成，或者因故终止，当年剩余的资金。

经营收支结转和结余应当单独反映。

第二十九条　财政拨款结转和结余的管理，应当按照同级财政部门的规定执行。

第三十条　非财政拨款结转按照规定结转下一年度继续使用。非财政拨款结余可以按照国家有关规定提取职工福利基金，剩余部分作为事业基金用于弥补以后年度单位收支差额；国家另有规定的，从其规定。

第三十一条　事业单位应当加强事业基金的管理，遵循收支平衡的原则，统筹安排、合理使用，支出不得超出基金规模。

第六章　专用基金管理

第三十二条　专用基金是指事业单位按照规定提取或者设置的有专门用途的资金。

专用基金管理应当遵循先提后用、收支平衡、专款专用的原则，支出不得超出基金规模。

第三十三条　专用基金包括：

（一）修购基金，即按照事业收入和经营收入的一定比例提取，并按照规定在相应的购置和修缮科目中列支（各列50%），以及按照其他规定转入，用于事业单位固定资产维修和购置的资金。事业收入和经营收入较少的事业单位可以不提取修购基金，实行固定资产折旧的事业单位不提取修购基金。

（二）职工福利基金，即按照非财政拨款结余的一定比例提取以及按照其他规定提取转入，用于单位职工的集体福利设施、集体福利待遇等的资金。

（三）其他基金，即按照其他有关规定提取或者设置的专用资金。

第三十四条　各项基金的提取比例和管理办法，国家有统一规定的，按照统一规定执行；没有统一规定的，由主管部门会同同级财政部门确定。

第七章　资产管理

第三十五条　资产是指事业单位占有或者使用的能以货币计量的经济

资源，包括各种财产、债权和其他权利。

第三十六条　事业单位的资产包括流动资产、固定资产、在建工程、无形资产和对外投资等。

第三十七条　事业单位应当建立健全单位资产管理制度，加强和规范资产配置、使用和处置管理，维护资产安全完整，保障事业健康发展。

第三十八条　事业单位应当按照科学规范、从严控制、保障事业发展需要的原则合理配置资产。

第三十九条　流动资产是指可以在一年以内变现或者耗用的资产，包括现金、各种存款、零余额账户用款额度、应收及预付款项、存货等。

前款所称存货是指事业单位在开展业务活动及其他活动中为耗用而储存的资产，包括材料、燃料、包装物和低值易耗品等。

事业单位应当建立健全现金及各种存款的内部管理制度，对存货进行定期或者不定期的清查盘点，保证账实相符。对存货盘盈、盘亏应当及时处理。

第四十条　固定资产是指使用期限超过一年，单位价值在 1 000 元以上（其中：专用设备单位价值在 1 500 元以上），并在使用过程中基本保持原有物质形态的资产。单位价值虽未达到规定标准，但是耐用时间在一年以上的大批同类物资，作为固定资产管理。

固定资产一般分为六类：房屋及构筑物；专用设备；通用设备；文物和陈列品；图书、档案；家具、用具、装具及动植物。行业事业单位的固定资产明细目录由国务院主管部门制定，报国务院财政部门备案。

第四十一条　事业单位应当对固定资产进行定期或者不定期的清查盘点。年度终了前应当进行一次全面清查盘点，保证账实相符。

第四十二条　在建工程是指已经发生必要支出，但尚未达到交付使用状态的建设工程。

在建工程达到交付使用状态时，应当按照规定办理工程竣工财务决算和资产交付使用。

第四十三条　无形资产是指不具有实物形态而能为使用者提供某种权利的资产，包括专利权、商标权、著作权、土地使用权、非专利技术、商誉以及其他财产权利。

事业单位转让无形资产，应当按照有关规定进行资产评估，取得的收入按照国家有关规定处理。事业单位取得无形资产发生的支出，应当计入事业支出。

第四十四条 对外投资是指事业单位依法利用货币资金、实物、无形资产等方式向其他单位的投资。

事业单位应当严格控制对外投资。在保证单位正常运转和事业发展的前提下，按照国家有关规定可以对外投资的，应当履行相关审批程序。事业单位不得使用财政拨款及其结余进行对外投资，不得从事股票、期货、基金、企业债券等投资，国家另有规定的除外。

事业单位以非货币性资产对外投资的，应当按照国家有关规定进行资产评估，合理确定资产价值。

第四十五条 事业单位资产处置应当遵循公开、公平、公正和竞争、择优的原则，严格履行相关审批程序。

事业单位出租、出借资产，应当按照国家有关规定经主管部门审核同意后报同级财政部门审批。

第四十六条 事业单位应当提高资产使用效率，按照国家有关规定实行资产共享、共用。

第八章 负债管理

第四十七条 负债是指事业单位所承担的能以货币计量，需要以资产或者劳务偿还的债务。

第四十八条 事业单位的负债包括借入款项、应付款项、暂存款项、应缴款项等。

应缴款项包括事业单位收取的应当上缴国库或者财政专户的资金、应缴税费，以及其他按照国家有关规定应当上缴的款项。

第四十九条 事业单位应当对不同性质的负债分类管理，及时清理并按照规定办理结算，保证各项负债在规定期限内归还。

第五十条 事业单位应当建立健全财务风险控制机制，规范和加强借入款项管理，严格执行审批程序，不得违反规定举借债务和提供担保。

第九章 事业单位清算

第五十一条 事业单位发生划转、撤销、合并、分立时，应当进行清算。

第五十二条 事业单位清算，应当在主管部门和财政部门的监督指导下，对单位的财产、债权、债务等进行全面清理，编制财产目录和债权、债务清单，提出财产作价依据和债权、债务处理办法，做好资产的移交、接收、划转和管理工作，并妥善处理各项遗留问题。

第五十三条 事业单位清算结束后，经主管部门审核并报财政部门批准，其资产分别按照下列办法处理：

（一）因隶属关系改变，成建制划转的事业单位，全部资产无偿移交，并相应划转经费指标。

（二）转为企业管理的事业单位，全部资产扣除负债后，转作国家资本金。需要进行资产评估的，按照国家有关规定执行。

（三）撤销的事业单位，全部资产由主管部门和财政部门核准处理。

（四）合并的事业单位，全部资产移交接收单位或者新组建单位，合并后多余的资产由主管部门和财政部门核准处理。

（五）分立的事业单位，资产按照有关规定移交分立后的事业单位，并相应划转经费指标。

第十章 财务报告和财务分析

第五十四条 财务报告是反映事业单位一定时期财务状况和事业成果的总结性书面文件。

事业单位应当定期向主管部门和财政部门以及其他有关的报表使用者提供财务报告。

第五十五条 事业单位报送的年度财务报告包括资产负债表、收入支出表、财政拨款收入支出表、固定资产投资决算报表等主表，有关附表以及财务情况说明书等。

第五十六条 财务情况说明书，主要说明事业单位收入及其支出、结转、结余及其分配、资产负债变动、对外投资、资产出租出借、资产处置、固定资产投资、绩效考评的情况，对本期或者下期财务状况发生重大影响的事项，以及需要说明的其他事项。

第五十七条 财务分析的内容包括预算编制与执行、资产使用、收入支出状况等。

财务分析的指标包括预算收入和支出完成率、人员支出与公用支出分别占事业支出的比率、人均基本支出、资产负债率等。主管部门和事业单位可以根据本单位的业务特点增加财务分析指标。

第十一章　财务监督

第五十八条　事业单位财务监督主要包括对预算管理、收入管理、支出管理、结转和结余管理、专用基金管理、资产管理、负债管理等的监督。

第五十九条　事业单位财务监督应当实行事前监督、事中监督、事后监督相结合，日常监督与专项监督相结合。

第六十条　事业单位应当建立健全内部控制制度、经济责任制度、财务信息披露制度等监督制度，依法公开财务信息。

第六十一条　事业单位应当依法接受主管部门和财政、审计部门的监督。

第十二章　附则

第六十二条　事业单位基本建设投资的财务管理，应当执行本规则，但国家基本建设投资财务管理制度另有规定的，从其规定。

第六十三条　参照公务员法管理的事业单位财务制度的适用，由国务院财政部门另行规定。

第六十四条　接受国家经常性资助的社会力量举办的公益服务性组织和社会团体，依照本规则执行；其他社会力量举办的公益服务性组织和社会团体，可以参照本规则执行。

第六十五条　下列事业单位或者事业单位特定项目，执行企业财务制度，不执行本规则：

（一）纳入企业财务管理体系的事业单位和事业单位附属独立核算的生产经营单位；

（二）事业单位经营的接受外单位要求投资回报的项目；

（三）经主管部门和财政部门批准的具备条件的其他事业单位。

第六十六条　行业特点突出，需要制定行业事业单位财务管理制度的，由国务院财政部门会同有关主管部门根据本规则制定。

部分行业根据成本核算和绩效管理的需要，可以在行业事业单位财务管理制度中引入权责发生制。

第六十七条　省、自治区、直辖市人民政府财政部门可以根据本规则结合本地区实际情况制定事业单位具体财务管理办法。

第六十八条 本规则自 2012 年 4 月 1 日起施行。

附件：事业单位财务分析指标

事业单位财务分析指标

1. 预算收入和支出完成率，衡量事业单位收入和支出总预算及分项预算完成的程度。计算公式为：

$$\text{预算收入完成率} = \frac{\text{年终执行数}}{\text{（年初预算数±年中预算调整数）}} \times 100\%$$

年终执行数不含上年结转和结余收入数

$$\text{预算支出完成率} = \frac{\text{年终执行数}}{\text{（年初预算数±年中预算调整数）}} \times 100\%$$

年终执行数不含上年结转和结余支出数

2. 人员支出、公用支出占事业支出的比率，衡量事业单位事业支出结构。计算公式为：

$$\text{人员支出比率} = \text{人员支出} \div \text{事业支出} \times 100\%$$

$$\text{公用支出比率} = \text{公用支出} \div \text{事业支出} \times 100\%$$

3. 人均基本支出，衡量事业单位按照实际在编人数平均的基本支出水平。计算公式为：

$$\text{人均基本支出} = （\text{基本支出} - \text{离退休人员支出}）\div \text{实际在编人数}$$

4. 资产负债率，衡量事业单位利用债权人提供资金开展业务活动的能力，以及反映债权人提供资金的安全保障程度。计算公式为：

$$\text{资产负债率} = \text{负债总额} \div \text{资产总额} \times 100\%$$

附录二　事业单位会计准则

（2012 年 12 月 6 日　中华人民共和国财政部令第 72 号）

第一章　总则

第一条　为了规范事业单位的会计核算，保证会计信息质量，促进公益事业健康发展，根据《中华人民共和国会计法》等有关法律、行政法规，制定本准则。

第二条　本准则适用于各级各类事业单位。

第三条　事业单位会计制度、行业事业单位会计制度（以下统称会计制度）等，由财政部根据本准则制定。

第四条　事业单位会计核算的目标是向会计信息使用者提供与事业单位财务状况、事业成果、预算执行等有关的会计信息，反映事业单位受托责任的履行情况，有助于会计信息使用者进行社会管理、作出经济决策。

事业单位会计信息使用者包括政府及其有关部门、举办（上级）单位、债权人、事业单位自身和其他利益相关者。

第五条　事业单位应当对其自身发生的经济业务或者事项进行会计核算。

第六条　事业单位会计核算应当以事业单位各项业务活动持续正常地进行为前提。

第七条　事业单位应当划分会计期间，分期结算账目和编制财务会计报告（又称财务报告，下同）。

会计期间至少分为年度和月度。会计年度、月度等会计期间的起讫日期采用公历日期。

第八条 事业单位会计核算应当以人民币作为记账本位币。发生外币业务时，应当将有关外币金额折算为人民币金额计量。

第九条 事业单位会计核算一般采用收付实现制；部分经济业务或者事项采用权责发生制核算的，由财政部在会计制度中具体规定。

行业事业单位的会计核算采用权责发生制的，由财政部在相关会计制度中规定。

第十条 事业单位会计要素包括资产、负债、净资产、收入、支出或者费用。

第十一条 事业单位应当采用借贷记账法记账。

第二章 会计信息质量要求

第十二条 事业单位应当以实际发生的经济业务或者事项为依据进行会计核算，如实反映各项会计要素的情况和结果，保证会计信息真实可靠。

第十三条 事业单位应当将发生的各项经济业务或者事项统一纳入会计核算，确保会计信息能够全面反映事业单位的财务状况、事业成果、预算执行等情况。

第十四条 事业单位对于已经发生的经济业务或者事项，应当及时进行会计核算，不得提前或者延后。

第十五条 事业单位提供的会计信息应当具有可比性。

同一事业单位不同时期发生的相同或者相似的经济业务或者事项，应当采用一致的会计政策，不得随意变更。确需变更的，应当将变更的内容、理由和对单位财务状况及事业成果的影响在附注中予以说明。

同类事业单位中不同单位发生的相同或者相似的经济业务或者事项，应当采用统一的会计政策，确保同类单位会计信息口径一致，相互可比。

第十六条 事业单位提供的会计信息应当与事业单位受托责任履行情况的反映、会计信息使用者的管理、决策需要相关，有助于会计信息使用者对事业单位过去、现在或者未来的情况作出评价或者预测。

第十七条 事业单位提供的会计信息应当清晰明了，便于会计信息使用者理解和使用。

第三章 资产

第十八条 资产是指事业单位占有或者使用的能以货币计量的经济资源，包括各种财产、债权和其他权利。

第十九条 事业单位的资产按照流动性，分为流动资产和非流动资产。

流动资产是指预计在1年内（含1年）变现或者耗用的资产。

非流动资产是指流动资产以外的资产。

第二十条 事业单位的流动资产包括货币资金、短期投资、应收及预付款项、存货等。

货币资金包括库存现金、银行存款、零余额账户用款额度等。

短期投资是指事业单位依法取得的，持有时间不超过1年（含1年）的投资。

应收及预付款项是指事业单位在开展业务活动中形成的各项债权，包括财政应返还额度、应收票据、应收账款、其他应收款等应收款项和预付账款。

存货是指事业单位在开展业务活动及其他活动中为耗用而储存的资产，包括材料、燃料、包装物和低值易耗品等。

第二十一条 事业单位的非流动资产包括长期投资、在建工程、固定资产、无形资产等。

长期投资是指事业单位依法取得的，持有时间超过1年（不含1年）的各种股权和债权性质的投资。

在建工程是指事业单位已经发生必要支出，但尚未完工交付使用的各种建筑（包括新建、改建、扩建、修缮等）和设备安装工程。

固定资产是指事业单位持有的使用期限超过1年（不含1年），单位价值在规定标准以上，并在使用过程中基本保持原有物质形态的资产，包括房屋及构筑物、专用设备、通用设备等。单位价值虽未达到规定标准，但是耐用时间超过1年（不含1年）的大批同类物资，应当作为固定资产核算。

无形资产是指事业单位持有的没有实物形态的可辨认非货币性资产，包括专利权、商标权、著作权、土地使用权、非专利技术等。

第二十二条 事业单位的资产应当按照取得时的实际成本进行计量。

除国家另有规定外，事业单位不得自行调整其账面价值。

应收及预付款项应当按照实际发生额计量。

以支付对价方式取得的资产，应当按照取得资产时支付的现金或者现金等价物的金额，或者按照取得资产时所付出的非货币性资产的评估价值等金额计量。

取得资产时没有支付对价的，其计量金额应当按照有关凭据注明的金额加上相关税费、运输费等确定；没有相关凭据的，其计量金额比照同类或类似资产的市场价格加上相关税费、运输费等确定；没有相关凭据、同类或类似资产的市场价格也无法可靠取得的，所取得的资产应当按照名义金额入账。

第二十三条 事业单位对固定资产计提折旧、对无形资产进行摊销的，由财政部在相关财务会计制度中规定。

第四章 负债

第二十四条 负债是指事业单位所承担的能以货币计量，需要以资产或者劳务偿还的债务。

第二十五条 事业单位的负债按照流动性，分为流动负债和非流动负债。

流动负债是指预计在1年内（含1年）偿还的负债。

非流动负债是指流动负债以外的负债。

第二十六条 事业单位的流动负债包括短期借款、应付及预收款项、应付职工薪酬、应缴款项等。

短期借款是指事业单位借入的期限在1年内（含1年）的各种借款。

应付及预收款项是指事业单位在开展业务活动中发生的各项债务，包括应付票据、应付账款、其他应付款等应付款项和预收账款。

应付职工薪酬是指事业单位应付未付的职工工资、津贴补贴等。

应缴款项是指事业单位应缴未缴的各种款项，包括应当上缴国库或者财政专户的款项、应缴税费，以及其他按照国家有关规定应当上缴的款项。

第二十七条 事业单位的非流动负债包括长期借款、长期应付款等。

长期借款是指事业单位借入的期限超过1年（不含1年）的各种借款。

长期应付款是指事业单位发生的偿还期限超过1年（不含1年）的应

付款项，主要指事业单位融资租入固定资产发生的应付租赁款。

第二十八条 事业单位的负债应当按照合同金额或实际发生额进行计量。

第五章 净资产

第二十九条 净资产是指事业单位资产扣除负债后的余额。

第三十条 事业单位的净资产包括事业基金、非流动资产基金、专用基金、财政补助结转结余、非财政补助结转结余等。

事业基金是指事业单位拥有的非限定用途的净资产，其来源主要为非财政补助结余扣除结余分配后滚存的金额。

非流动资产基金是指事业单位非流动资产占用的金额。

专用基金是指事业单位按规定提取或者设置的具有专门用途的净资产。

财政补助结转结余是指事业单位各项财政补助收入与其相关支出相抵后剩余滚存的、须按规定管理和使用的结转和结余资金。

非财政补助结转结余是指事业单位除财政补助收支以外的各项收入与各项支出相抵后的余额。其中，非财政补助结转是指事业单位除财政补助收支以外的各专项资金收入与其相关支出相抵后剩余滚存的、须按规定用途使用的结转资金；非财政补助结余是指事业单位除财政补助收支以外的各非专项资金收入与各非专项资金支出相抵后的余额。

第三十一条 事业基金、非流动资产基金、专用基金、财政补助结转结余、非财政补助结转结余等净资产项目应当分项列入资产负债表。

第六章 收入

第三十二条 收入是指事业单位开展业务及其他活动依法取得的非偿还性资金。

第三十三条 事业单位的收入包括财政补助收入、事业收入、上级补助收入、附属单位上缴收入、经营收入和其他收入等。

财政补助收入是指事业单位从同级财政部门取得的各类财政拨款，包括基本支出补助和项目支出补助。

事业收入是指事业单位开展专业业务活动及其辅助活动取得的收入。其中：按照国家有关规定应当上缴国库或者财政专户的资金，不计入事业收入；从财政专户核拨给事业单位的资金和经核准不上缴国库或者财政专户的资金，计入事业收入。

上级补助收入是指事业单位从主管部门和上级单位取得的非财政补助收入。

附属单位上缴收入是指事业单位附属独立核算单位按照有关规定上缴的收入。

经营收入是指事业单位在专业业务活动及其辅助活动之外开展非独立核算经营活动取得的收入。

其他收入是指财政补助收入、事业收入、上级补助收入、附属单位上缴收入和经营收入以外的各项收入，包括投资收益、利息收入、捐赠收入等。

第三十四条　事业单位的收入一般应当在收到款项时予以确认，并按照实际收到的金额进行计量。

采用权责发生制确认的收入，应当在提供服务或者发出存货，同时收讫价款或者取得索取价款的凭据时予以确认，并按照实际收到的金额或者有关凭据注明的金额进行计量。

第七章　支出或者费用

第三十五条　支出或者费用是指事业单位开展业务及其他活动发生的资金耗费和损失。

第三十六条　事业单位的支出或者费用包括事业支出、对附属单位补助支出、上缴上级支出、经营支出和其他支出等。

事业支出是指事业单位开展专业业务活动及其辅助活动发生的基本支出和项目支出。

对附属单位补助支出是指事业单位用财政补助收入之外的收入对附属单位补助发生的支出。

上缴上级支出是指事业单位按照财政部门和主管部门的规定上缴上级单位的支出。

经营支出是指事业单位在专业业务活动及其辅助活动之外开展非独立核算经营活动发生的支出。

其他支出是指事业支出、对附属单位补助支出、上缴上级支出和经营支出以外的各项支出，包括利息支出、捐赠支出等。

第三十七条 事业单位开展非独立核算经营活动的，应当正确归集开展经营活动发生的各项费用数；无法直接归集的，应当按照规定的标准或比例合理分摊。

事业单位的经营支出与经营收入应当配比。

第三十八条 事业单位的支出一般应当在实际支付时予以确认，并按照实际支付金额进行计量。

采用权责发生制确认的支出或者费用，应当在其发生时予以确认，并按照实际发生额进行计量。

第八章　财务会计报告

第三十九条 财务会计报告是反映事业单位某一特定日期的财务状况和某一会计期间的事业成果、预算执行等会计信息的文件。

第四十条 事业单位的财务会计报告包括财务报表和其他应当在财务会计报告中披露的相关信息和资料。

第四十一条 财务报表是对事业单位财务状况、事业成果、预算执行情况等的结构性表述。财务报表由会计报表及其附注构成。

会计报表至少应当包括下列组成部分：

（一）资产负债表；

（二）收入支出表或者收入费用表；

（三）财政补助收入支出表。

第四十二条 资产负债表是指反映事业单位在某一特定日期的财务状况的报表。

资产负债表应当按照资产、负债和净资产分类列示。资产和负债应当分别流动资产和非流动资产、流动负债和非流动负债列示。

第四十三条 收入支出表或者收入费用表是指反映事业单位在某一会计期间的事业成果及其分配情况的报表。

收入支出表或者收入费用表应当按照收入、支出或者费用的构成和非财政补助结余分配情况分项列示。

第四十四条 财政补助收入支出表是指反映事业单位在某一会计期间财政补助收入、支出、结转及结余情况的报表。

第四十五条 附注是指对在会计报表中列示项目的文字描述或明细资料，以及对未能在会计报表中列示项目的说明等。

附注至少应当包括下列内容：

（一）遵循事业单位会计准则、事业单位会计制度（行业事业单位会计制度）的声明；

（二）会计报表中列示的重要项目的进一步说明，包括其主要构成、增减变动情况等；

（三）有助于理解和分析会计报表需要说明的其他事项。

第四十六条 事业单位财务报表应当根据登记完整、核对无误的账簿记录和其他有关资料编制，做到数字真实、计算准确、内容完整、报送及时。

第九章 附则

第四十七条 纳入企业财务管理体系的事业单位执行企业会计准则或小企业会计准则。

第四十八条 参照公务员法管理的事业单位对本准则的适用，由财政部另行规定。

第四十九条 本准则自 2013 年 1 月 1 日起施行。1997 年 5 月 28 日财政部印发的《事业单位会计准则（试行）》（财预字〔1997〕286 号）同时废止。

附录三　事业单位会计制度

(2012 年 12 月 19 日 财会〔2012〕22 号)

目录

第一部分　总说明

一、为了规范事业单位的会计核算，保证会计信息质量，根据《中华人民共和国会计法》、《事业单位会计准则》和《事业单位财务规则》，制定本制度。

二、本制度适用于各级各类事业单位，下列事业单位除外：

(一)按规定执行《医院会计制度》等行业事业单位会计制度的事业单位；

(二)纳入企业财务管理体系执行企业会计准则或小企业会计准则的事业单位。

参照公务员法管理的事业单位对本制度的适用，由财政部另行规定。

三、事业单位对基本建设投资的会计核算在执行本制度的同时，还应当按照国家有关基本建设会计核算的规定单独建账、单独核算。

四、事业单位会计核算一般采用收付实现制，但部分经济业务或者事项的核算应当按照本制度的规定采用权责发生制。

五、事业单位应当按照《事业单位财务规则》或相关财务制度的规定确定是否对固定资产计提折旧、对无形资产进行摊销。

对固定资产计提折旧、对无形资产进行摊销的，按照本制度规定处理。

不对固定资产计提折旧、不对无形资产进行摊销的，不设置本制度规定的"累计折旧"、"累计摊销"科目，在进行账务处理时不考虑本制度其他科目说明中涉及的"累计折旧"、"累计摊销"科目。

六、事业单位会计要素包括资产、负债、净资产、收入和支出。

七、事业单位应当按照下列规定运用会计科目：

（一）事业单位应当按照本制度的规定设置和使用会计科目。在不影响会计处理和编报财务报表的前提下，可以根据实际情况自行增设、减少或合并某些明细科目。

（二）本制度统一规定会计科目的编号，以便于填制会计凭证、登记账簿、查阅账目，实行会计信息化管理。事业单位不得打乱重编。

（三）事业单位在填制会计凭证、登记会计账簿时，应当填列会计科目的名称，或者同时填列会计科目的名称和编号，不得只填列科目编号、不填列科目名称。

八、事业单位应当按照下列规定编报财务报表：

（一）事业单位的财务报表由会计报表及其附注构成。会计报表包括资产负债表、收入支出表和财政补助收入支出表。

（二）事业单位的财务报表应当按照月度和年度编制。

（三）事业单位应当根据本制度规定编制并对外提供真实、完整的财务报表。事业单位不得违反本制度规定，随意改变财务报表的编制基础、编制依据、编制原则和方法，不得随意改变本制度规定的财务报表有关数据的会计口径。

（四）事业单位财务报表应当根据登记完整、核对无误的账簿记录和其他有关资料编制，做到数字真实、计算准确、内容完整、报送及时。

（五）事业单位财务报表应当由单位负责人和主管会计工作的负责人、会计机构负责人（会计主管人员）签名并盖章。

九、事业单位会计机构设置、会计人员配备、会计基础工作、会计档案管理、内部控制等，按照《中华人民共和国会计法》、《会计基础工作规范》、《会计档案管理办法》、《行政事业单位内部控制规范（试行）》等规定执行。开展会计信息化工作的事业单位，还应按照财政部制定的相关会计信息化工作规范执行。

十、本制度自 2013 年 1 月 1 日起施行。1997 年 7 月 17 日财政部印发的《事业单位会计制度》（财预字〔1997〕288 号）同时废止。

第二部分　会计科目名称和编号

序号	科目编号	科目名称
一、资产类		
1	1001	库存现金
2	1002	银行存款
3	1011	零余额账户用款额度
4	1101	短期投资
5	1201	财政应返还额度
	120101	财政直接支付
	120102	财政授权支付
6	1211	应收票据
7	1212	应收账款
8	1213	预付账款
9	1215	其他应收款
10	1301	存货
11	1401	长期投资
12	1501	固定资产
13	1502	累计折旧
14	1511	在建工程
15	1601	无形资产
16	1602	累计摊销
17	1701	待处置资产损溢
二、负债类		
18	2001	短期借款
19	2101	应缴税费
20	2102	应缴国库款
21	2103	应缴财政专户款
22	2201	应付职工薪酬
23	2301	应付票据
24	2302	应付账款

续表

序号	科目编号	科目名称
25	2303	预收账款
26	2305	其他应付款
27	2401	长期借款
28	2402	长期应付款
三、净资产类		
29	3001	事业基金
30	3101	非流动资产基金
	310101	长期投资
	310102	固定资产
	310103	在建工程
	310104	无形资产
31	3201	专用基金
32	3301	财政补助结转
	330101	基本支出结转
	330102	项目支出结转
33	3302	财政补助结余
34	3401	非财政补助结转
35	3402	事业结余
36	3403	经营结余
37	3404	非财政补助结余分配
四、收入类		
38	4001	财政补助收入
39	4101	事业收入
40	4201	上级补助收入
41	4301	附属单位上缴收入
42	4401	经营收入
43	4501	其他收入
五、支出类		
44	5001	事业支出
45	5101	上缴上级支出
46	5201	对附属单位补助支出
47	5301	经营支出
48	5401	其他支出

第三部分 会计科目使用说明

一、资产类
1001 库存现金

一、本科目核算事业单位的库存现金。

二、事业单位应当严格按照国家有关现金管理的规定收支现金，并按照本制度规定核算现金的各项收支业务。

三、库存现金的主要账务处理如下：

（一）从银行等金融机构提取现金，按照实际提取的金额，借记本科目，贷记"银行存款"等科目；将现金存入银行等金融机构，按照实际存入的金额，借记"银行存款"等科目，贷记本科目。

（二）因内部职工出差等原因借出的现金，按照实际借出的现金金额，借记"其他应收款"科目，贷记本科目；出差人员报销差旅费时，按照应报销的金额，借记有关科目，按照实际借出的现金金额，贷记"其他应收款"科目，按其差额，借记或贷记本科目。

（三）因开展业务等其他事项收到现金，按照实际收到的金额，借记本科目，贷记有关科目；因购买服务或商品等其他事项支出现金，按照实际支出的金额，借记有关科目，贷记本科目。

四、事业单位应当设置"现金日记账"，由出纳人员根据收付款凭证，按照业务发生顺序逐笔登记。每日终了，应当计算当日的现金收入合计数、现金支出合计数和结余数，并将结余数与实际库存数核对，做到账款相符。

每日账款核对中发现现金溢余或短缺的，应当及时进行处理。如发现现金溢余，属于应支付给有关人员或单位的部分，借记本科目，贷记"其他应付款"科目；属于无法查明原因的部分，借记本科目，贷记"其他收入"科目。如发现现金短缺，属于应由责任人赔偿的部分，借记"其他应收款"科目，贷记本科目；属于无法查明原因的部分，报经批准后，借记"其他支出"科目，贷记本科目。

现金收入业务较多、单独设有收款部门的事业单位，收款部门的收款员应当将每天所收现金连同收款凭据等一并交财务部门核收记账；或者将每天所收现金直接送存开户银行后，将收款凭据及向银行送存现金的凭证等一并交财务部门核收记账。

五、事业单位有外币现金的，应当分别按照人民币、各种外币设置"现金日记账"进行明细核算。有关外币现金业务的账务处理参见"银行存款"科目的相关规定。

六、本科目期末借方余额，反映事业单位实际持有的库存现金。

1002　银行存款

一、本科目核算事业单位存入银行或其他金融机构的各种存款。

二、事业单位应当严格按照国家有关支付结算办法的规定办理银行存款收支业务，并按照本制度规定核算银行存款的各项收支业务。

三、银行存款的主要账务处理如下：

（一）将款项存入银行或其他金融机构，借记本科目，贷记"库存现金"、"事业收入"、"经营收入"等有关科目。

（二）提取和支出存款时，借记有关科目，贷记本科目。

四、事业单位发生外币业务的，应当按照业务发生当日（或当期期初，下同）的即期汇率，将外币金额折算为人民币记账，并登记外币金额和汇率。

期末，各种外币账户的外币余额应当按照期末的即期汇率折算为人民币，作为外币账户期末人民币余额。调整后的各种外币账户人民币余额与原账面人民币余额的差额，作为汇兑损益计入相关支出。

（一）以外币购买物资、劳务等，按照购入当日的即期汇率将支付的外币或应支付的外币折算为人民币金额，借记有关科目，贷记本科目、"应付账款"等科目的外币账户。

（二）以外币收取相关款项等，按照收取款项或收入确认当日的即期汇率将收取的外币或应收取的外币折算为人民币金额，借记本科目、"应收账款"等科目的外币账户，贷记有关科目。

（三）期末，根据各外币账户按期末汇率调整后的人民币余额与原账面人民币余额的差额，作为汇兑损益，借记或贷记本科目、"应收账款"、"应付账款"等科目，贷记或借记"事业支出"、"经营支出"等科目。

五、事业单位应当按开户银行或其他金融机构、存款种类及币种等，分别设置"银行存款日记账"，由出纳人员根据收付款凭证，按照业务的发生顺序逐笔登记，每日终了应结出余额。"银行存款日记账"应定期与"银行对账单"核对，至少每月核对一次。月度终了，事业单位银行存款账面余额与银行对账单余额之间如有差额，必须逐笔查明原因并进行处理，按月编制"银行存款余额调节表"，调节相符。

六、本科目期末借方余额，反映事业单位实际存放在银行或其他金融机构的款项。

1011　零余额账户用款额度

一、本科目核算实行国库集中支付的事业单位根据财政部门批复的用款计划收到和支用的零余额账户用款额度。

二、零余额账户用款额度的主要账务处理如下：

（一）在财政授权支付方式下，收到代理银行盖章的"授权支付到账通知书"时，根据通知书所列数额，借记本科目，贷记"财政补助收入"科目。

（二）按规定支用额度时，借记有关科目，贷记本科目。

（三）从零余额账户提取现金时，借记"库存现金"科目，贷记本科目。

（四）因购货退回等发生国库授权支付额度退回的，属于以前年度支付的款项，按照退回金额，借记本科目，贷记"财政补助结转"、"财政补助结余"、"存货"等有关科目；属于本年度支付的款项，按照退回金额，借记本科目，贷记"事业支出"、"存货"等有关科目。

（五）年度终了，依据代理银行提供的对账单作注销额度的相关账务处理，借记"财政应返还额度——财政授权支付"科目，贷记本科目。事业单位本年度财政授权支付预算指标数大于零余额账户用款额度下达数的，根据未下达的用款额度，借记"财政应返还额度——财政授权支付"科目，贷记"财政补助收入"科目。

下年初，事业单位依据代理银行提供的额度恢复到账通知书作恢复额度的相关账务处理，借记本科目，贷记"财政应返还额度——财政授权支付"科目。事业单位收到财政部门批复的上年末未下达零余额账户用款额度的，借记本科目，贷记"财政应返还额度——财政授权支付"科目。

三、本科目期末借方余额，反映事业单位尚未支用的零余额账户用款额度。本科目年末应无余额。

1101　短期投资

一、本科目核算事业单位依法取得的，持有时间不超过1年（含1年）的投资，主要是国债投资。

二、事业单位应当严格遵守国家法律、行政法规以及财政部门、主管部门关于对外投资的有关规定。

三、本科目应当按照国债投资的种类等进行明细核算。

四、短期投资的主要账务处理如下：

（一）短期投资在取得时，应当按照其实际成本（包括购买价款以及税金、手续费等相关税费）作为投资成本，借记本科目，贷记"银行存款"等科目。

（二）短期投资持有期间收到利息时，按实际收到的金额，借记"银行存款"科目，贷记"其他收入——投资收益"科目。

（三）出售短期投资或到期收回短期国债本息，按照实际收到的金额，借记"银行存款"科目，按照出售或收回短期国债的成本，贷记本科目，按其差额，贷记或借记"其他收入——投资收益"科目。

五、本科目期末借方余额，反映事业单位持有的短期投资成本。

1201 财政应返还额度

一、本科目核算实行国库集中支付的事业单位应收财政返还的资金额度。

二、本科目应当设置"财政直接支付"、"财政授权支付"两个明细科目，进行明细核算。

三、财政应返还额度的主要账务处理如下：

（一）财政直接支付

年度终了，事业单位根据本年度财政直接支付预算指标数与当年财政直接支付实际支出数的差额，借记本科目（财政直接支付），贷记"财政补助收入"科目。

下年度恢复财政直接支付额度后，事业单位以财政直接支付方式发生实际支出时，借记有关科目，贷记本科目（财政直接支付）。

（二）财政授权支付

年度终了，事业单位依据代理银行提供的对账单作注销额度的相关账务处理，借记本科目（财政授权支付），贷记"零余额账户用款额度"科目。事业单位本年度财政授权支付预算指标数大于零余额账户用款额度下达数的，根据未下达的用款额度，借记本科目（财政授权支付），贷记"财政补助收入"科目。

下年初，事业单位依据代理银行提供的额度恢复到账通知书作恢复额度的相关账务处理，借记"零余额账户用款额度"科目，贷记本科目（财政授权支付）。事业单位收到财政部门批复的上年末未下达零余额账户用款额度时，借记"零余额账户用款额度"科目，贷记本科目（财政授权支付）。

四、本科目期末借方余额，反映事业单位应收财政返还的资金额度。

1211 应收票据

一、本科目核算事业单位因开展经营活动销售产品、提供有偿服务等而收到的商业汇票，包括银行承兑汇票和商业承兑汇票。

二、本科目应当按照开出、承兑商业汇票的单位等进行明细核算。

三、应收票据的主要账务处理如下：

（一）因销售产品、提供服务等收到商业汇票，按照商业汇票的票面金额，借记本科目，按照确认的收入金额，贷记"经营收入"等科目，按照应缴增值税金额，贷记"应缴税费——应缴增值税"科目。

（二）持未到期的商业汇票向银行贴现，按照实际收到的金额（即扣除贴现息后的净额），借记"银行存款"科目，按照贴现息，借记"经营支出"等科目，按照商业汇票的票面金额，贷记本科目。

（三）将持有的商业汇票背书转让以取得所需物资时，按照取得物资的成本，借记有关科目，按照商业汇票的票面金额，贷记本科目，如有差额，借记或贷记"银行存款"等科目。

（四）商业汇票到期时，应当分别以下情况处理：

1. 收回应收票据，按照实际收到的商业汇票票面金额，借记"银行存款"科目，贷记本科目。

2. 因付款人无力支付票款，收到银行退回的商业承兑汇票、委托收款凭证、未付票款通知书或拒付款证明等，按照商业汇票的票面金额，借记"应收账款"科目，贷记本科目。

四、事业单位应当设置"应收票据备查簿"，逐笔登记每一应收票据的种类、号数、出票日期、到期日、票面金额、交易合同号和付款人、承兑人、背书人姓名或单位名称、背书转让日、贴现日期、贴现率和贴现净额、收款日期、收回金额和退票情况等资料。应收票据到期结清票款或退票后，应当在备查簿内逐笔注销。

五、本科目期末借方余额，反映事业单位持有的商业汇票票面金额。

1212 应收账款

一、本科目核算事业单位因开展经营活动销售产品、提供有偿服务等而应收取的款项。

二、本科目应当按照购货、接受劳务单位（或个人）进行明细核算。

三、应收账款的主要账务处理如下：

（一）发生应收账款时，按照应收未收金额，借记本科目，按照确认的收入金额，贷记"经营收入"等科目，按照应缴增值税金额，贷记"应缴税费——应缴增值税"科目。

（二）收回应收账款时，按照实际收到的金额，借记"银行存款"等科目，贷记本科目。

四、逾期三年或以上、有确凿证据表明确实无法收回的应收账款，按规定报经批准后予以核销。核销的应收账款应在备查簿中保留登记。

（一）转入待处置资产时，按照待核销的应收账款金额，借记"待处置资产损溢"科目，贷记本科目。

（二）报经批准予以核销时，借记"其他支出"科目，贷记"待处置资产损溢"科目。

（三）已核销应收账款在以后期间收回的，按照实际收回的金额，借记"银行存款"等科目，贷记"其他收入"科目。

五、本科目期末借方余额，反映事业单位尚未收回的应收账款。

1213 预付账款

一、本科目核算事业单位按照购货、劳务合同规定预付给供应单位的款项。

二、本科目应当按照供应单位（或个人）进行明细核算。

事业单位应当通过明细核算或辅助登记方式，登记预付账款的资金性质（区分财政补助资金、非财政专项资金和其他资金）。

三、预付账款的主要账务处理如下：

（一）发生预付账款时，按照实际预付的金额，借记本科目，贷记"零余额账户用款额度"、"财政补助收入"、"银行存款"等科目。

（二）收到所购物资或劳务，按照购入物资或劳务的成本，借记有关科目，按照相应预付账款金额，贷记本科目，按照补付的款项，贷记"零余额账户用款额度"、"财政补助收入"、"银行存款"等科目。

收到所购固定资产、无形资产的，按照确定的资产成本，借记"固定资产"、"无形资产"科目，贷记"非流动资产基金——固定资产、无形资产"科目；同时，按资产购置支出，借记"事业支出"、"经营支出"等科目，按照相应预付账款金额，贷记本科目，按照补付的款项，贷记"零余额账户用款额度"、"财政补助收入"、"银行存款"等科目。

四、逾期三年或以上、有确凿证据表明因供货单位破产、撤销等原因已无望再收到所购物资，且确实无法收回的预付账款，按规定报经批准后予以核销。核销的预付账款应在备查簿中保留登记。

（一）转入待处置资产时，按照待核销的预付账款金额，借记"待处置资产损溢"科目，贷记本科目。

（二）报经批准予以核销时，借记"其他支出"科目，贷记"待处置资产损溢"科目。

（三）已核销预付账款在以后期间收回的，按照实际收回的金额，借记"银行存款"等科目，贷记"其他收入"科目。

五、本科目期末借方余额，反映事业单位实际预付但尚未结算的款项。

1215 其他应收款

一、本科目核算事业单位除财政应返还额度、应收票据、应收账款、预付账款以外的其他各项应收及暂付款项，如职工预借的差旅费、拨付给内部有关部门的备用金、应向职工收取的各种垫付款项等。

二、本科目应当按照其他应收款的类别以及债务单位（或个人）进行明细核算。

三、其他应收款的主要账务处理如下：

（一）发生其他各种应收及暂付款项时，借记本科目，贷记"银行存款"、"库存现金"等科目。

（二）收回或转销其他各种应收及暂付款项时，借记"库存现金"、"银行存款"等科目，贷记本科目。

（三）事业单位内部实行备用金制度的，有关部门使用备用金以后应当及时到财务部门报销并补足备用金。财务部门核定并发放备用金时，借记本科目，贷记"库存现金"等科目。根据报销数用现金补足备用金定额时，借记有关科目，贷记"库存现金"等科目，报销数和拨补数都不再通过本科目核算。

四、逾期三年或以上、有确凿证据表明确实无法收回的其他应收款，按规定报经批准后予以核销。核销的其他应收款应在备查簿中保留登记。

（一）转入待处置资产时，按照待核销的其他应收款金额，借记"待处置资产损溢"科目，贷记本科目。

（二）报经批准予以核销时，借记"其他支出"科目，贷记"待处置资产损溢"科目。

（三）已核销其他应收款在以后期间收回的，按照实际收回的金额，借记"银行存款"等科目，贷记"其他收入"科目。

五、本科目期末借方余额，反映事业单位尚未收回的其他应收款。

1301　存货

一、本科目核算事业单位在开展业务活动及其他活动中为耗用而储存的各种材料、燃料、包装物、低值易耗品及达不到固定资产标准的用具、装具、动植物等的实际成本。

事业单位随买随用的零星办公用品，可以在购进时直接列作支出，不通过本科目核算。

二、本科目应当按照存货的种类、规格、保管地点等进行明细核算。

事业单位应当通过明细核算或辅助登记方式，登记取得存货成本的资金来源（区分财政补助资金、非财政专项资金和其他资金）。

发生自行加工存货业务的事业单位，应当在本科目下设置"生产成本"明细科目，归集核算自行加工存货所发生的实际成本（包括耗用的直接材料费用、发生的直接人工费用和分配的间接费用）。

三、存货的主要账务处理如下：

（一）存货在取得时，应当按照其实际成本入账。

1. 购入的存货，其成本包括购买价款、相关税费、运输费、装卸费、保险费以及其他使得存货达到目前场所和状态所发生的其他支出。事业单位按照税法规定属于增值税一般纳税人的，其购进非自用（如用于生产对外销售的产品）材料所支付的增值税款不计入材料成本。

购入的存货验收入库，按确定的成本，借记本科目，贷记"银行存款"、"应付账款"、"财政补助收入"、"零余额账户用款额度"等科目。

属于增值税一般纳税人的事业单位购入非自用材料的，按确定的成本（不含增值税进项税额），借记本科目，按增值税专用发票上注明的增值税额，借记"应缴税费——应缴增值税（进项税额）"科目，按实际支付或应付的金额，贷记"银行存款"、"应付账款"等科目。

2. 自行加工的存货，其成本包括耗用的直接材料费用、发生的直接人工费用和按照一定方法分配的与存货加工有关的间接费用。

自行加工的存货在加工过程中发生各种费用时，借记本科目（生产成本），贷记本科目（领用材料相关的明细科目）、"应付职工薪酬"、"银行存款"等科目。

加工完成的存货验收入库，按照所发生的实际成本，借记本科目（相关明细科目），贷记本科目（生产成本）。

3. 接受捐赠、无偿调入的存货，其成本按照有关凭据注明的金额加上相关税费、运输费等确定；没有相关凭据的，其成本比照同类或类似存货的市场价格加上相关税费、运输费等确定；没有相关凭据、同类或类似存货的市场价格也无法可靠取得的，该存货按照名义金额（即人民币1元，下同）入账。相关财务制度仅要求进行实物管理的除外。

接受捐赠、无偿调入的存货验收入库，按照确定的成本，借记本科目，按照发生的相关税费、运输费等，贷记"银行存款"等科目，按照其差额，贷记"其他收入"科目。

按照名义金额入账的情况下，按照名义金额，借记本科目，贷记"其他收入"科目；按照发生的相关税费、运输费等，借记"其他支出"科目，贷记"银行存款"等科目。

（二）存货在发出时，应当根据实际情况采用先进先出法、加权平均法或者个别计价法确定发出存货的实际成本。计价方法一经确定，不得随意变更。低值易耗品的成本于领用时一次摊销。

1. 开展业务活动等领用、发出存货，按领用、发出存货的实际成本，借记"事业支出"、"经营支出"等科目，贷记本科目。

2. 对外捐赠、无偿调出存货，转入待处置资产时，按照存货的账面余额，借记"待处置资产损溢"科目，贷记本科目。

属于增值税一般纳税人的事业单位对外捐赠、无偿调出购进的非自用材料，转入待处置资产时，按照存货的账面余额与相关增值税进项税额转出金额的合计金额，借记"待处置资产损溢"科目，按存货的账面余额，贷记本科目，按转出的增值税进项税额，贷记"应缴税费——应缴增值税（进项税额转出）"科目。

实际捐出、调出存货时，按照"待处置资产损溢"科目的相应余额，借记"其他支出"科目，贷记"待处置资产损溢"科目。

四、事业单位的存货应当定期进行清查盘点，每年至少盘点一次。对于发生的存货盘盈、盘亏或者报废、毁损，应当及时查明原因，按规定报经批准后进行账务处理。

（一）盘盈的存货，按照同类或类似存货的实际成本或市场价格确定入账价值；同类或类似存货的实际成本、市场价格均无法可靠取得的，按照名义金额入账。

盘盈的存货，按照确定的入账价值，借记本科目，贷记"其他收入"科目。

（二）盘亏或者毁损、报废的存货，转入待处置资产时，按照待处置存货的账面余额，借记"待处置资产损溢"科目，贷记本科目。

属于增值税一般纳税人的事业单位购进的非自用材料发生盘亏或者毁损、报废的，转入待处置资产时，按照存货的账面余额与相关增值税进项税额转出金额的合计金额，借记"待处置资产损溢"科目，按存货的账面余额，贷记本科目，按转出的增值税进项税额，贷记"应缴税费——应缴增值税（进项税额转出）"科目。

报经批准予以处置时，按照"待处置资产损溢"科目的相应余额，借记"其他支出"科目，贷记"待处置资产损溢"科目。

处置存货过程中所取得的收入、发生的费用，以及处置收入扣除相关处置费用后的净收入的账务处理，参见"待处置资产损溢"科目。

五、本科目期末借方余额，反映事业单位存货的实际成本。

1401 长期投资

一、本科目核算事业单位依法取得的，持有时间超过1年（不含1年）的股权和债权性质的投资。

二、事业单位应当严格遵守国家法律、行政法规以及财政部门、主管部门有关事业单位对外投资的规定。

三、本科目应当按照长期投资的种类和被投资单位等进行明细核算。

四、长期投资的主要账务处理如下：

（一）长期股权投资

1. 长期股权投资在取得时，应当按照其实际成本作为投资成本。

（1）以货币资金取得的长期股权投资，按照实际支付的全部价款（包括购买价款以及税金、手续费等相关税费）作为投资成本，借记本科目，贷记"银行存款"等科目；同时，按照投资成本金额，借记"事业基金"科目，贷记"非流动资产基金——长期投资"科目。

（2）以固定资产取得的长期股权投资，按照评估价值加上相关税费作为投资成本，借记本科目，贷记"非流动资产基金——长期投资"科目，按发生的相关税费，借记"其他支出"科目，贷记"银行存款"、"应缴税费"等科目；同时，按照投出固定资产对应的非流动资产基金，借记"非流动资产基金——固定资产"科目，按照投出固定资产已计提折旧，借记"累计折旧"科目，按投出固定资产的账面余额，贷记"固定资产"科目。

（3）以已入账无形资产取得的长期股权投资，按照评估价值加上相关税费作为投资成本，借记本科目，贷记"非流动资产基金——长期投资"科目，按发生的相关税费，借记"其他支出"科目，贷记"银行存款"、"应缴税费"等科目；同时，按照投出无形资产对应的非流动资产基金，借记"非流动资产基金——无形资产"科目，按照投出无形资产已计提摊销，借记"累计摊销"科目，按照投出无形资产的账面余额，贷记"无形资产"科目。

以未入账无形资产取得的长期股权投资，按照评估价值加上相关税费作为投资成本，借记本科目，贷记"非流动资产基金——长期投资"科目，按发生的相关税费，借记"其他支出"科目，贷记"银行存款"、"应缴税费"等科目。

2. 长期股权投资持有期间，收到利润等投资收益时，按照实际收到的金额，借记"银行存款"等科目，贷记"其他收入——投资收益"科目。

3. 转让长期股权投资，转入待处置资产时，按照待转让长期股权投资的账面余额，借记"待处置资产损溢——处置资产价值"科目，贷记本科目。

实际转让时，按照所转让长期股权投资对应的非流动资产基金，借记"非流动资产基金——长期投资"科目，贷记"待处置资产损溢——处置资产价值"科目。

转让长期股权投资过程中取得价款、发生相关税费，以及转让价款扣除相关税费后的净收入的账务处理，参见"待处置资产损溢"科目。

4. 因被投资单位破产清算等原因，有确凿证据表明长期股权投资发生损失，按规定报经批准后予以核销。将待核销长期股权投资转入待处置资产时，按照待核销的长期股权投资账面余额，借记"待处置资产损溢"科目，贷记本科目。

报经批准予以核销时，借记"非流动资产基金——长期投资"科目，贷记"待处置资产损溢"科目。

（二）长期债券投资

1. 长期债券投资在取得时，应当按照其实际成本作为投资成本。以货币资金购入的长期债券投资，按照实际支付的全部价款（包括购买价款以及税金、手续费等相关税费）作为投资成本，借记本科目，贷记"银行存款"等科目；同时，按照投资成本金额，借记"事业基金"科目，贷记"非流动资产基金——长期投资"科目。

2. 长期债券投资持有期间收到利息时，按照实际收到的金额，借记"银行存款"等科目，贷记"其他收入——投资收益"科目。

3. 对外转让或到期收回长期债券投资本息，按照实际收到的金额，借记"银行存款"等科目，按照收回长期投资的成本，贷记本科目，按照其差额，贷记或借记"其他收入——投资收益"科目；同时，按照收回长期投资对应的非流动资产基金，借记"非流动资产基金——长期投资"科目，贷记"事业基金"科目。

五、本科目期末借方余额，反映事业单位持有的长期投资成本。

1501　固定资产

一、本科目核算事业单位固定资产的原价。

固定资产是指事业单位持有的使用期限超过 1 年（不含 1 年）、单位价值在规定标准以上，并在使用过程中基本保持原有物质形态的资产。单位价值虽未达到规定标准，但使用期限超过 1 年（不含 1 年）的大批同类物资，作为固定资产核算和管理。

二、事业单位的固定资产一般分为六类：房屋及构筑物；专用设备；通用设备；文物和陈列品；图书、档案；家具、用具、装具及动植物。有关说明如下：

1. 对于应用软件，如果其构成相关硬件不可缺少的组成部分，应当将该软件价值包括在所属硬件价值中，一并作为固定资产进行核算；如果其不构成相关硬件不可缺少的组成部分，应当将该软件作为无形资产核算。

2. 事业单位以经营租赁租入的固定资产，不作为固定资产核算，应当另设备查簿进行登记。

3. 购入需要安装的固定资产，应当先通过"在建工程"科目核算，安装完毕交付使用时再转入本科目核算。

三、事业单位应当根据固定资产定义，结合本单位的具体情况，制定适合于本单位的固定资产目录、具体分类方法，作为进行固定资产核算的依据。

事业单位应当设置"固定资产登记簿"和"固定资产卡片"，按照固定资产类别、项目和使用部门等进行明细核算。出租、出借的固定资产，应当设置备查簿进行登记。

四、固定资产的主要账务处理如下：

（一）固定资产在取得时，应当按照其实际成本入账。

1. 购入的固定资产，其成本包括购买价款、相关税费以及固定资产交付使用前所发生的可归属于该项资产的运输费、装卸费、安装调试费和专业人员服务费等。

以一笔款项购入多项没有单独标价的固定资产，按照各项固定资产同类或类似资产市场价格的比例对总成本进行分配，分别确定各项固定资产的入账成本。

购入不需安装的固定资产，按照确定的固定资产成本，借记本科目，贷记"非流动资产基金——固定资产"科目；同时，按照实际支付金额，借记"事业支出"、"经营支出"、"专用基金——修购基金"等科目，贷记"财政补助收入"、"零余额账户用款额度"、"银行存款"等科目。

购入需要安装的固定资产，先通过"在建工程"科目核算。安装完工交付使用时，借记本科目，贷记"非流动资产基金——固定资产"科目；同时，借记"非流动资产基金——在建工程"科目，贷记"在建工程"科目。

购入固定资产扣留质量保证金的，应当在取得固定资产时，按照确定的成本，借记本科目［不需安装］或"在建工程"科目［需要安装］，贷记"非流动资产基金——固定资产、在建工程"科目。同时取得固定资产全款发票的，应当同时按照构成资产成本的全部支出金额，借记"事业支出"、"经营支出"、"专用基金——修购基金"等科目，按照实际支付金额，贷记"财政补助收入"、"零余额账户用款额度"、"银行存款"等科目，按照扣留的质量保证金，贷记"其他应付款"［扣留期在1年以内（含1年）］或"长期应付款"［扣留期超过1年］科目；取得的发票金额不包括质量保证金的，应当同时按照不包括质量保证金的支出金额，借记"事业支出"、"经营支出"、"专用基金——修购基金"等科目，贷记"财政补助收入"、"零余额账户用款额度"、"银行存款"等科目。质保期满支付质量保证金时，借记"其他应付款"、"长期应付款"科目，或借记"事业支出"、"经营支出"、"专用基金——修购基金"等科目，贷记"财政补助收入"、"零余额账户用款额度"、"银行存款"等科目。

2. 自行建造的固定资产，其成本包括建造该项资产至交付使用前所发生的全部必要支出。

工程完工交付使用时，按自行建造过程中发生的实际支出，借记本科目，贷记"非流动资产基金——固定资产"科目；同时，借记"非流动资产基金——在建工程"科目，贷记"在建工程"科目。已交付使用但尚未办理竣工决算手续的固定资产，按照估计价值入账，待确定实际成本后再进行调整。

3. 在原有固定资产基础上进行改建、扩建、修缮后的固定资产，其成本按照原固定资产账面价值（"固定资产"科目账面余额减去"累计折旧"科目账面余额后的净值）[1]加上改建、扩建、修缮发生的支出，再扣除固定资产拆除部分的账面价值后的金额确定。

将固定资产转入改建、扩建、修缮时，按固定资产的账面价值，借记"在建工程"科目，贷记"非流动资产基金——在建工程"科目；同时，按固定资产对应的非流动资产基金，借记"非流动资产基金——固定资产"科目，按固定资产已计提折旧，借记"累计折旧"科目，按固定资产的账面余额，贷记本科目。

工程完工交付使用时，借记本科目，贷记"非流动资产基金——固定资产"科目；同时，借记"非流动资产基金——在建工程"科目，贷记"在建工程"科目。

4. 以融资租赁租入的固定资产，其成本按照租赁协议或者合同确定的租赁价款、相关税费以及固定资产交付使用前所发生的可归属于该项资产的运输费、途中保险费、安装调试费等确定。

融资租入的固定资产，按照确定的成本，借记本科目［不需安装］或"在建工程"科目［需安装］，按照租赁协议或者合同确定的租赁价款，贷

---

[1] 本制度所称账面价值，是指某会计科目的账面余额减去相关备抵科目（如"累计折旧"、"累计摊销"科目）账面余额后的净值。本制度所称账面余额，是指某会计科目的账面实际余额。

记"长期应付款"科目，按照其差额，贷记"非流动资产基金——固定资产、在建工程"科目。同时，按照实际支付的相关税费、运输费、途中保险费、安装调试费等，借记"事业支出"、"经营支出"等科目，贷记"财政补助收入"、"零余额账户用款额度"、"银行存款"等科目。

定期支付租金时，按照支付的租金金额，借记"事业支出"、"经营支出"等科目，贷记"财政补助收入"、"零余额账户用款额度"、"银行存款"等科目；同时，借记"长期应付款"科目，贷记"非流动资产基金——固定资产"科目。

跨年度分期付款购入固定资产的账务处理，参照融资租入固定资产。

5. 接受捐赠、无偿调入的固定资产，其成本按照有关凭据注明的金额加上相关税费、运输费等确定；没有相关凭据的，其成本比照同类或类似固定资产的市场价格加上相关税费、运输费等确定；没有相关凭据、同类或类似固定资产的市场价格也无法可靠取得的，该固定资产按照名义金额入账。

接受捐赠、无偿调入的固定资产，按照确定的固定资产成本，借记本科目［不需安装］或"在建工程"科目［需安装］，贷记"非流动资产基金——固定资产、在建工程"科目；按照发生的相关税费、运输费等，借记"其他支出"科目，贷记"银行存款"等科目。

（二）按月计提固定资产折旧时，按照实际计提金额，借记"非流动资产基金——固定资产"科目，贷记"累计折旧"科目。

（三）与固定资产有关的后续支出，应分别以下情况处理：

1. 为增加固定资产使用效能或延长其使用年限而发生的改建、扩建或修缮等后续支出，应当计入固定资产成本，通过"在建工程"科目核算，完工交付使用时转入本科目。有关账务处理参见"在建工程"科目。

2. 为维护固定资产的正常使用而发生的日常修理等后续支出，应当计入当期支出但不计入固定资产成本，借记"事业支出"、"经营支出"等科目，贷记"财政补助收入"、"零余额账户用款额度"、"银行存款"等科目。

（四）报经批准出售、无偿调出、对外捐赠固定资产或以固定资产对外投资，应当分别以下情况处理：

1. 出售、无偿调出、对外捐赠固定资产，转入待处置资产时，按照待处置固定资产的账面价值，借记"待处置资产损溢"科目，按照已计提折旧，借记"累计折旧"科目，按照固定资产的账面余额，贷记本科目。

实际出售、调出、捐出时，按照处置固定资产对应的非流动资产基金，借记"非流动资产基金——固定资产"科目，贷记"待处置资产损溢"科目。

出售固定资产过程中取得价款、发生相关税费，以及出售价款扣除相关税费后的净收入的账务处理，参见"待处置资产损溢"科目。

2. 以固定资产对外投资，按照评估价值加上相关税费作为投资成本，借记"长期投资"科目，贷记"非流动资产基金——长期投资"科目，按发生的相关税费，借记"其他支出"科目，贷记"银行存款"、"应缴税费"等科目；同时，按照投出固定资产对应的非流动资产基金，借记"非流动资产基金——固定资产"科目，按照投出固定资产已计提折旧，借记"累计折旧"科目，按照投出固定资产的账面余额，贷记本科目。

五、事业单位的固定资产应当定期进行清查盘点，每年至少盘点一次。对于发生的固定资产盘盈、盘亏或者报废、毁损，应当及时查明原因，按规定报经批准后进行账务处理。

（一）盘盈的固定资产，按照同类或类似固定资产的市场价格确定入账价值；同类或类似固定资产的市场价格无法可靠取得的，按照名义金额入账。

盘盈的固定资产，按照确定的入账价值，借记本科目，贷记"非流动资产基金——固定资产"科目。

（二）盘亏或者毁损、报废的固定资产，转入待处置资产时，按照待处置固定资产的账面价值，借记"待处置资产损溢"科目，按照已计提折旧，借记"累计折旧"科目，按照固定资产的账面余额，贷记本科目。

报经批准予以处置时，按照处置固定资产对应的非流动资产基金，借记"非流动资产基金——固定资产"科目，贷记"待处置资产损溢"科目。

处置毁损、报废固定资产过程中所取得的收入、发生的相关费用，以及处置收入扣除相关费用后的净收入的账务处理，参见"待处置资产损溢"科目。

六、本科目期末借方余额，反映事业单位固定资产的原价。

1502　累计折旧

一、本科目核算事业单位固定资产计提的累计折旧。

二、本科目应当按照所对应固定资产的类别、项目等进行明细核算。

三、事业单位应当对除下列各项资产以外的其他固定资产计提折旧：

（一）文物和陈列品；

（二）动植物；

（三）图书、档案；

（四）以名义金额计量的固定资产。

四、折旧是指在固定资产使用寿命内，按照确定的方法对应折旧金额进行系统分摊。有关说明如下：

（一）事业单位应当根据固定资产的性质和实际使用情况，合理确定其折旧年限。省级以上财政部门、主管部门对事业单位固定资产折旧年限作出规定的，从其规定。

（二）事业单位一般应当采用年限平均法或工作量法计提固定资产折旧。

（三）事业单位固定资产的应折旧金额为其成本，计提固定资产折旧不考虑预计净残值。

（四）事业单位一般应当按月计提固定资产折旧。当月增加的固定资产，当月不提折旧，从下月起计提折旧；当月减少的固定资产，当月照提折旧，从下月起不提折旧。

（五）固定资产提足折旧后，无论能否继续使用，均不再计提折旧；提前报废的固定资产，也不再补提折旧。已提足折旧的固定资产，可以继续使用的，应当继续使用，规范管理。

（六）计提融资租入固定资产折旧时，应当采用与自有固定资产相一致的折旧政策。能够合理确定租赁期届满时将会取得租入固定资产所有权的，应当在租入固定资产尚可使用年限内计提折旧；无法合理确定租赁期届满时能够取得租入固定资产所有权的，应当在租赁期与租入固定资产尚可使用年限两者中较短的期间内计提折旧。

（七）固定资产因改建、扩建或修缮等原因而延长其使用年限的，应当按照重新确定的固定资产的成本以及重新确定的折旧年限，重新计算折旧额。

五、累计折旧的主要账务处理如下：

（一）按月计提固定资产折旧时，按照应计提折旧金额，借记"非流动资产基金——固定资产"科目，贷记本科目。

（二）固定资产处置时，按照所处置固定资产的账面价值，借记"待处置资产损溢"科目，按照已计提折旧，借记本科目，按照固定资产的账面余额，贷记"固定资产"科目。

六、本科目期末贷方余额，反映事业单位计提的固定资产折旧累计数。

1511　在建工程

一、本科目核算事业单位已经发生必要支出，但尚未完工交付使用的各种建筑（包括新建、改建、扩建、修缮等）和设备安装工程的实际成本。

二、本科目应当按照工程性质和具体工程项目等进行明细核算。

三、事业单位的基本建设投资应当按照国家有关规定单独建账、单独核算，同时按照本制度的规定至少按月并入本科目及其他相关科目反映。

事业单位应当在本科目下设置"基建工程"明细科目，核算由基建账套并入的在建工程成本。有关基建并账的具体账务处理另行规定。

四、在建工程（非基本建设项目）的主要账务处理如下：

（一）建筑工程

1. 将固定资产转入改建、扩建或修缮等时，按照固定资产的账面价值，借记本科目，贷记"非流动资产基金——在建工程"科目；同时，按照固定资产对应的非流动资产基金，借记"非流动资产基金——固定资产"科目，按照已计提折旧，借记"累计折旧"科目，按照固定资产的账面余额，贷记"固定资产"科目。

2. 根据工程价款结算账单与施工企业结算工程价款时，按照实际支付的工程价款，借记本科目，贷记"非流动资产基金——在建工程"科目；同时，借记"事业支出"等科目，贷记"财政补助收入"、"零余额账户用款额度"、"银行存款"等科目。

3. 事业单位为建筑工程借入的专门借款的利息，属于建设期间发生的，计入在建工程成本，借记本科目，贷记"非流动资产基金——在建工程"科目；同时，借记"其他支出"科目，贷记"银行存款"科目。

4. 工程完工交付使用时，按照建筑工程所发生的实际成本，借记"固定资产"科目，贷记"非流动资产基金——固定资产"科目；同时，借记"非流动资产基金——在建工程"科目，贷记本科目。

（二）设备安装

1. 购入需要安装的设备，按照确定的成本，借记本科目，贷记"非流动资产基金——在建工程"科目;同时,按照实际支付金额,借记"事业支出"、"经营支出"等科目,贷记"财政补助收入"、"零余额账户用款额度"、"银行存款"等科目。

融资租入需要安装的设备,按照确定的成本,借记本科目,按照租赁协议或者合同确定的租赁价款,贷记"长期应付款"科目,按照其差额,贷记"非流动资产基金——在建工程"科目。同时,按照实际支付的相关税费、运输费、途中保险费等,借记"事业支出"、"经营支出"等科目,贷记"财政补助收入"、"零余额账户用款额度"、"银行存款"等科目。

2. 发生安装费用,借记本科目,贷记"非流动资产基金——在建工程"科目;同时,借记"事业支出"、"经营支出"等科目,贷记"财政补助收入"、"零余额账户用款额度"、"银行存款"等科目。

3. 设备安装完工交付使用时,借记"固定资产"科目,贷记"非流动资产基金——固定资产"科目;同时,借记"非流动资产基金——在建工程"科目,贷记本科目。

五、本科目期末借方余额,反映事业单位尚未完工的在建工程发生的实际成本。

1601 无形资产

一、本科目核算事业单位无形资产的原价。

无形资产是指事业单位持有的没有实物形态的可辨认非货币性资产,包括专利权、商标权、著作权、土地使用权、非专利技术等。事业单位购入的不构成相关硬件不可缺少组成部分的应用软件,应当作为无形资产核算。

二、本科目应当按照无形资产的类别、项目等进行明细核算。

三、无形资产的主要账务处理如下:

(一)无形资产在取得时,应当按照其实际成本入账。

1. 外购的无形资产,其成本包括购买价款、相关税费以及可归属于该项资产达到预定用途所发生的其他支出。

购入的无形资产,按照确定的无形资产成本,借记本科目,贷记"非流动资产基金——无形资产"科目;同时,按照实际支付金额,借记"事业支出"等科目,贷记"财政补助收入"、"零余额账户用款额度"、"银行存款"等科目。

2. 委托软件公司开发软件视同外购无形资产进行处理。

支付软件开发费时,按照实际支付金额,借记"事业支出"等科目,贷记"财政补助收入"、"零余额账户用款额度"、"银行存款"等科目。软件开发完成交付使用时，按照软件开发费总额，借记本科目，贷记"非流动资产基金——无形资产"科目。

3. 自行开发并按法律程序申请取得的无形资产，按照依法取得时发生的注册费、聘请律师费等费用，借记本科目，贷记"非流动资产基金——无形资产"科目；同时，借记"事业支出"等科目，贷记"财政补助收入"、"零余额账户用款额度"、"银行存款"等科目。

依法取得前所发生的研究开发支出，应于发生时直接计入当期支出，借记"事业支出"等科目，贷记"银行存款"等科目。

4. 接受捐赠、无偿调入的无形资产，其成本按照有关凭据注明的金额加上相关税费等确定；没有相关凭据的，其成本比照同类或类似无形资产的市场价格加上相关税费等确定；没有相关凭据、同类或类似无形资产的市场价格也无法可靠取得的，该资产按照名义金额入账。

接受捐赠、无偿调入的无形资产，按照确定的无形资产成本，借记本科目，贷记"非流动资产基金——无形资产"科目；按照发生的相关税费等，借记"其他支出"科目，贷记"银行存款"等科目。

（二）按月计提无形资产摊销时，按照应计提摊销金额，借记"非流动资产基金——无形资产"科目，贷记"累计摊销"科目。

（三）与无形资产有关的后续支出，应分别以下情况处理：

1. 为增加无形资产的使用效能而发生的后续支出，如对软件进行升级改造或扩展其功能等所发生的支出，应当计入无形资产的成本，借记本科目，贷记"非流动资产基金——无形资产"科目；同时，借记"事业支出"等科目，贷记"财政补助收入"、"零余额账户用款额度"、"银行存款"等科目。

2. 为维护无形资产的正常使用而发生的后续支出，如对软件进行漏洞修补、技术维护等所发生的支出，应当计入当期支出但不计入无形资产成本，借记"事业支出"等科目，贷记"财政补助收入"、"零余额账户用款额度"、"银行存款"等科目。

（四）报经批准转让、无偿调出、对外捐赠无形资产或以无形资产对外投资，应当分别以下情况处理：

1. 转让、无偿调出、对外捐赠无形资产，转入待处置资产时，按照待处置无形资产的账面价值，借记"待处置资产损溢"科目，按照已计提摊销，借记"累计摊销"科目，按照无形资产的账面余额，贷记本科目。

实际转让、调出、捐出时，按照处置无形资产对应的非流动资产基金，借记"非流动资产基金——无形资产"科目，贷记"待处置资产损溢"科目。

转让无形资产过程中取得价款、发生相关税费，以及出售价款扣除相关税费后的净收入的账务处理，参见"待处置资产损溢"科目。

2. 以已入账无形资产对外投资，按照评估价值加上相关税费作为投资成本，借记"长期投资"科目，贷记"非流动资产基金——长期投资"科目，按发生的相关税费，借记"其他支出"科目，贷记"银行存款"、"应缴税费"等科目；同时，按照投出无形资产对应的非流动资产基金，借记"非流动资产基金——无形资产"科目，按照投出无形资产已计提摊销，借记"累计摊销"科目，按照投出无形资产的账面余额，贷记本科目。

（五）无形资产预期不能为事业单位带来服务潜力或经济利益的，应当按规定报经批准后将该无形资产的账面价值予以核销。

转入待处置资产时，按照待核销无形资产的账面价值，借记"待处置资产损溢"科目，按照已计提摊销，借记"累计摊销"科目，按照无形资产的账面余额，贷记本科目。

报经批准予以核销时，按照核销无形资产对应的非流动资产基金，借记"非流动资产基金——无形资产"科目，贷记"待处置资产损溢"科目。

四、本科目期末借方余额，反映事业单位无形资产的原价。

1602　累计摊销

一、本科目核算事业单位无形资产计提的累计摊销。

二、本科目应当按照对应无形资产的类别、项目等进行明细核算。

三、事业单位应当对无形资产进行摊销，以名义金额计量的无形资产除外。

摊销是指在无形资产使用寿命内，按照确定的方法对应摊销金额进行系统分摊。有关说明如下：

（一）事业单位应当按照如下原则确定无形资产的摊销年限：法律规定了有效年限的，按照法律规定的有效年限作为摊销年限；法律没有规定有效年限的，按照相关合同或单位申请书中的受益年限作为摊销年限；法律没有规定有效年限、相关合同或单位申请书也没有规定受益年限的，按照不少于 10 年的期限摊销。

（二）事业单位应当采用年限平均法对无形资产进行摊销。

（三）事业单位无形资产的应摊销金额为其成本。

（四）事业单位应当自无形资产取得当月起，按月计提无形资产摊销。

（五）因发生后续支出而增加无形资产成本的，应当按照重新确定的无形资产成本，重新计算摊销额。

四、累计摊销的主要账务处理如下：

（一）按月计提无形资产摊销时，按照应计提摊销金额，借记"非流动资产基金——无形资产"科目，贷记本科目。

（二）无形资产处置时，按照所处置无形资产的账面价值，借记"待处置资产损溢"科目，按照已计提摊销，借记本科目，按照无形资产的账面余额，贷记"无形资产"科目。

五、本科目期末贷方余额，反映事业单位计提的无形资产摊销累计数。

1701　待处置资产损溢

一、本科目核算事业单位待处置资产的价值及处置损溢。

事业单位资产处置包括资产的出售、出让、转让、对外捐赠、无偿调出、盘亏、报废、毁损以及货币性资产损失核销等。

二、本科目应当按照待处置资产项目进行明细核算；对于在处置过程中取得相关收入、发生相关费用的处置项目，还应设置"处置资产价值"、"处置净收入"明细科目，进行明细核算。

三、事业单位处置资产一般应当先记入本科目，按规定报经批准后及时进行账务处理。年度终了结账前一般应处理完毕。

四、待处置资产损溢的主要账务处理如下：

（一）按规定报经批准予以核销的应收及预付款项、长期股权投资、无形资产

1. 转入待处置资产时，借记本科目［核销无形资产的，还应借记"累计摊销"科目］，贷记"应收账款"、"预付账款"、"其他应收款"、"长期投资"、"无形资产"等科目。

2. 报经批准予以核销时，借记"其他支出"科目［应收及预付款项核销］或"非流动资产基金——长期投资、无形资产"科目［长期投资、

无形资产核销]，贷记本科目。

（二）盘亏或者毁损、报废的存货、固定资产

1. 转入待处置资产时，借记本科目（处置资产价值）[处置固定资产的，还应借记"累计折旧"科目]，贷记"存货"、"固定资产"等科目。

2. 报经批准予以处置时，借记"其他支出"科目[处置存货]或"非流动资产基金——固定资产"科目[处置固定资产]，贷记本科目（处置资产价值）。

3. 处置毁损、报废存货、固定资产过程中收到残值变价收入、保险理赔和过失人赔偿等，借记"库存现金"、"银行存款"等科目，贷记本科目（处置净收入）。

4. 处置毁损、报废存货、固定资产过程中发生相关费用，借记本科目（处置净收入），贷记"库存现金"、"银行存款"等科目。

5. 处置完毕，按照处置收入扣除相关处置费用后的净收入，借记本科目（处置净收入），贷记"应缴国库款"等科目。

（三）对外捐赠、无偿调出存货、固定资产、无形资产

1. 转入待处置资产时，借记本科目[捐赠、调出固定资产、无形资产的，还应借记"累计折旧"、"累计摊销"科目]，贷记"存货"、"固定资产"、"无形资产"等科目。

2. 实际捐出、调出时，借记"其他支出"科目[捐出、调出存货]或"非流动资产基金——固定资产、无形资产"科目[捐出、调出固定资产、无形资产]，贷记本科目。

（四）转让（出售）长期股权投资、固定资产、无形资产

1. 转入待处置资产时，借记本科目（处置资产价值）[转让固定资产、无形资产的，还应借记"累计折旧"、"累计摊销"科目]，贷记"长期投资"、"固定资产"、"无形资产"等科目。

2. 实际转让时，借记"非流动资产基金——长期投资、固定资产、无形资产"科目，贷记本科目（处置资产价值）。

3. 转让过程中取得价款、发生相关税费，以及转让价款扣除相关税费后的净收入的账务处理，按照国家有关规定，比照本科目"四（二）"有关毁损、报废存货、固定资产进行处理。

五、本科目期末如为借方余额，反映尚未处置完毕的各种资产价值及净损失；期末如为贷方余额，反映尚未处置完毕的各种资产净溢余。年度

终了报经批准处理后，本科目一般应无余额。

二、负债类

2001 短期借款

一、本科目核算事业单位借入的期限在 1 年内（含 1 年）的各种借款。

二、本科目应当按照贷款单位和贷款种类进行明细核算。

三、短期借款的主要账务处理如下：

（一）借入各种短期借款时，按照实际借入的金额，借记"银行存款"科目，贷记本科目。

（二）银行承兑汇票到期，本单位无力支付票款的，按照银行承兑汇票的票面金额，借记"应付票据"科目，贷记本科目。

（三）支付短期借款利息时，借记"其他支出"科目，贷记"银行存款"科目。

（四）归还短期借款时，借记本科目，贷记"银行存款"科目。

四、本科目期末贷方余额，反映事业单位尚未偿还的短期借款本金。

2101 应缴税费

一、本科目核算事业单位按照税法等规定计算应缴纳的各种税费，包括营业税、增值税、城市维护建设税、教育费附加、车船税、房产税、城镇土地使用税、企业所得税等。

事业单位代扣代缴的个人所得税，也通过本科目核算。

事业单位应缴纳的印花税不需要预提应缴税费，直接通过支出等有关科目核算，不在本科目核算。

二、本科目应当按照应缴纳的税费种类进行明细核算。属于增值税一般纳税人的事业单位，其应缴增值税明细账中应设置"进项税额"、"已交税金"、"销项税额"、"进项税额转出"等专栏。

三、应缴税费的主要账务处理如下：

（一）发生营业税、城市维护建设税、教育费附加纳税义务的，按税法规定计算的应缴税费金额，借记"待处置资产损溢——处置净收入"科目［出售不动产应缴的税费］或有关支出科目，贷记本科目。实际缴纳时，借记本科目，贷记"银行存款"科目。

（二）属于增值税一般纳税人的事业单位购入非自用材料的，按确定的成本（不含增值税进项税额），借记"存货"科目，按增值税专用发票上注明的增值税额，借记本科目（应缴增值税——进项税额），按实际支付或应付的金额，贷记"银行存款"、"应付账款"等科目。

属于增值税一般纳税人的事业单位所购进的非自用材料发生盘亏、毁损、报废、对外捐赠、无偿调出等税法规定不得从增值税销项税额中抵扣进项税额的，将所购进的非自用材料转入待处置资产时，按照材料的账面余额与相关增值税进项税额转出金额的合计金额，借记"待处置资产损溢"科目，按材料的账面余额，贷记"存货"科目，按转出的增值税进项税额，贷记本科目（应缴增值税——进项税额转出）。

属于增值税一般纳税人的事业单位销售应税产品或提供应税服务，按包含增值税的价款总额，借记"银行存款"、"应收账款"、"应收票据"等科目，按扣除增值税销项税额后的价款金额，贷记"经营收入"等科目，按增值税专用发票上注明的增值税金额，贷记本科目（应缴增值税——销项税额）。

属于增值税一般纳税人的事业单位实际缴纳增值税时，借记本科目（应缴增值税——已交税金），贷记"银行存款"科目。

属于增值税小规模纳税人的事业单位销售应税产品或提供应税服务，按实际收到或应收的价款，借记"银行存款"、"应收账款"、"应收票据"等科目，按实际收到或应收价款扣除增值税额后的金额，贷记"经营收入"等科目，按应缴增值税金额，贷记本科目（应缴增值税）。实际缴纳增值税时，借记本科目（应缴增值税），贷记"银行存款"科目。

（三）发生房产税、城镇土地使用税、车船税纳税义务的，按税法规定计算的应缴税金数额，借记有关科目，贷记本科目。实际缴纳时，借记本科目，贷记"银行存款"科目。

（四）代扣代缴个人所得税的，按税法规定计算应代扣代缴的个人所得税金额，借记"应付职工薪酬"科目，贷记本科目。实际缴纳时，借记本科目，贷记"银行存款"科目。

（五）发生企业所得税纳税义务的，按税法规定计算的应缴税金数额，借记"非财政补助结余分配"科目，贷记本科目。实际缴纳时，借记本科目，贷记"银行存款"科目。

（六）发生其他纳税义务的，按照应缴纳的税费金额，借记有关科目，贷记本科目。实际缴纳时，借记本科目，贷记"银行存款"等科目。

四、本科目期末借方余额，反映事业单位多缴纳的税费金额；本科目期末贷方余额，反映事业单位应缴未缴的税费金额。

2102 应缴国库款

一、本科目核算事业单位按规定应缴入国库的款项（应缴税费除外）。

二、本科目应当按照应缴国库的各款项类别进行明细核算。

三、应缴国库款的主要账务处理如下：

（一）按规定计算确定或实际取得应缴国库的款项时，借记有关科目，贷记本科目。

（二）事业单位处置资产取得的应上缴国库的处置净收入的账务处理，参见"待处置资产损溢"科目。

（三）上缴款项时，借记本科目，贷记"银行存款"等科目。

四、本科目期末贷方余额，反映事业单位应缴入国库但尚未缴纳的款项。

2103 应缴财政专户款

一、本科目核算事业单位按规定应缴入财政专户的款项。

二、本科目应当按照应缴财政专户的各款项类别进行明细核算。

三、应缴财政专户款的主要账务处理如下：

（一）取得应缴财政专户的款项时，借记有关科目，贷记本科目。

（二）上缴款项时，借记本科目，贷记"银行存款"等科目。

四、本科目期末贷方余额，反映事业单位应缴入财政专户但尚未缴纳的款项。

2201 应付职工薪酬

一、本科目核算事业单位按有关规定应付给职工及为职工支付的各种薪酬。包括基本工资、绩效工资、国家统一规定的津贴补贴、社会保险费、住房公积金等。

二、本科目应当根据国家有关规定按照"工资（离退休费）"、"地方（部门）津贴补贴"、"其他个人收入"以及"社会保险费"、"住房公积金"等进行明细核算。

三、应付职工薪酬的主要账务处理如下：

（一）计算当期应付职工薪酬，借记"事业支出"、"经营支出"等科目，贷记本科目。

（二）向职工支付工资、津贴补贴等薪酬，借记本科目，贷记"财政补助收入"、"零余额账户用款额度"、"银行存款"等科目。

（三）按税法规定代扣代缴个人所得税，借记本科目，贷记"应缴税费——应缴个人所得税"科目。

（四）按照国家有关规定缴纳职工社会保险费和住房公积金，借记本科目，贷记"财政补助收入"、"零余额账户用款额度"、"银行存款"等科目。

（五）从应付职工薪酬中支付其他款项，借记本科目，贷记"财政补助收入"、"零余额账户用款额度"、"银行存款"等科目。

四、本科目期末贷方余额，反映事业单位应付未付的职工薪酬。

2301　应付票据

一、本科目核算事业单位因购买材料、物资等而开出、承兑的商业汇票，包括银行承兑汇票和商业承兑汇票。

二、本科目应当按照债权单位进行明细核算。

三、应付票据的主要账务处理如下：

（一）开出、承兑商业汇票时，借记"存货"等科目，贷记本科目。

以承兑商业汇票抵付应付账款时，借记"应付账款"科目，贷记本科目。

（二）支付银行承兑汇票的手续费时，借记"事业支出"、"经营支出"等科目，贷记"银行存款"等科目。

（三）商业汇票到期时，应当分别以下情况处理：

1. 收到银行支付到期票据的付款通知时，借记本科目，贷记"银行存款"科目。

2. 银行承兑汇票到期，本单位无力支付票款的，按照汇票票面金额，借记本科目，贷记"短期借款"科目。

3. 商业承兑汇票到期，本单位无力支付票款的，按照汇票票面金额，借记本科目，贷记"应付账款"科目。

四、事业单位应当设置"应付票据备查簿"，详细登记每一应付票据的种类、号数、出票日期、到期日、票面金额、交易合同号、收款人姓名或单位名称，以及付款日期和金额等资料。应付票据到期结清票款后，应当在备查簿内逐笔注销。

五、本科目期末贷方余额，反映事业单位开出、承兑的尚未到期的商业汇票票面金额。

2302　应付账款

一、本科目核算事业单位因购买材料、物资等而应付的款项。

二、本科目应当按照债权单位（或个人）进行明细核算。

三、应付账款的主要账务处理如下：

（一）购入材料、物资等已验收入库但货款尚未支付的，按照应付未付金额，借记"存货"等科目，贷记本科目。

（二）偿付应付账款时，按照实际支付的款项金额，借记本科目，贷记"银行存款"等科目。

（三）开出、承兑商业汇票抵付应付账款，借记本科目，贷记"应付票据"科目。

（四）无法偿付或债权人豁免偿还的应付账款，借记本科目，贷记"其他收入"科目。

四、本科目期末贷方余额，反映事业单位尚未支付的应付账款。

2303　预收账款

一、本科目核算事业单位按合同规定预收的款项。

二、本科目应当按照债权单位（或个人）进行明细核算。

三、预收账款的主要账务处理如下：

（一）从付款方预收款项时，按照实际预收的金额，借记"银行存款"等科目，贷记本科目。

（二）确认有关收入时，借记本科目，按照应确认的收入金额，贷记"经营收入"等科目，按照付款方补付或退回付款方的金额，借记或贷记"银行存款"等科目。

（三）无法偿付或债权人豁免偿还的预收账款，借记本科目，贷记"其他收入"科目。

四、本科目期末贷方余额，反映事业单位按合同规定预收但尚未实际结算的款项。

2305　其他应付款

一、本科目核算事业单位除应缴税费、应缴国库款、应缴财政专户款、应付职工薪酬、应付票据、应付账款、预收账款之外的其他各项偿还期限在1年内（含1年）的应付及暂收款项，如存入保证金等。

二、本科目应当按照其他应付款的类别以及债权单位（或个人）进行明细核算。

三、其他应付款的主要账务处理如下：

（一）发生其他各项应付及暂收款项时，借记"银行存款"等科目，贷记本科目。

（二）支付其他应付款项时，借记本科目，贷记"银行存款"等科目。

（三）无法偿付或债权人豁免偿还的其他应付款项，借记本科目，贷记"其他收入"科目。

四、本科目期末贷方余额，反映事业单位尚未支付的其他应付款。

2401　长期借款

一、本科目核算事业单位借入的期限超过 1 年（不含 1 年）的各种借款。

二、本科目应当按照贷款单位和贷款种类进行明细核算。对于基建项目借款，还应按具体项目进行明细核算。

三、长期借款的主要账务处理如下：

（一）借入各项长期借款时，按照实际借入的金额，借记"银行存款"科目，贷记本科目。

（二）为购建固定资产支付的专门借款利息，分别以下情况处理：

1. 属于工程项目建设期间支付的，计入工程成本，按照支付的利息，借记"在建工程"科目，贷记"非流动资产基金——在建工程"科目；同时，借记"其他支出"科目，贷记"银行存款"科目。

2. 属于工程项目完工交付使用后支付的，计入当期支出但不计入工程成本，按照支付的利息，借记"其他支出"科目，贷记"银行存款"科目。

（三）其他长期借款利息，按照支付的利息金额，借记"其他支出"科目，贷记"银行存款"科目。

（四）归还长期借款时，借记本科目，贷记"银行存款"科目。四、本科目期末贷方余额，反映事业单位尚未偿还的长期借款本金。

2402　长期应付款

一、本科目核算事业单位发生的偿还期限超过 1 年（不含 1 年）的应付款项，如以融资租赁租入固定资产的租赁费、跨年度分期付款购入固定资产的价款等。

二、本科目应当按照长期应付款的类别以及债权单位（或个人）进行明细核算。

三、长期应付款的主要账务处理如下：

（一）发生长期应付款时，借记"固定资产"、"在建工程"等科目，贷记本科目、"非流动资产基金"等科目。

（二）支付长期应付款时，借记"事业支出"、"经营支出"等科目，贷记"银行存款"等科目；同时，借记本科目，贷记"非流动资产基金"科目。

（三）无法偿付或债权人豁免偿还的长期应付款，借记本科目，贷记"其他收入"科目。

四、本科目期末贷方余额，反映事业单位尚未支付的长期应付款。

三、净资产类

3001　事业基金

一、本科目核算事业单位拥有的非限定用途的净资产，主要为非财政补助结余扣除结余分配后滚存的金额。

二、事业基金的主要账务处理如下：

（一）年末，将"非财政补助结余分配"科目余额转入事业基金，借记或贷记"非财政补助结余分配"科目，贷记或借记本科目。

（二）年末，将留归本单位使用的非财政补助专项（项目已完成）剩余资金转入事业基金，借记"非财政补助结转——××项目"科目，贷记本科目。

（三）以货币资金取得长期股权投资、长期债券投资，按照实际支付的全部价款（包括购买价款以及税金、手续费等相关税费）作为投资成本，借记"长期投资"科目，贷记"银行存款"等科目；同时，按照投资成本金额，借记本科目，贷记"非流动资产基金——长期投资"科目。

（四）对外转让或到期收回长期债券投资本息，按照实际收到的金额，借记"银行存款"等科目，按照收回长期投资的成本，贷记"长期投资"科目，按照其差额，贷记或借记"其他收入——投资收益"科目；同时，按照收回长期投资对应的非流动资产基金，借记"非流动资产基金——长期投资"科目，贷记本科目。

三、事业单位发生需要调整以前年度非财政补助结余的事项，通过本科目核算。国家另有规定的，从其规定。

四、本科目期末贷方余额，反映事业单位历年积存的非限定用途净资产的金额。

3101　非流动资产基金

一、本科目核算事业单位长期投资、固定资产、在建工程、无形资产等非流动资产占用的金额。

二、本科目应当设置"长期投资"、"固定资产"、"在建工程"、"无形资产"等明细科目，进行明细核算。

三、非流动资产基金的主要账务处理如下：

（一）非流动资产基金应当在取得长期投资、固定资产、在建工程、无形资产等非流动资产或发生相关支出时予以确认。

取得相关资产或发生相关支出时，借记"长期投资"、"固定资产"、"在建工程"、"无形资产"等科目，贷记本科目等有关科目；同时或待以后发生相关支出时，借记"事业支出"等有关科目，贷记"财政补助收入"、"零余额账户用款额度"、"银行存款"等科目。

（二）计提固定资产折旧、无形资产摊销时，应当冲减非流动资产基金。

计提固定资产折旧、无形资产摊销时，按照计提的折旧、摊销金额，借记本科目（固定资产、无形资产），贷记"累计折旧"、"累计摊销"科目。

（三）处置长期投资、固定资产、无形资产，以及以固定资产、无形资产对外投资时，应当冲销该资产对应的非流动资产基金。

1. 以固定资产、无形资产对外投资，按照评估价值加上相关税费作为投资成本，借记"长期投资"科目，贷记本科目（长期投资），按发生的相关税费，借记"其他支出"科目，贷记"银行存款"等科目；同时，按照投出固定资产、无形资产对应的非流动资产基金，借记本科目（固定资产、无形资产），按照投出资产已提折旧、摊销，借记"累计折旧"、"累计摊销"科目，按照投出资产的账面余额，贷记"固定资产"、"无形资产"科目。

2. 出售或以其他方式处置长期投资、固定资产、无形资产，转入待处置资产时，借记"待处置资产损溢"、"累计折旧"［处置固定资产］或"累计摊销"［处置无形资产］科目，贷记"长期投资"、"固定资产"、"无形资产"等科目。

实际处置时，借记本科目（有关资产明细科目），贷记"待处置资产损溢"科目。

四、本科目期末贷方余额，反映事业单位非流动资产占用的金额。

3201　专用基金

一、本科目核算事业单位按规定提取或者设置的具有专门用途的净资产，主要包括修购基金、职工福利基金等。

二、本科目应当按照专用基金的类别进行明细核算。

三、专用基金的主要账务处理如下：

（一）提取修购基金

按规定提取修购基金的，按照提取金额，借记"事业支出"、"经营支出"科目，贷记本科目（修购基金）。

（二）提取职工福利基金

年末，按规定从本年度非财政补助结余中提取职工福利基金的，按照提取金额，借记"非财政补助结余分配"科目，贷记本科目（职工福利基金）。

（三）提取、设置其他专用基金

若有按规定提取的其他专用基金，按照提取金额，借记有关支出科目或"非财政补助结余分配"等科目，贷记本科目。

若有按规定设置的其他专用基金，按照实际收到的基金金额，借记"银行存款"等科目，贷记本科目。

（四）使用专用基金

按规定使用专用基金时，借记本科目，贷记"银行存款"等科目；使用专用基金形成固定资产的，还应借记"固定资产"科目，贷记"非流动资产基金——固定资产"科目。

四、本科目期末贷方余额，反映事业单位专用基金余额。

3301　财政补助结转

一、本科目核算事业单位滚存的财政补助结转资金，包括基本支出结转和项目支出结转。

二、本科目应当设置"基本支出结转"、"项目支出结转"两个明细科目，并在"基本支出结转"明细科目下按照"人员经费"、"日常公用经费"进行明细核算，在"项目支出结转"明细科目下按照具体项目进行明细核算；本科目还应按照《政府收支分类科目》中"支出功能分类科目"的相关科目进行明细核算。

三、财政补助结转的主要账务处理如下：

（一）期末，将财政补助收入本期发生额结转入本科目，借记"财政补助收入——基本支出、项目支出"科目，贷记本科目（基本支出结转、项目支出结转）；将事业支出（财政补助支出）本期发生额结转入本科目，借记本科目（基本支出结转、项目支出结转），贷记"事业支出——财政补助支出（基本支出、项目支出）"或"事业支出——基本支出（财政补助支出）、项目支出（财政补助支出）"科目。

（二）年末，完成上述（一）结转后，应当对财政补助各明细项目执行情况进行分析，按照有关规定将符合财政补助结余性质的项目余额转入财政补助结余，借记或贷记本科目（项目支出结转——××项目），贷记或借记"财政补助结余"科目。

（三）按规定上缴财政补助结转资金或注销财政补助结转额度的，按照实际上缴资金数额或注销的资金额度数额，借记本科目，贷记"财政应返还额度"、"零余额账户用款额度"、"银行存款"等科目。取得主管部门归集调入财政补助结转资金或额度的，做相反会计分录。

四、事业单位发生需要调整以前年度财政补助结转的事项，通过本科目核算。

五、本科目期末贷方余额，反映事业单位财政补助结转资金数额。

3302 财政补助结余

一、本科目核算事业单位滚存的财政补助项目支出结余资金。

二、本科目应当按照《政府收支分类科目》中"支出功能分类科目"的相关科目进行明细核算。

三、财政补助结余的主要账务处理如下：

（一）年末，对财政补助各明细项目执行情况进行分析，按照有关规定将符合财政补助结余性质的项目余额转入财政补助结余，借记或贷记"财政补助结转——项目支出结转（××项目）"科目，贷记或借记本科目。

（二）按规定上缴财政补助结余资金或注销财政补助结余额度的，按照实际上缴资金数额或注销的资金额度数额，借记本科目，贷记"财政应返还额度"、"零余额账户用款额度"、"银行存款"等科目。取得主管部门归集调入财政补助结余资金或额度的，做相反会计分录。

四、事业单位发生需要调整以前年度财政补助结余的事项，通过本科目核算。

五、本科目期末贷方余额，反映事业单位财政补助结余资金数额。

3401 非财政补助结转

一、本科目核算事业单位除财政补助收支以外的各专项资金收入与其相关支出相抵后剩余滚存的、须按规定用途使用的结转资金。

二、本科目应当按照非财政专项资金的具体项目进行明细核算。

三、非财政补助结转的主要账务处理如下：

（一）期末，将事业收入、上级补助收入、附属单位上缴收入、其他收入本期发生额中的专项资金收入结转入本科目，借记"事业收入"、"上级补助收入"、"附属单位上缴收入"、"其他收入"科目下各专项资金收入明细科目，贷记本科目；将事业支出、其他支出本期发生额中的非财政专项资金支出结转入本科目，借记本科目，贷记"事业支出——非财政专项资金支出"或"事业支出——项目支出（非财政专项资金支出）"、"其他支出"科目下各专项资金支出明细科目。

（二）年末，完成上述（一）结转后，应当对非财政补助专项结转资金各项目情况进行分析，将已完成项目的项目剩余资金区分以下情况处理：缴回原专项资金拨入单位的，借记本科目（××项目），贷记"银行存款"等科目；留归本单位使用的，借记本科目（××项目），贷记"事业基金"科目。

四、事业单位发生需要调整以前年度非财政补助结转的事项，通过本科目核算。

五、本科目期末贷方余额，反映事业单位非财政补助专项结转资金数额。

3402 事业结余

一、本科目核算事业单位一定期间除财政补助收支、非财政专项资金收支和经营收支以外各项收支相抵后的余额。

二、事业结余的主要账务处理如下：

（一）期末，将事业收入、上级补助收入、附属单位上缴收入、其他收入本期发生额中的非专项资金收入结转入本科目，借记"事业收入"、"上级补助收入"、"附属单位上缴收入"、"其他收入"科目下各非专项资金收入明细科目，贷记本科目；将事业支出、其他支出本期发生额中的非财政、非专项资金支出，以及对附属单位补助支出、上缴上级支出的本期发生额结转入本科目，借记本科目，贷记"事业支出——其他资金支出"或"事业支出——基本支出（其他资金支出）、项目支出（其他资金支出）"科目、"其他支出"科目下各非专项资金支出明细科目、"对附属单位补助支出"、"上缴上级支出"科目。

（二）年末，完成上述（一）结转后，将本科目余额结转入"非财政补助结余分配"科目，借记或贷记本科目，贷记或借记"非财政补助结余分配"科目。

三、本科目期末如为贷方余额，反映事业单位自年初至报告期末累计实现的事业结余；如为借方余额，反映事业单位自年初至报告期末累计发生的事业亏损。年末结账后，本科目应无余额。

3403　经营结余

一、本科目核算事业单位一定期间各项经营收支相抵后余额弥补以前年度经营亏损后的余额。

二、经营结余的主要账务处理如下：

（一）期末，将经营收入本期发生额结转入本科目，借记"经营收入"科目，贷记本科目；将经营支出本期发生额结转入本科目，借记本科目，贷记"经营支出"科目。

（二）年末，完成上述（一）结转后，如本科目为贷方余额，将本科目余额结转入"非财政补助结余分配"科目，借记本科目，贷记"非财政补助结余分配"科目；如本科目为借方余额，为经营亏损，不予结转。

三、本科目期末如为贷方余额，反映事业单位自年初至报告期末累计实现的经营结余弥补以前年度经营亏损后的经营结余；如为借方余额，反映事业单位截至报告期末累计发生的经营亏损。

年末结账后，本科目一般无余额；如为借方结余，反映事业单位累计发生的经营亏损。

3404　非财政补助结余分配

一、本科目核算事业单位本年度非财政补助结余分配的情况和结果。

二、非财政补助结余分配的主要账务处理如下：

（一）年末，将"事业结余"科目余额结转入本科目，借记或贷记"事业结余"科目，贷记或借记本科目；将"经营结余"科目贷方余额结转入本科目，借记"经营结余"科目，贷记本科目。

（二）有企业所得税缴纳义务的事业单位计算出应缴纳的企业所得税，借记本科目，贷记"应缴税费——应缴企业所得税"科目。

（三）按照有关规定提取职工福利基金的，按提取的金额，借记本科目，贷记"专用基金——职工福利基金"科目。

（四）年末，按规定完成上述（一）至（三）处理后，将本科目余额结转入事业基金，借记或贷记本科目，贷记或借记"事业基金"科目。

三、年末结账后，本科目应无余额。

四、收入类

4001 财政补助收入

一、本科目核算事业单位从同级财政部门取得的各类财政拨款，包括基本支出补助和项目支出补助。

二、本科目应当设置"基本支出"和"项目支出"两个明细科目；两个明细科目下按照《政府收支分类科目》中"支出功能分类"的相关科目进行明细核算；同时在"基本支出"明细科目下按照"人员经费"和"日常公用经费"进行明细核算，在"项目支出"明细科目下按照具体项目进行明细核算。

三、财政补助收入的主要账务处理如下：

（一）财政直接支付方式下，对财政直接支付的支出，事业单位根据财政国库支付执行机构委托代理银行转来的《财政直接支付入账通知书》及原始凭证，按照通知书中的直接支付入账金额，借记有关科目，贷记本科目。

年度终了，根据本年度财政直接支付预算指标数与当年财政直接支付实际支出数的差额，借记"财政应返还额度——财政直接支付"科目，贷记本科目。

（二）财政授权支付方式下，事业单位根据代理银行转来的《授权支付到账通知书》，按照通知书中的授权支付额度，借记"零余额账户用款额度"科目，贷记本科目。

年度终了，事业单位本年度财政授权支付预算指标数大于零余额账户用款额度下达数的，根据未下达的用款额度，借记"财政应返还额度——财政授权支付"科目，贷记本科目。

（三）其他方式下，实际收到财政补助收入时，按照实际收到的金额，借记"银行存款"等科目，贷记本科目。

（四）因购货退回等发生国库直接支付款项退回的，属于以前年度支付的款项，按照退回金额，借记"财政应返还额度"科目，贷记"财政补助结转"、"财政补助结余"、"存货"等有关科目；属于本年度支付的款项，按照退回金额，借记本科目，贷记"事业支出"、"存货"等有关科目。

（五）期末，将本科目本期发生额转入财政补助结转，借记本科目，贷记"财政补助结转"科目。

四、期末结账后，本科目应无余额。

4101 事业收入

一、本科目核算事业单位开展专业业务活动及其辅助活动取得的收入。

二、本科目应当按照事业收入类别、项目、《政府收支分类科目》中"支出功能分类"相关科目等进行明细核算。事业收入中如有专项资金收入，还应按具体项目进行明细核算。

三、事业收入的主要账务处理如下：

（一）采用财政专户返还方式管理的事业收入

1. 收到应上缴财政专户的事业收入时，按照收到的款项金额，借记"银行存款"、"库存现金"等科目，贷记"应缴财政专户款"科目。

2. 向财政专户上缴款项时，按照实际上缴的款项金额，借记"应缴财政专户款"科目，贷记"银行存款"等科目。

3. 收到从财政专户返还的事业收入时，按照实际收到的返还金额，借记"银行存款"等科目，贷记本科目。

（二）其他事业收入

收到事业收入时，按照收到的款项金额，借记"银行存款"、"库存现金"等科目，贷记本科目。

涉及增值税业务的，相关账务处理参照"经营收入"科目。

（三）期末，将本科目本期发生额中的专项资金收入结转入非财政补助结转，借记本科目下各专项资金收入明细科目，贷记"非财政补助结转"科目；将本科目本期发生额中的非专项资金收入结转入事业结余，借记本科目下各非专项资金收入明细科目，贷记"事业结余"科目。

四、期末结账后，本科目应无余额。

4201 上级补助收入

一、本科目核算事业单位从主管部门和上级单位取得的非财政补助收入。

二、本科目应当按照发放补助单位、补助项目、《政府收支分类科目》中"支出功能分类"相关科目等进行明细核算。上级补助收入中如有专项资金收入，还应按具体项目进行明细核算。

三、上级补助收入的主要账务处理如下：

（一）收到上级补助收入时，按照实际收到的金额，借记"银行存款"等科目，贷记本科目。

（二）期末，将本科目本期发生额中的专项资金收入结转入非财政补助结转，借记本科目下各专项资金收入明细科目，贷记"非财政补助结转"科目；将本科目本期发生额中的非专项资金收入结转入事业结余，借记本科目下各非专项资金收入明细科目，贷记"事业结余"科目。

四、期末结账后，本科目应无余额。

4301　附属单位上缴收入

一、本科目核算事业单位附属独立核算单位按照有关规定上缴的收入。

二、本科目应当按照附属单位、缴款项目、《政府收支分类科目》中"支出功能分类"相关科目等进行明细核算。附属单位上缴收入中如有专项资金收入，还应按具体项目进行明细核算。

三、附属单位上缴收入的主要账务处理如下：

（一）收到附属单位缴来款项时，按照实际收到金额，借记"银行存款"等科目，贷记本科目。

（二）期末，将本科目本期发生额中的专项资金收入结转入非财政补助结转，借记本科目下各专项资金收入明细科目，贷记"非财政补助结转"科目；将本科目本期发生额中的非专项资金收入结转入事业结余，借记本科目下各非专项资金收入明细科目，贷记"事业结余"科目。

四、期末结账后，本科目应无余额。

4401　经营收入

一、本科目核算事业单位在专业业务活动及其辅助活动之外开展非独立核算经营活动取得的收入。

二、本科目应当按照经营活动类别、项目、《政府收支分类科目》中"支出功能分类"相关科目等进行明细核算。

三、经营收入的主要账务处理如下：

（一）经营收入应当在提供服务或发出存货，同时收讫价款或者取得索取价款的凭据时，按照实际收到或应收的金额确认收入。

实现经营收入时，按照确定的收入金额，借记"银行存款"、"应收账款"、"应收票据"等科目，贷记本科目。

属于增值税小规模纳税人的事业单位实现经营收入，按实际出售价款，借记"银行存款"、"应收账款"、"应收票据"等科目，按出售价款扣除增值税额后的金额，贷记本科目，按应缴增值税金额，贷记"应缴税费——应缴增值税"科目。

属于增值税一般纳税人的事业单位实现经营收入，按包含增值税的价款总额，借记"银行存款"、"应收账款"、"应收票据"等科目，按扣除增值税销项税额后的价款金额，贷记本科目，按增值税专用发票上注明的增值税金额，贷记"应缴税费——应缴增值税（销项税额）"科目。

（二）期末，将本科目本期发生额转入经营结余，借记本科目，贷记"经营结余"科目。

四、期末结账后，本科目应无余额。

4501 其他收入

一、本科目核算事业单位除财政补助收入、事业收入、上级补助收入、附属单位上缴收入、经营收入以外的各项收入，包括投资收益、银行存款利息收入、租金收入、捐赠收入、现金盘盈收入、存货盘盈收入、收回已核销应收及预付款项、无法偿付的应付及预收款项等。

二、本科目应当按照其他收入的类别、《政府收支分类科目》中"支出功能分类"相关科目等进行明细核算。对于事业单位对外投资实现的投资净损益，应单设"投资收益"明细科目进行核算；其他收入中如有专项资金收入（如限定用途的捐赠收入），还应按具体项目进行明细核算。

三、其他收入的主要账务处理如下：

（一）投资收益

1. 对外投资持有期间收到利息、利润等时，按实际收到的金额，借记"银行存款"等科目，贷记本科目（投资收益）。

2. 出售或到期收回国债投资本息，按照实际收到的金额，借记"银行存款"等科目，按照出售或收回国债投资的成本，贷记"短期投资"、"长期投资"科目，按其差额，贷记或借记本科目（投资收益）。

（二）银行存款利息收入、租金收入

收到银行存款利息、资产承租人支付的租金，按照实际收到的金额，借记"银行存款"等科目，贷记本科目。

（三）捐赠收入

1. 接受捐赠现金资产，按照实际收到的金额，借记"银行存款"等科目，贷记本科目。

2. 接受捐赠的存货验收入库，按照确定的成本，借记"存货"科目，按照发生的相关税费、运输费等，贷记"银行存款"等科目，按照其差额，贷记本科目。

接受捐赠固定资产、无形资产等非流动资产，不通过本科目核算。

（四）现金盘盈收入

每日现金账款核对中如发现现金溢余，属于无法查明原因的部分，借记"库存现金"科目，贷记本科目。

（五）存货盘盈收入

盘盈的存货，按照确定的入账价值，借记"存货"科目，贷记本科目。

（六）收回已核销应收及预付款项

已核销应收账款、预付账款、其他应收款在以后期间收回的，按照实际收回的金额，借记"银行存款"等科目，贷记本科目。

（七）无法偿付的应付及预收款项

无法偿付或债权人豁免偿还的应付账款、预收账款、其他应付款及长期应付款，借记"应付账款"、"预收账款"、"其他应付款"、"长期应付款"等科目，贷记本科目。

（八）期末，将本科目本期发生额中的专项资金收入结转入非财政补助结转，借记本科目下各专项资金收入明细科目，贷记"非财政补助结转"科目；将本科目本期发生额中的非专项资金收入结转入事业结余，借记本科目下各非专项资金收入明细科目，贷记"事业结余"科目。

四、期末结账后，本科目应无余额。

五、支出类

5001　事业支出

一、本科目核算事业单位开展专业业务活动及其辅助活动发生的基本支出和项目支出。

二、本科目应当按照"基本支出"和"项目支出"，"财政补助支出"、"非财政专项资金支出"和"其他资金支出"等层级进行明细核算，并按照《政府收支分类科目》中"支出功能分类"相关科目进行明细核算；

"基本支出"和"项目支出"明细科目下应当按照《政府收支分类科目》中"支出经济分类"的款级科目进行明细核算；同时在"项目支出"明细科目下按照具体项目进行明细核算。

三、事业支出的主要账务处理如下：

（一）为从事专业业务活动及其辅助活动人员计提的薪酬等，借记本科目，贷记"应付职工薪酬"等科目。

（二）开展专业业务活动及其辅助活动领用的存货，按领用存货的实际成本，借记本科目，贷记"存货"科目。

（三）开展专业业务活动及其辅助活动中发生的其他各项支出，借记本科目，贷记"库存现金"、"银行存款"、"零余额账户用款额度"、"财政补助收入"等科目。

（四）期末，将本科目（财政补助支出）本期发生额结转入"财政补助结转"科目，借记"财政补助结转——基本支出结转、项目支出结转"科目，贷记本科目（财政补助支出——基本支出、项目支出）或本科目（基本支出——财政补助支出、项目支出——财政补助支出）；将本科目（非财政专项资金支出）本期发生额结转入"非财政补助结转"科目，借记"非财政补助结转"科目，贷记本科目（非财政专项资金支出）或本科目（项目支出——非财政专项资金支出）；将本科目（其他资金支出）本期发生额结转入"事业结余"科目，借记"事业结余"科目，贷记本科目（其他资金支出）或本科目（基本支出——其他资金支出、项目支出——其他资金支出）。

四、期末结账后，本科目应无余额。

5101 上缴上级支出

一、本科目核算事业单位按照财政部门和主管部门的规定上缴上级单位的支出。

二、本科目应当按照收缴款项单位、缴款项目、《政府收支分类科目》中"支出功能分类"相关科目等进行明细核算。

三、上缴上级支出的主要账务处理如下：

（一）按规定将款项上缴上级单位的，按照实际上缴的金额，借记本科目，贷记"银行存款"等科目。

（二）期末，将本科目本期发生额转入事业结余，借记"事业结余"科目，贷记本科目。

四、期末结账后，本科目应无余额。

5201　对附属单位补助支出

一、本科目核算事业单位用财政补助收入之外的收入对附属单位补助发生的支出。

二、本科目应当按照接受补助单位、补助项目、《政府收支分类科目》中"支出功能分类"相关科目等进行明细核算。

三、对附属单位补助支出的主要账务处理如下：

（一）发生对附属单位补助支出的，按照实际支出的金额，借记本科目，贷记"银行存款"等科目。

（二）期末，将本科目本期发生额转入事业结余，借记"事业结余"科目，贷记本科目。

四、期末结账后，本科目应无余额。

5301　经营支出

一、本科目核算事业单位在专业业务活动及其辅助活动之外开展非独立核算经营活动发生的支出。

二、事业单位开展非独立核算经营活动的，应当正确归集开展经营活动发生的各项费用数；无法直接归集的，应当按照规定的标准或比例合理分摊。

事业单位的经营支出与经营收入应当配比。

三、本科目应当按照经营活动类别、项目、《政府收支分类科目》中"支出功能分类"相关科目等进行明细核算。

四、经营支出的主要账务处理如下：

（一）为在专业业务活动及其辅助活动之外开展非独立核算经营活动人员计提的薪酬等，借记本科目，贷记"应付职工薪酬"等科目。

（二）在专业业务活动及其辅助活动之外开展非独立核算经营活动领用、发出的存货，按领用、发出存货的实际成本，借记本科目，贷记"存货"科目。

（三）在专业业务活动及其辅助活动之外开展非独立核算经营活动中发生的其他各项支出，借记本科目，贷记"库存现金"、"银行存款"、"应缴税费"等科目。

（四）期末，将本科目本期发生额转入经营结余，借记"经营结余"科目，贷记本科目。

五、期末结账后，本科目应无余额。

5401 其他支出

一、本科目核算事业单位除事业支出、上缴上级支出、对附属单位补助支出、经营支出以外的各项支出，包括利息支出、捐赠支出、现金盘亏损失、资产处置损失、接受捐赠（调入）非流动资产发生的税费支出等。

二、本科目应当按照其他支出的类别、《政府收支分类科目》中"支出功能分类"相关科目等进行明细核算。其他支出中如有专项资金支出，还应按具体项目进行明细核算。

三、其他支出的主要账务处理如下：

（一）利息支出

支付银行借款利息时，借记本科目，贷记"银行存款"科目。

（二）捐赠支出

1. 对外捐赠现金资产，借记本科目，贷记"银行存款"等科目。

2. 对外捐出存货，借记本科目，贷记"待处置资产损溢"科目。

对外捐赠固定资产、无形资产等非流动资产，不通过本科目核算。

（三）现金盘亏损失

每日现金账款核对中如发现现金短缺，属于无法查明原因的部分，报经批准后，借记本科目，贷记"库存现金"科目。

（四）资产处置损失

报经批准核销应收及预付款项、处置存货，借记本科目，贷记"待处置资产损溢"科目。

（五）接受捐赠（调入）非流动资产发生的税费支出

接受捐赠、无偿调入非流动资产发生的相关税费、运输费等，借记本科目，贷记"银行存款"等科目。

以固定资产、无形资产取得长期股权投资，所发生的相关税费计入本科目。具体账务处理参见"长期投资"科目。

（六）期末，将本科目本期发生额中的专项资金支出结转入非财政补助结转，借记"非财政补助结转"科目，贷记本科目下各专项资金支出明细科目；将本科目本期发生额中的非专项资金支出结转入事业结余，借记"事业结余"科目，贷记本科目下各非专项资金支出明细科目。

四、期末结账后，本科目应无余额。

第四部分 会计报表格式

编号	财务报表名称	编制期
会事业 01 表	资产负债表	月度、年度
会事业 02 表	收入支出表	月度、年度
会事业 03 表	财政补助收入支出表	年度
	附注	年度

资产负债表

会事业 01 表

编制单位：＿＿＿＿＿年＿＿＿＿＿月＿＿＿＿＿日　　　　　　　　单位：元

资产	期末余额	年初余额	负债和净资产	期末余额	年初余额
流动资产：			流动负债：		
货币资金			短期借款		
短期投资			应缴税费		
财政应返还额度			应缴国库款		
应收票据			应缴财政专户款		
应收账款			应付职工薪酬		
预付账款			应付票据		
其他应收款			应付账款		
存货			预收账款		
其他流动资产			其他应付款		
流动资产合计			其他流动负债		
非流动资产：			流动负债合计		
长期投资			非流动负债：		
固定资产			长期借款		
固定资产原价			长期应付款		
减：累计折旧			非流动负债合计		
在建工程			负债合计		
无形资产			净资产：		
无形资产原价			事业基金		
减：累计摊销			非流动资产基金		
待处置资产损溢			专用基金		
非流动资产合计			财政补助结转		
			财政补助结余		
			非财政补助结转		
			非财政补助结余		
			1. 事业结余		

续表

资产	期末余额	年初余额	负债和净资产	期末余额	年初余额
			2. 经营结余		
			净资产合计		
资产总计			负债和净资产总计		

收入支出表

会事业 02 表

编制单位：　　　　　　　　　　　年　　　　月　　　　　　　　　　单位：元

项目	本月数	本年累计数
一、本期财政补助结转结余		
财政补助收入		
减：事业支出（财政补助支出）		
二、本期事业结转结余		
（一）事业类收入		
1. 事业收入		
2. 上级补助收入		
3. 附属单位上缴收入		
4. 其他收入		
其中：捐赠收入		
减：（二）事业类支出		
1. 事业支出（非财政补助支出）		
2. 上缴上级支出		
3 对附属单位补助支出		
4. 其他支出		
三、本期经营结余		
经营收入		
减：经营支出		
四、弥补以前年度亏损后的经营结余		
五、本年非财政补助结转结余		
减：非财政补助结转		
六、本年非财政补助结余		
减：应缴企业所得税		
减：提取专用基金		
七、转入事业基金		

财政补助收入支出表

会事业 03 表

编制单位：　　　　　　　　　　　　　　　　　　年度　　　　　　　　　　　单位：元

项目	本年数	上年数
一、年初财政补助结转结余		—
（一）基本支出结转		—
1. 人员经费		—
2. 日常公用经费		—
（二）项目支出结转		—
××项目		—
（三）项目支出结余		—
二、调整年初财政补助结转结余		—
（一）基本支出结转		—
1. 人员经费		—
2. 日常公用经费		—
（二）项目支出结转		—
××项目		—
（三）项目支出结余		—
三、本年归集调入财政补助结转结余		
（一）基本支出结转		
1. 人员经费		
2. 日常公用经费		
（二）项目支出结转		
××项目		
（三）项目支出结余		
四、本年上缴财政补助结转结余		
（一）基本支出结转		
1. 人员经费		
2. 日常公用经费		
（二）项目支出结转		
××项目		
（三）项目支出结余		
五、本年财政补助收入		
（一）基本支出		
1. 人员经费		
2. 日常公用经费		
（二）项目支出		
××项目		
六、本年财政补助支出		

续表

项目	本年数	上年数
（一）基本支出		
1. 人员经费		
2. 日常公用经费		
（二）项目支出		
××项目		
七、年末财政补助结转结余		—
（一）基本支出结转		—
1. 人员经费		—
2. 日常公用经费		—
（二）项目支出结转		—
××项目		—
（三）项目支出结余		—

第五部分　财务报表编制说明

一、资产负债表编制说明

（一）本表反映事业单位在某一特定日期全部资产、负债和净资产的情况。

（二）本表"年初余额"栏内各项数字，应当根据上年年末资产负债表"期末余额"栏内数字填列。如果本年度资产负债表规定的各个项目的名称和内容同上年度不相一致，应对上年年末资产负债表各项目的名称和数字按照本年度的规定进行调整，填入本表"年初余额"栏内。

（三）本表"期末余额"栏各项目的内容和填列方法：

1. 资产类项目

（1）"货币资金"项目，反映事业单位期末库存现金、银行存款和零余额账户用款额度的合计数。本项目应当根据"库存现金"、"银行存款"、"零余额账户用款额度"科目的期末余额合计填列。

（2）"短期投资"项目，反映事业单位期末持有的短期投资成本。本项目应当根据"短期投资"科目的期末余额填列。

（3）"财政应返还额度"项目，反映事业单位期末财政应返还额度的金额。本项目应当根据"财政应返还额度"科目的期末余额填列。

（4）"应收票据"项目，反映事业单位期末持有的应收票据的票面金额。本项目应当根据"应收票据"科目的期末余额填列。

（5）"应收账款"项目，反映事业单位期末尚未收回的应收账款余额。本项目应当根据"应收账款"科目的期末余额填列。

（6）"预付账款"项目，反映事业单位预付给商品或者劳务供应单位的款项。本项目应当根据"预付账款"科目的期末余额填列。

（7）"其他应收款"项目，反映事业单位期末尚未收回的其他应收款余额。本项目应当根据"其他应收款"科目的期末余额填列。

（8）"存货"项目，反映事业单位期末为开展业务活动及其他活动耗用而储存的各种材料、燃料、包装物、低值易耗品及达不到固定资产标准的用具、装具、动植物等的实际成本。本项目应当根据"存货"科目的期末余额填列。

（9）"其他流动资产"项目，反映事业单位除上述各项之外的其他流动资产，如将在1年内（含1年）到期的长期债券投资。本项目应当根据"长期投资"等科目的期末余额分析填列。

（10）"长期投资"项目，反映事业单位持有时间超过1年（不含1年）的股权和债权性质的投资。本项目应当根据"长期投资"科目期末余额减去其中将于1年内（含1年）到期的长期债券投资余额后的金额填列。

（11）"固定资产"项目，反映事业单位期末各项固定资产的账面价值。本项目应当根据"固定资产"科目期末余额减去"累计折旧"科目期末余额后的金额填列。

"固定资产原价"项目，反映事业单位期末各项固定资产的原价。本项目应当根据"固定资产"科目的期末余额填列。

"累计折旧"项目，反映事业单位期末各项固定资产的累计折旧。本项目应当根据"累计折旧"科目的期末余额填列。

（12）"在建工程"项目，反映事业单位期末尚未完工交付使用的在建工程发生的实际成本。本项目应当根据"在建工程"科目的期末余额填列。

（13）"无形资产"项目，反映事业单位期末持有的各项无形资产的账面价值。本项目应当根据"无形资产"科目期末余额减去"累计摊销"科目期末余额后的金额填列。

"无形资产原价"项目，反映事业单位期末持有的各项无形资产的原价。本项目应当根据"无形资产"科目的期末余额填列。

"累计摊销"项目，反映事业单位期末各项无形资产的累计摊销。本项目应当根据"累计摊销"科目的期末余额填列。

（14）"待处置资产损溢"项目，反映事业单位期末待处置资产的价值及处置损溢。本项目应当根据"待处置资产损溢"科目的期末借方余额填列；如"待处置资产损溢"科目期末为贷方余额，则以"－"号填列。

（15）"非流动资产合计"项目，按照"长期投资"、"固定资产"、"在建工程"、"无形资产"、"待处置资产损溢"项目金额的合计数填列。

2. 负债类项目

（16）"短期借款"项目，反映事业单位借入的期限在1年内（含1年）的各种借款。本项目应当根据"短期借款"科目的期末余额填列。

（17）"应缴税费"项目，反映事业单位应交未交的各种税费。本项目应当根据"应缴税费"科目的期末贷方余额填列；如"应缴税费"科目期末为借方余额，则以"－"号填列。

（18）"应缴国库款"项目，反映事业单位按规定应缴入国库的款项（应缴税费除外）。本项目应当根据"应缴国库款"科目的期末余额填列。

（19）"应缴财政专户款"项目，反映事业单位按规定应缴入财政专户的款项。本项目应当根据"应缴财政专户款"科目的期末余额填列。

（20）"应付职工薪酬"项目，反映事业单位按有关规定应付给职工及为职工支付的各种薪酬。本项目应当根据"应付职工薪酬"科目的期末余额填列。

（21）"应付票据"项目，反映事业单位期末应付票据的金额。本项目应当根据"应付票据"科目的期末余额填列。

（22）"应付账款"项目，反映事业单位期末尚未支付的应付账款的金额。本项目应当根据"应付账款"科目的期末余额填列。

（23）"预收账款"项目，反映事业单位期末按合同规定预收但尚未实际结算的款项。本项目应当根据"预收账款"科目的期末余额填列。

（24）"其他应付款"项目，反映事业单位期末应付未付的其他各项应付及暂收款项。本项目应当根据"其他应付款"科目的期末余额填列。

（25）"其他流动负债"项目，反映事业单位除上述各项之外的其他流动负债，如承担的将于1年内（含1年）偿还的长期负债。本项目应当根据"长期借款"、"长期应付款"等科目的期末余额分析填列。

（26）"长期借款"项目，反映事业单位借入的期限超过1年（不含1年）的各项借款本金。本项目应当根据"长期借款"科目的期末余额减去其中将于 1 年内（含 1 年）到期的长期借款余额后的金额填列。

（27）"长期应付款"项目，反映事业单位发生的偿还期限超过 1 年（不含 1 年）的各种应付款项。本项目应当根据"长期应付款"科目的期末余额减去其中将于 1 年内（含 1 年）到期的长期应付款余额后的金额填列。

3. 净资产类项目

（28）"事业基金"项目，反映事业单位期末拥有的非限定用途的净资产。本项目应当根据"事业基金"科目的期末余额填列。

（29）"非流动资产基金"项目，反映事业单位期末非流动资产占用的金额。本项目应当根据"非流动资产基金"科目的期末余额填列。

（30）"专用基金"项目，反映事业单位按规定设置或提取的具有专门用途的净资产。本项目应当根据"专用基金"科目的期末余额填列。

（31）"财政补助结转"项目，反映事业单位滚存的财政补助结转资金。本项目应当根据"财政补助结转"科目的期末余额填列。

（32）"财政补助结余"项目，反映事业单位滚存的财政补助项目支出结余资金。本项目应当根据"财政补助结余"科目的期末余额填列。

（33）"非财政补助结转"项目，反映事业单位滚存的非财政补助专项结转资金。本项目应当根据"非财政补助结转"科目的期末余额填列。

（34）"非财政补助结余"项目，反映事业单位自年初至报告期末累计实现的非财政补助结余弥补以前年度经营亏损后的余额。本项目应当根据"事业结余"、"经营结余"科目的期末余额合计填列；如"事业结余"、"经营结余"科目的期末余额合计为亏损数，则以"一"号填列。在编制年度资产负债表时，本项目金额一般应为"0"；若不为"0"，本项目金额应为"经营结余"科目的期末借方余额（"一"号填列）。

"事业结余"项目，反映事业单位自年初至报告期末累计实现的事业结余。本项目应当根据"事业结余"科目的期末余额填列；如"事业结余"科目的期末余额为亏损数，则以"一"号填列。在编制年度资产负债表时，本项目金额应为"0"。

"经营结余"项目，反映事业单位自年初至报告期末累计实现的经营结余弥补以前年度经营亏损后的余额。本项目应当根据"经营结余"科目的期末余额填列；如"经营结余"科目的期末余额为亏损数，则以"一"号填列。在编制年度资产负债表时，本项目金额一般应为"0"；若不为"0"，本项目金额应为"经营结余"科目的期末借方余额（"一"号填列）。

二、收入支出表编制说明

（一）本表反映事业单位在某一会计期间内各项收入、支出和结转结余情况，以及年末非财政补助结余的分配情况。

（二）本表"本月数"栏反映各项目的本月实际发生数。在编制年度收入支出表时，应当将本栏改为"上年数"栏，反映上年度各项目的实际发生数；如果本年度收入支出表规定的各个项目的名称和内容同上年度不一致，应对上年度收入支出表各项目的名称和数字按照本年度的规定进行调整，填入本年度收入支出表的"上年数"栏。

本表"本年累计数"栏反映各项目自年初起至报告期末止的累计实际发生数。编制年度收入支出表时，应当将本栏改为"本年数"。

（三）本表"本月数"栏各项目的内容和填列方法：

1. 本期财政补助结转结余

（1）"本期财政补助结转结余"项目，反映事业单位本期财政补助收入与财政补助支出相抵后的余额。本项目应当按照本表中"财政补助收入"项目金额减去"事业支出（财政补助支出）"项目金额后的余额填列。

（2）"财政补助收入"项目，反映事业单位本期从同级财政部门取得的各类财政拨款。本项目应当根据"财政补助收入"科目的本期发生额填列。

（3）"事业支出（财政补助支出）"项目，反映事业单位本期使用财政补助发生的各项事业支出。本项目应当根据"事业支出——财政补助支出"科目的本期发生额填列，或者根据"事业支出——基本支出（财政补助支出）"、"事业支出——项目支出（财政补助支出）"科目的本期发生额合计填列。

2. 本期事业结转结余

（4）"本期事业结转结余"项目，反映事业单位本期除财政补助收支、经营收支以外的各项收支相抵后的余额。本项目应当按照本表中"事业类收入"项目金额减去"事业类支出"项目金额后的余额填列；如为负数，以"—"号填列。

（5）"事业类收入"项目，反映事业单位本期事业收入、上级补助收入、附属单位上缴收入、其他收入的合计数。本项目应当按照本表中"事业收入"、"上级补助收入"、"附属单位上缴收入"、"其他收入"项目金额的合计数填列。

"事业收入"项目，反映事业单位开展专业业务活动及其辅助活动取得的收入。本项目应当根据"事业收入"科目的本期发生额填列。

"上级补助收入"项目，反映事业单位从主管部门和上级单位取得的非财政补助收入。本项目应当根据"上级补助收入"科目的本期发生额填列。

"附属单位上缴收入"项目，反映事业单位附属独立核算单位按照有关规定上缴的收入。本项目应当根据"附属单位上缴收入"科目的本期发生额填列。

"其他收入"项目，反映事业单位除财政补助收入、事业收入、上级补助收入、附属单位上缴收入、经营收入以外的其他收入。本项目应当根据"其他收入"科目的本期发生额填列。

"捐赠收入"项目，反映事业单位接受现金、存货捐赠取得的收入。本项目应当根据"其他收入"科目所属相关明细科目的本期发生额填列。

(6)"事业类支出"项目，反映事业单位本期事业支出（非财政补助支出）、上缴上级支出、对附属单位补助支出、其他支出的合计数。本项目应当按照本表中"事业支出（非财政补助支出）"、"上缴上级支出"、"对附属单位补助支出"、"其他支出"项目金额的合计数填列。

"事业支出（非财政补助支出）"项目，反映事业单位使用财政补助以外的资金发生的各项事业支出。本项目应当根据"事业支出——非财政专项资金支出"、"事业支出——其他资金支出"科目的本期发生额合计填列，或者根据"事业支出——基本支出（其他资金支出）"、"事业支出——项目支出（非财政专项资金支出、其他资金支出）"科目的本期发生额合计填列。

"上缴上级支出"项目，反映事业单位按照财政部门和主管部门的规定上缴上级单位的支出。本项目应当根据"上缴上级支出"科目的本期发生额填列。

"对附属单位补助支出"项目，反映事业单位用财政补助收入之外的收入对附属单位补助发生的支出。本项目应当根据"对附属单位补助支出"科目的本期发生额填列。

"其他支出"项目，反映事业单位除事业支出、上缴上级支出、对附属单位补助支出、经营支出以外的其他支出。本项目应当根据"其他支出"科目的本期发生额填列。

3. 本期经营结余

（7）"本期经营结余"项目，反映事业单位本期经营收支相抵后的余额。本项目应当按照本表中"经营收入"项目金额减去"经营支出"项目金额后的余额填列；如为负数，以"－"号填列。

（8）"经营收入"项目，反映事业单位在专业业务活动及其辅助活动之外开展非独立核算经营活动取得的收入。本项目应当根据"经营收入"科目的本期发生额填列。

（9）"经营支出"项目，反映事业单位在专业业务活动及其辅助活动之外开展非独立核算经营活动发生的支出。本项目应当根据"经营支出"科目的本期发生额填列。

4. 弥补以前年度亏损后的经营结余

（10）"弥补以前年度亏损后的经营结余"项目，反映事业单位本年度实现的经营结余扣除本年初未弥补经营亏损后的余额。本项目应当根据"经营结余"科目年末转入"非财政补助结余分配"科目前的余额填列；如该年末余额为借方余额，以"－"号填列。

5. 本年非财政补助结转结余

（11）"本年非财政补助结转结余"项目，反映事业单位本年除财政补助结转结余之外的结转结余金额。如本表中"弥补以前年度亏损后的经营结余"项目为正数，本项目应当按照本表中"本期事业结转结余"、"弥补以前年度亏损后的经营结余"项目金额的合计数填列；如为负数，以"－"号填列。如本表中"弥补以前年度亏损后的经营结余"项目为负数，本项目应当按照本表中"本期事业结转结余"项目金额填列；如为负数，以"－"号填列。

（12）"非财政补助结转"项目，反映事业单位本年除财政补助收支外的各专项资金收入减去各专项资金支出后的余额。本项目应当根据"非财政补助结转"科目本年贷方发生额中专项资金收入转入金额合计数减去本年借方发生额中专项资金支出转入金额合计数后的余额填列。

6. 本年非财政补助结余

（13）"本年非财政补助结余"项目，反映事业单位本年除财政补助之外的其他结余金额。本项目应当按照本表中"本年非财政补助结转结余"项目金额减去"非财政补助结转"项目金额后的金额填列；如为负数，以"－"号填列。

（14）"应缴企业所得税"项目，反映事业单位按照税法规定应缴纳的企业所得税金额。本项目应当根据"非财政补助结余分配"科目的本年发生额分析填列。

（15）"提取专用基金"项目，反映事业单位本年按规定提取的专用基金金额。本项目应当根据"非财政补助结余分配"科目的本年发生额分析填列。

7. 转入事业基金

（16）"转入事业基金"项目，反映事业单位本年按规定转入事业基金的非财政补助结余资金。本项目应当按照本表中"本年非财政补助结余"项目金额减去"应缴企业所得税"、"提取专用基金"项目金额后的余额填列；如为负数，以"一"号填列。

上述（10）至（16）项目，只有在编制年度收入支出表时才填列；编制月度收入支出表时，可以不设置此 7 个项目。

三、财政补助收入支出表编制说明

（一）本表反映事业单位某一会计年度财政补助收入、支出、结转及结余情况。

（二）本表"上年数"栏内各项数字，应当根据上年度财政补助收入支出表"本年数"栏内数字填列。

（三）本表"本年数"栏各项目的内容和填列方法：

1. "年初财政补助结转结余"项目及其所属各明细项目，反映事业单位本年初财政补助结转和结余余额。各项目应当根据上年度财政补助收入支出表中"年末财政补助结转结余"项目及其所属各明细项目"本年数"栏的数字填列。

2. "调整年初财政补助结转结余"项目及其所属各明细项目，反映事业单位因本年发生需要调整以前年度财政补助结转结余的事项，而对年初财政补助结转结余的调整金额。各项目应当根据"财政补助结转"、"财政补助结余"科目及其所属明细科目的本年发生额分析填列。如调整减少年初财政补助结转结余，以"一"号填列。

3. "本年归集调入财政补助结转结余"项目及其所属各明细项目，反映事业单位本年度取得主管部门归集调入的财政补助结转结余资金或额度金额。各项目应当根据"财政补助结转"、"财政补助结余"科目及其所属明细科目的本年发生额分析填列。

4. "本年上缴财政补助结转结余"项目及其所属各明细项目，反映事业单位本年度按规定实际上缴的财政补助结转结余资金或额度金额。各项目应当根据"财政补助结转"、"财政补助结余"科目及其所属明细科目的本年发生额分析填列。

5. "本年财政补助收入"项目及其所属各明细项目，反映事业单位本年度从同级财政部门取得的各类财政拨款金额。各项目应当根据"财政补助收入"科目及其所属明细科目的本年发生额填列。

6. "本年财政补助支出"项目及其所属各明细项目，反映事业单位本年度发生的财政补助支出金额。各项目应当根据"事业支出"科目所属明细科目本年发生额中的财政补助支出数填列。

7. "年末财政补助结转结余"项目及其所属各明细项目，反映事业单位截至本年末的财政补助结转和结余余额。各项目应当根据"财政补助结转"、"财政补助结余"科目及其所属明细科目的年末余额填列。

四、附注

事业单位的会计报表附注至少应当披露下列内容：

（一）遵循《事业单位会计准则》、《事业单位会计制度》的声明；

（二）单位整体财务状况、业务活动情况的说明；

（三）会计报表中列示的重要项目的进一步说明，包括其主要构成、增减变动情况等；

（四）重要资产处置情况的说明；

（五）重大投资、借款活动的说明；

（六）以名义金额计量的资产名称、数量等情况，以及以名义金额计量理由的说明；

（七）以前年度结转结余调整情况的说明；

（八）有助于理解和分析会计报表需要说明的其他事项。

附录四　新旧事业单位会计制度有关衔接问题的处理规定

(2013 年 1 月 10 日　财会〔2013〕2 号)

　　我部对 1997 年 7 月印发的《事业单位会计制度》(财预字〔1997〕288 号)(以下简称原制度)进行了全面修订,于 2012 年 12 月 19 日发布了新《事业单位会计制度》(财会〔2012〕22 号)(以下简称新制度),自 2013 年 1 月 1 日起施行。为了确保新旧制度顺利过渡,现对事业单位执行新制度的有关衔接问题规定如下:

一、新旧制度衔接总要求

　　(一)自 2013 年 1 月 1 日起,事业单位应当严格按照新制度的规定进行会计核算和编报财务报表。

　　(二)事业单位应当按照本规定做好新旧制度的衔接。相关工作包括以下几个方面:

　　1. 根据原账编制 2012 年 12 月 31 日的科目余额表。

　　2. 按照新制度设立 2013 年 1 月 1 日的新账。

　　3. 将 2012 年 12 月 31 日原账科目余额按照本规定进行调整(包括新旧结转调整和基建并账调整),按调整后的科目余额编制科目余额表,作为新账各会计科目的期初余额。上述"原账中各会计科目"指原制度规定的会计科目,以及参照财政部印发的相关补充规定增设的会计科目。

　　新旧会计科目对照情况参见本规定附表。

　　4. 根据新账各会计科目期初余额,按照新制度编制 2013 年 1 月 1 日期初资产负债表。

　　(三)及时调整会计信息系统。事业单位应当对原有会计核算软件和会计信息系统进行及时更新和调试，正确实现数据转换，确保新旧账套的有序衔接。

二、将原账科目余额转入新账

（一）资产类

1. "现金"、"银行存款"、"零余额账户用款额度"、"财政应返还额度"、"应收票据"、"应收账款"、"预付账款"、"其他应收款"科目。

新制度设置了"库存现金"、"银行存款"、"零余额账户用款额度"、"财政应返还额度"、"应收票据"、"应收账款"、"预付账款"、"其他应收款"科目，其核算内容与原账中上述相应科目的核算内容基本相同。转账时，应将原账中上述科目的余额直接转入新账中相应科目。新账中相应科目设有明细科目的，应将原账中上述科目的余额加以分析，分别转入新账中相应科目的相关明细科目。

2. "材料"、"产成品"、"成本费用"科目。

新制度未设置"材料"、"产成品"、"成本费用"科目，但设置了"存货"科目，其核算范围包括原账中"材料"、"产成品"、"成本费用"科目的核算内容。转账时，应将原账中"材料"、"产成品"、"成本费用"科目的余额分析转入新账中"存货"科目的相关明细科目。

3. "对外投资"科目。

新制度将事业单位的对外投资划分为短期投资和长期投资，相应设置了"短期投资"、"长期投资"两个科目，两个科目的核算内容与原账中"对外投资"科目的核算内容基本相同。转账时，应对原账中"对外投资"科目的余额进行分析：将依法取得的、持有时间不超过1年（含1年）的对外投资余额转入新账中"短期投资"科目，将剩余余额转入新账中"长期投资"科目。

4. "固定资产"科目。

新制度设置了"固定资产"科目，由于固定资产价值标准提高，原账中作为固定资产核算的实物资产，将有一部分要按照新制度转为低值易耗品。转账时，应当根据重新确定的固定资产目录，对原账中"固定资产"科目的余额进行分析：

（1）对于达不到新制度中固定资产确认标准的，应当将相应余额转入新账中"存货"科目，将相应的"固定基金"科目余额转入新账中"事业基金"科目；对于已领用出库的，还应同时将其成本一次性摊销，同时做好相关实物资产的登记管理工作，在新账中，借记"事业基金"科目，贷记"存货"科目。

（2）对于符合新制度中固定资产确认标准的，应当将相应余额转入新账中"固定资产"科目。

5."无形资产"科目。

新制度设置了"无形资产"科目，核算无形资产的原价。原账中"无形资产"科目余额反映的是尚未摊销的无形资产价值。转账时，将原账中"无形资产"科目的余额转入新账中的"无形资产"科目，同时将相应的"事业基金"科目余额转入新账中"非流动资产基金——无形资产"科目。

事业单位按新制度规定对无形资产进行摊销的，应当自 2013 年 1 月 1 日起设置和启用"累计摊销"科目，以"无形资产"科目 2013 年 1 月 1 日的期初余额为原价，按新制度规定进行摊销。

（二）负债类

1."借入款项"科目。

新制度将事业单位的借入款项划分为短期借款和长期借款，相应设置了"短期借款"、"长期借款"两个科目，两个科目的核算内容与原账中"借入款项"科目的核算内容基本相同。转账时，应对原账中"借入款项"科目的余额进行分析：将期限在 1 年内（含 1 年）的各种借款余额转入新账中"短期借款"科目，将剩余余额转入新账中"长期借款"科目。

2."应交税金"、"应缴预算款"、"应缴财政专户款"科目。

新制度设置了"应缴税费"、"应缴国库款"、"应缴财政专户款"科目，其核算内容与原账中"应交税金"、"应缴预算款"、"应缴财政专户款"科目的核算内容基本相同。转账时，应将原账中"应交税金"、"应缴预算款"、"应缴财政专户款"科目的余额分别直接转入新账中的"应缴税费"、"应缴国库款"、"应缴财政专户款"科目。

3."应付工资（离退休费）"、"应付地方（部门）津贴补贴"、"应付其他个人收入"科目。

新制度未设置"应付工资（离退休费）"、"应付地方（部门）津贴补贴"、"应付其他个人收入"科目，但设置了"应付职工薪酬"科目，其核算内容涵盖了原账中上述三个科目的核算内容，并包括应付的社会保险费和住房公积金等。事业单位应在新账中该科目下按照国家有关规定设置明细科目。转账时，应将原账中"应付工资（离退休费）"、"应付地方（部门）津贴补贴"、"应付其他个人收入"科目的余额分别转入新账中"应付职工薪酬"科目的相关明细科目，并对原账中"其他应付款"科目的余额进行分析，将其中属于事业单位应付的社会保险费和住房公积金等的余额，转入新账中"应付职工薪酬"科目的相关明细科目。

4. "应付票据"、"应付账款"、"预收账款"科目。

新制度设置了"应付票据"、"预收账款"科目，其核算内容与原账中上述相应科目的核算内容基本相同。转账时，应将原账中上述科目的余额直接转入新账中相应科目。

新制度设置了"应付账款"科目，其核算内容与原账中上述相应科目的核算内容基本相同，但不包括偿还期在 1 年以上（不含 1 年）的应付账款，如跨年度分期付款购入固定资产的价款等。转账时，应当对"应付账款"科目进行分析，将偿还期在 1 年以上（不含 1 年）的应付账款的余额转入新账中的"长期应付款"科目；将剩余余额，转入新账中"应付账款"科目。

5. "其他应付款"科目。

新制度设置了"其他应付款"科目。该科目的核算范围比原账中"其他应付款"科目的核算范围小，不包括事业单位应付的社会保险费和住房公积金，以及偿还期限在 1 年以上（不含 1 年）的应付款项，如以融资租赁租入的固定资产租赁费等，相应内容转由新制度下"应付职工薪酬"、"长期应付款"科目核算。转账时，应将原账中"其他应付款"科目的余额进行分析：将其中属于应付的社会保险费和住房公积金的余额，转入新账中"应付职工薪酬"科目；将其中属于偿还期限在 1 年以上（不含 1 年）的应付款项的余额，转入新账中"长期应付款"科目；将剩余余额，转入新账中"其他应付款"科目。

（三）净资产类

1. "事业基金"科目。

新制度设置了"事业基金"科目，但不再在该科目下设置"一般基金"、"投资基金"明细科目，其核算范围也较原账中"事业基金"科目发生变化，不再包括财政补助结转和财政补助结余。转账时，应将原账中"事业基金"科目所属"投资基金"明细科目的余额分析转入新账中"非流动资产基金——长期投资"科目，并对所属"一般基金"明细科目的余额（扣除转入新账中"非流动资产基金——无形资产"科目数额后的余额）进行分析：对属于新制度下财政补助结转的余额转入新账中"财政补助结转"科目；对属于新制度下财政补助结余的余额转入新账中"财政补助结余"科目；将剩余余额，转入新账中"事业基金"科目。

2. "固定基金"科目。

新制度未设置"固定基金"科目，但设置了"非流动资产基金"科目，核算事业单位长期投资、固定资产、在建工程、无形资产等非流动资产占用的金额。转账时，应将原账中"固定基金"科目的余额（扣除转为存货的固定资产对应的固定基金数额后的余额）转入新账中"非流动资产基金——固定资产"科目。

3. "专用基金"科目。

新制度设置了"专用基金"科目，转账时，应将原账中"专用基金"科目的余额分析转入新账中"专用基金"科目的相关明细科目。

4. "经营结余"科目。

新制度设置了"经营结余"科目，其核算范围与原账中"经营结余"科目的核算范围基本相同。转账时，如果原账中"经营结余"科目有借方余额，应直接转入新账中"经营结余"科目。

5. "事业结余"、"结余分配"科目。

新制度设置了"事业结余"科目，其核算范围较原账中"事业结余"科目发生变化，不再包括财政补助结转和财政补助结余；新制度未设置"结余分配"科目，但设置了"非财政补助结余分配"科目，核算事业单位本年度非财政补助结余分配的情况和结果。因原账中"事业结余"、"结余分配"科目一般无余额，不需进行转账处理。"事业结余"、"非财政补助结余分配"科目自2013年1月1日起直接启用新账即可。

（四）收入支出类

1. "财政补助收入"、"事业收入"、"上级补助收入"、"附属单位缴款"、"经营收入"、"其他收入"、"拨出经费"、"事业支出"、"上缴上级支出"、"对附属单位补助"、"经营支出"、"销售税金"、"结转自筹基建"科目。

由于上述原账中收入支出类科目年末无余额，不需进行转账处理。自2013年1月1日起，应当按照新制度设置收入支出类科目并进行账务处理。

2. "拨入专款"、"拨出专款"、"专款支出"科目。

新制度未设置"拨入专款"、"拨出专款"、"专款支出"科目。转账时，应将原账中"拨入专款"科目的余额转入新账中"非财政补助结转"科目的贷方，将原账中"拨出专款"、"专款支出"科目的余额转入新账中"非财政补助结转"科目的借方。

三、按照新制度将基建账相关数据并入新账

事业单位应当按照新制度的要求，在按国家有关规定单独核算基本建设投资的同时，将基建账相关数据并入单位会计"大账"。新制度设置了"在建工程"科目，该科目为新设科目。事业单位应当在新账中"在建工程"科目下设置"基建工程"明细科目，核算由基建账并入的在建工程成本。

将 2012 年 12 月 31 日原基建账中相关科目余额并入新账时：按照基建账中"建筑安装工程投资"、"设备投资"、"待摊投资"、"预付工程款"等科目余额，借记新账中"在建工程——基建工程"科目；按照基建账中"交付使用资产"等科目余额，借记新账中"固定资产"等科目；按照基建账中"基建投资借款"科目余额，贷记新账中"长期借款"科目；按照基建账中"建筑安装工程投资"、"设备投资"、"待摊投资"、"预付工程款"、"交付使用资产"等科目余额，贷记新账中"非流动资产基金"科目的相关明细科目；按照基建账中"基建拨款"科目余额中归属于财政补助结转的部分，贷记新账中"财政补助结转"科目；按照基建账中其他科目余额，分析调整新账中相应科目；按照上述借贷方差额，贷记或借记新账中"事业基金"科目。

事业单位执行新制度后，应当至少按月根据基建账中相关科目的发生额，在"大账"中按照新制度对基建相关业务进行会计处理。

四、财务报表新旧衔接

（一）编制 2013 年 1 月 1 日期初资产负债表

事业单位应当根据新账各会计科目期初余额，按照新制度编制 2013 年 1 月 1 日期初资产负债表。

（二）事业单位 2013 年度财务报表的编制

事业单位应当按照新制度规定编制 2013 年的月度、年度财务报表。在

编制 2013 年度收入支出表、财政补助收入支出表时，不要求填列上年比较数。

五、其他衔接事项

新制度设置了"累计折旧"科目，核算事业单位固定资产计提的累计折旧。事业单位应当按照《事业单位财务规则》或相关财务制度的规定确定是否对固定资产计提折旧。不对固定资产计提折旧的，不设置"累计折旧"科目。对固定资产计提折旧的，应当按照新制度的规定设置"累计折旧"科目，并进行如下处理：（1）对执行新制度前形成的固定资产（不包括新旧转账时转入"存货"的固定资产），应当在 2013 年度全面核查其原价、截至 2013 年 12 月 31 日的已使用年限、尚可使用年限等，并于 2013 年 12 月 31 日对这些固定资产补提折旧，按照应计提的折旧金额，借记"非流动资产基金——固定资产"科目，贷记"累计折旧"科目，自 2014 年 1 月 1 日起对这些固定资产按照新制度的规定按月计提折旧；（2）对执行新制度后形成的固定资产，应当按照新制度的规定按月计提折旧。

附：新旧事业单位会计制度会计科目对照表

| 事业单位会计制度 财会〔2012〕22 号 | | | 事业单位会计制度 财预字〔1997〕288 号 | |
序号	科目编号	科目名称	编号	科目名称
		一、资产类		（一）资产类
1	1001	库存现金	101	现金
2	1002	银行存款	102	银行存款
3	1011	零余额账户用款额度		
4	1101	短期投资		
5	1201	财政应返还额度		
	120101	财政直接支付		
	120102	财政授权支付		
6	1211	应收票据	105	应收票据
7	1212	应收账款	106	应收账款
8	1213	预付账款	108	预付账款
9	1215	其他应收款	110	其他应收款
10	1301	存 货	115	材料
			116	产成品

事业单位会计制度 财会〔2012〕22 号			事业单位会计制度 财预字〔1997〕288 号	
序号	科目编号	科目名称	编号	科目名称
11	1401	长期投资	117	对外投资
12	1501	固定资产	120	固定资产
13	1502	累计折旧		
14	1511	在建工程		
15	1601	无形资产	124	无形资产
16	1602	累计摊销		
17	1701	待处置资产损溢		
		二、负债类		（二）负债类
18	2001	短期借款	201	借入款项
19	2101	应缴税费	210	应交税金
20	2102	应缴国库款		
21	2103	应缴财政专户款	209	应缴财政专户款
22	2201	应付职工薪酬		
23	2301	应付票据	202	应付票据
24	2302	应付账款	203	应付账款
25	2303	预收账款	204	预收账款
26	2305	其他应付款	207	其他应付款
27	2401	长期借款		
28	2402	长期应付款		
			208	应缴预算款
		三、净资产类		（三）净资产类
29	3001	事业基金	301	事业基金
30	3101	非流动资产基金		
	310101	长期投资		
	310102	固定资产		
	310103	在建工程		
	310104	无形资产		
			302	固定基金
31	3201	专用基金	303	专用基金
32	3301	财政补助结转		
	330101	基本支出结转		
	330102	项目支出结转		
33	3302	财政补助结余		
34	3401	非财政补助结转		
35	3402	事业结余	306	事业结余

续表

事业单位会计制度 财会〔2012〕22 号			事业单位会计制度 财预字〔1997〕288 号	
序号	科目编号	科目名称	编号	科目名称
36	3403	经营结余	307	经营结余
37	3404	非财政补助结余分配	308	结余分配
四、收入类			（四）收入类	
38	4001	财政补助收入	401	财政补助收入
39	4101	事业收入	405	事业收入
40	4201	上级补助收入	403	上级补助收入
41	4301	附属单位上缴收入	412	附属单位缴款
42	4401	经营收入	409	经营收入
43	4501	其他收入	413	其他收入
			404	拨入专款
五、支出类			（五）支出类	
44	5001	事业支出	504	事业支出
45	5101	上缴上级支出	516	上缴上级支出
46	5201	对附属单位补助支出	517	对附属单位补助
47	5301	经营支出	505	经营支出
48	5401	其他支出		
			501	拨出经费
			502	拨出专款
			503	专款支出
			509	成本费用
			512	销售税金
			520	结转自筹基建

附录五 行政事业单位内部控制规范（试行）

（2012 年 11 月 29 日 财会〔2012〕21 号）

第一章 总则

第一条 为了进一步提高行政事业单位内部管理水平，规范内部控制，加强廉政风险防控机制建设，根据《中华人民共和国会计法》、《中华人民共和国预算法》等法律法规和相关规定，制定本规范。

第二条 本规范适用于各级党的机关、人大机关、行政机关、政协机关、审判机关、检察机关、各民主党派机关、人民团体和事业单位（以下统称单位）经济活动的内部控制。

第三条 本规范所称内部控制，是指单位为实现控制目标，通过制定制度、实施措施和执行程序，对经济活动的风险进行防范和管控。

第四条 单位内部控制的目标主要包括：合理保证单位经济活动合法合规、资产安全和使用有效、财务信息真实完整，有效防范舞弊和预防腐败，提高公共服务的效率和效果。

第五条 单位建立与实施内部控制，应当遵循下列原则：

（一）全面性原则。内部控制应当贯穿单位经济活动的决策、执行和监督全过程，实现对经济活动的全面控制。

（二）重要性原则。在全面控制的基础上，内部控制应当关注单位重要经济活动和经济活动的重大风险。

（三）制衡性原则。内部控制应当在单位内部的部门管理、职责分工、业务流程等方面形成相互制约和相互监督。

（四）适应性原则。内部控制应当符合国家有关规定和单位的实际情况，并随着外部环境的变化、单位经济活动的调整和管理要求的提高，不断修订和完善。

第六条　单位负责人对本单位内部控制的建立健全和有效实施负责。

第七条　单位应当根据本规范建立适合本单位实际情况的内部控制体系，并组织实施。具体工作包括梳理单位各类经济活动的业务流程，明确业务环节，系统分析经济活动风险，确定风险点，选择风险应对策略，在此基础上根据国家有关规定建立健全单位各项内部管理制度并督促相关工作人员认真执行。

第二章　风险评估和控制方法

第八条　单位应当建立经济活动风险定期评估机制，对经济活动存在的风险进行全面、系统和客观评估。

经济活动风险评估至少每年进行一次；外部环境、经济活动或管理要求等发生重大变化的，应及时对经济活动风险进行重估。

第九条　单位开展经济活动风险评估应当成立风险评估工作小组，单位领导担任组长。

经济活动风险评估结果应当形成书面报告并及时提交单位领导班子，作为完善内部控制的依据。

第十条　单位进行单位层面的风险评估时，应当重点关注以下方面：

（一）内部控制工作的组织情况。包括是否确定内部控制职能部门或牵头部门；是否建立单位各部门在内部控制中的沟通协调和联动机制。

（二）内部控制机制的建设情况。包括经济活动的决策、执行、监督是否实现有效分离；权责是否对等；是否建立健全议事决策机制、岗位责任制、内部监督等机制。

（三）内部管理制度的完善情况。包括内部管理制度是否健全；执行是否有效。

（四）内部控制关键岗位工作人员的管理情况。包括是否建立工作人员的培训、评价、轮岗等机制；工作人员是否具备相应的资格和能力。

（五）财务信息的编报情况。包括是否按照国家统一的会计制度对经济业务事项进行账务处理；是否按照国家统一的会计制度编制财务会计报告。

（六）其他情况。

第十一条 单位进行经济活动业务层面的风险评估时，应当重点关注以下方面：

（一）预算管理情况。包括在预算编制过程中单位内部各部门间沟通协调是否充分，预算编制与资产配置是否相结合、与具体工作是否相对应；是否按照批复的额度和开支范围执行预算，进度是否合理，是否存在无预算、超预算支出等问题；决算编报是否真实、完整、准确、及时。

（二）收支管理情况。包括收入是否实现归口管理，是否按照规定及时向财会部门提供收入的有关凭据，是否按照规定保管和使用印章和票据等；发生支出事项时是否按照规定审核各类凭据的真实性、合法性，是否存在使用虚假票据套取资金的情形。

（三）政府采购管理情况。包括是否按照预算和计划组织政府采购业务；是否按照规定组织政府采购活动和执行验收程序；是否按照规定保存政府采购业务相关档案。

（四）资产管理情况。包括是否实现资产归口管理并明确使用责任；是否定期对资产进行清查盘点，对账实不符的情况及时进行处理；是否按照规定处置资产。

（五）建设项目管理情况。包括是否按照概算投资；是否严格履行审核审批程序；是否建立有效的招投标控制机制；是否存在截留、挤占、挪用、套取建设项目资金的情形；是否按照规定保存建设项目相关档案并及时办理移交手续。

（六）合同管理情况。包括是否实现合同归口管理；是否明确应签订合同的经济活动范围和条件；是否有效监控合同履行情况，是否建立合同纠纷协调机制。

（七）其他情况。

第十二条 单位内部控制的控制方法一般包括：

（一）不相容岗位相互分离。合理设置内部控制关键岗位，明确划分职责权限，实施相应的分离措施，形成相互制约、相互监督的工作机制。

（二）内部授权审批控制。明确各岗位办理业务和事项的权限范围、审批程序和相关责任，建立重大事项集体决策和会签制度。相关工作人员应当在授权范围内行使职权、办理业务。

（三）归口管理。根据本单位实际情况，按照权责对等的原则，采取成立联合工作小组并确定牵头部门或牵头人员等方式，对有关经济活动实行统一管理。

（四）预算控制。强化对经济活动的预算约束，使预算管理贯穿于单位经济活动的全过程。

（五）财产保护控制。建立资产日常管理制度和定期清查机制，采取资产记录、实物保管、定期盘点、账实核对等措施，确保资产安全完整。

（六）会计控制。建立健全本单位财会管理制度，加强会计机构建设，提高会计人员业务水平，强化会计人员岗位责任制，规范会计基础工作，加强会计档案管理，明确会计凭证、会计账簿和财务会计报告处理程序。

（七）单据控制。要求单位根据国家有关规定和单位的经济活动业务流程，在内部管理制度中明确界定各项经济活动所涉及的表单和票据，要求相关工作人员按照规定填制、审核、归档、保管单据。

（八）信息内部公开。建立健全经济活动相关信息内部公开制度，根据国家有关规定和单位的实际情况，确定信息内部公开的内容、范围、方式和程序。

第三章 单位层面内部控制

第十三条 单位应当单独设置内部控制职能部门或者确定内部控制牵头部门，负责组织协调内部控制工作。同时，应当充分发挥财会、内部审计、纪检监察、政府采购、基建、资产管理等部门或岗位在内部控制中的作用。

第十四条 单位经济活动的决策、执行和监督应当相互分离。

单位应当建立健全集体研究、专家论证和技术咨询相结合的议事决策机制。

重大经济事项的内部决策，应当由单位领导班子集体研究决定。重大经济事项的认定标准应当根据有关规定和本单位实际情况确定，一经确定，不得随意变更。

第十五条 单位应当建立健全内部控制关键岗位责任制，明确岗位职责及分工，确保不相容岗位相互分离、相互制约和相互监督。

单位应当实行内部控制关键岗位工作人员的轮岗制度，明确轮岗周期。不具备轮岗条件的单位应当采取专项审计等控制措施。

内部控制关键岗位主要包括预算业务管理、收支业务管理、政府采购业务管理、资产管理、建设项目管理、合同管理以及内部监督等经济活动的关键岗位。

第十六条 内部控制关键岗位工作人员应当具备与其工作岗位相适应的资格和能力。

单位应当加强内部控制关键岗位工作人员业务培训和职业道德教育，不断提升其业务水平和综合素质。

第十七条 单位应当根据《中华人民共和国会计法》的规定建立会计机构，配备具有相应资格和能力的会计人员。

单位应当根据实际发生的经济业务事项按照国家统一的会计制度及时进行账务处理、编制财务会计报告，确保财务信息真实、完整。

第十八条 单位应当充分运用现代科学技术手段加强内部控制。对信息系统建设实施归口管理，将经济活动及其内部控制流程嵌入单位信息系统中，减少或消除人为操纵因素，保护信息安全。

第四章　业务层面内部控制

第一节　预算业务控制

第十九条 单位应当建立健全预算编制、审批、执行、决算与评价等预算内部管理制度。

单位应当合理设置岗位，明确相关岗位的职责权限，确保预算编制、审批、执行、评价等不相容岗位相互分离。

第二十条 单位的预算编制应当做到程序规范、方法科学、编制及时、内容完整、项目细化、数据准确。

（一）单位应当正确把握预算编制有关政策，确保预算编制相关人员及时全面掌握相关规定。

（二）单位应当建立内部预算编制、预算执行、资产管理、基建管理、人事管理等部门或岗位的沟通协调机制，按照规定进行项目评审，确保预算编制部门及时取得和有效运用与预算编制相关的信息，根据工作计划细化预算编制，提高预算编制的科学性。

第二十一条 单位应当根据内设部门的职责和分工，对按照法定程序批复的预算在单位内部进行指标分解、审批下达，规范内部预算追加调整程序，发挥预算对经济活动的管控作用。

第二十二条 单位应当根据批复的预算安排各项收支，确保预算严格有效执行。

单位应当建立预算执行分析机制。定期通报各部门预算执行情况，召开预算执行分析会议，研究解决预算执行中存在的问题，提出改进措施，提高预算执行的有效性。

第二十三条　单位应当加强决算管理，确保决算真实、完整、准确、及时，加强决算分析工作，强化决算分析结果运用，建立健全单位预算与决算相互反映、相互促进的机制。

第二十四条　单位应当加强预算绩效管理，建立"预算编制有目标、预算执行有监控、预算完成有评价、评价结果有反馈、反馈结果有应用"的全过程预算绩效管理机制。

第二节　收支业务控制

第二十五条　单位应当建立健全收入内部管理制度。

单位应当合理设置岗位，明确相关岗位的职责权限，确保收款、会计核算等不相容岗位相互分离。

第二十六条　单位的各项收入应当由财会部门归口管理并进行会计核算，严禁设立账外账。

业务部门应当在涉及收入的合同协议签订后及时将合同等有关材料提交财会部门作为账务处理依据，确保各项收入应收尽收，及时入账。财会部门应当定期检查收入金额是否与合同约定相符；对应收未收项目应当查明情况，明确责任主体，落实催收责任。

第二十七条　有政府非税收入收缴职能的单位，应当按照规定项目和标准征收政府非税收入，按照规定开具财政票据，做到收缴分离、票款一致，并及时、足额上缴国库或财政专户，不得以任何形式截留、挪用或者私分。

第二十八条　单位应当建立健全票据管理制度。财政票据、发票等各类票据的申领、启用、核销、销毁均应履行规定手续。单位应当按照规定设置票据专管员，建立票据台账，做好票据的保管和序时登记工作。票据应当按照顺序号使用，不得拆本使用，做好废旧票据管理。负责保管票据的人员要配置单独的保险柜等保管设备，并做到人走柜锁。

单位不得违反规定转让、出借、代开、买卖财政票据、发票等票据，不得擅自扩大票据适用范围。

第二十九条　单位应当建立健全支出内部管理制度，确定单位经济活动的各项支出标准，明确支出报销流程，按照规定办理支出事项。

单位应当合理设置岗位，明确相关岗位的职责权限，确保支出申请和内部审批、付款审批和付款执行、业务经办和会计核算等不相容岗位相互分离。

第三十条 单位应当按照支出业务的类型，明确内部审批、审核、支付、核算和归档等支出各关键岗位的职责权限。实行国库集中支付的，应当严格按照财政国库管理制度有关规定执行。

（一）加强支出审批控制。明确支出的内部审批权限、程序、责任和相关控制措施。审批人应当在授权范围内审批，不得越权审批。

（二）加强支出审核控制。全面审核各类单据。重点审核单据来源是否合法，内容是否真实、完整，使用是否准确，是否符合预算，审批手续是否齐全。

支出凭证应当附反映支出明细内容的原始单据，并由经办人员签字或盖章，超出规定标准的支出事项应由经办人员说明原因并附审批依据，确保与经济业务事项相符。

（三）加强支付控制。明确报销业务流程，按照规定办理资金支付手续。签发的支付凭证应当进行登记。使用公务卡结算的，应当按照公务卡使用和管理有关规定办理业务。

（四）加强支出的核算和归档控制。由财会部门根据支出凭证及时准确登记账簿；与支出业务相关的合同等材料应当提交财会部门作为账务处理的依据。

第三十一条 根据国家规定可以举借债务的单位应当建立健全债务内部管理制度，明确债务管理岗位的职责权限，不得由一人办理债务业务的全过程。大额债务的举借和偿还属于重大经济事项，应当进行充分论证，并由单位领导班子集体研究决定。

单位应当做好债务的会计核算和档案保管工作。加强债务的对账和检查控制，定期与债权人核对债务余额，进行债务清理，防范和控制财务风险。

第三节　政府采购业务控制

第三十二条 单位应当建立健全政府采购预算与计划管理、政府采购活动管理、验收管理等政府采购内部管理制度。

第三十三条 单位应当明确相关岗位的职责权限，确保政府采购需求制定与内部审批、招标文件准备与复核、合同签订与验收、验收与保管等不相容岗位相互分离。

第三十四条 单位应当加强对政府采购业务预算与计划的管理。建立预算编制、政府采购和资产管理等部门或岗位之间的沟通协调机制。根据本单位实际需求和相关标准编制政府采购预算，按照已批复的预算安排政府采购计划。

第三十五条 单位应当加强对政府采购活动的管理。对政府采购活动实施归口管理，在政府采购活动中建立政府采购、资产管理、财会、内部审计、纪检监察等部门或岗位相互协调、相互制约的机制。

单位应当加强对政府采购申请的内部审核，按照规定选择政府采购方式、发布政府采购信息。对政府采购进口产品、变更政府采购方式等事项应当加强内部审核，严格履行审批手续。

第三十六条 单位应当加强对政府采购项目验收的管理。根据规定的验收制度和政府采购文件，由指定部门或专人对所购物品的品种、规格、数量、质量和其他相关内容进行验收，并出具验收证明。

第三十七条 单位应当加强对政府采购业务质疑投诉答复的管理。指定牵头部门负责、相关部门参加，按照国家有关规定做好政府采购业务质疑投诉答复工作。

第三十八条 单位应当加强对政府采购业务的记录控制。妥善保管政府采购预算与计划、各类批复文件、招标文件、投标文件、评标文件、合同文本、验收证明等政府采购业务相关资料。定期对政府采购业务信息进行分类统计，并在内部进行通报。

第三十九条 单位应当加强对涉密政府采购项目安全保密的管理。对于涉密政府采购项目，单位应当与相关供应商或采购中介机构签订保密协议或者在合同中设定保密条款。

第四节　资产控制

第四十条 单位应当对资产实行分类管理，建立健全资产内部管理制度。

单位应当合理设置岗位，明确相关岗位的职责权限，确保资产安全和有效使用。

第四十一条 单位应当建立健全货币资金管理岗位责任制，合理设置岗位，不得由一人办理货币资金业务的全过程，确保不相容岗位相互分离。

（一）出纳不得兼管稽核、会计档案保管和收入、支出、债权、债务账目的登记工作。

（二）严禁一人保管收付款项所需的全部印章。财务专用章应当由专人保管，个人名章应当由本人或其授权人员保管。负责保管印章的人员要配置单独的保管设备，并做到人走柜锁。

（三）按照规定应当由有关负责人签字或盖章的，应当严格履行签字或盖章手续。

第四十二条 单位应当加强对银行账户的管理，严格按照规定的审批权限和程序开立、变更和撤销银行账户。

第四十三条 单位应当加强货币资金的核查控制。指定不办理货币资金业务的会计人员定期和不定期抽查盘点库存现金，核对银行存款余额，抽查银行对账单、银行日记账及银行存款余额调节表，核对是否账实相符、账账相符。对调节不符、可能存在重大问题的未达账项应当及时查明原因，并按照相关规定处理。

第四十四条 单位应当加强对实物资产和无形资产的管理，明确相关部门和岗位的职责权限，强化对配置、使用和处置等关键环节的管控。

（一）对资产实施归口管理。明确资产使用和保管责任人，落实资产使用人在资产管理中的责任。贵重资产、危险资产、有保密等特殊要求的资产，应当指定专人保管、专人使用，并规定严格的接触限制条件和审批程序。

（二）按照国有资产管理相关规定，明确资产的调剂、租借、对外投资、处置的程序、审批权限和责任。

（三）建立资产台账，加强资产的实物管理。单位应当定期清查盘点资产，确保账实相符。财会、资产管理、资产使用等部门或岗位应当定期对账，发现不符的，应当及时查明原因，并按照相关规定处理。

（四）建立资产信息管理系统，做好资产的统计、报告、分析工作，实现对资产的动态管理。

第四十五条 单位应当根据国家有关规定加强对对外投资的管理。

（一）合理设置岗位，明确相关岗位的职责权限，确保对外投资的可行性研究与评估、对外投资决策与执行、对外投资处置的审批与执行等不相容岗位相互分离。

（二）单位对外投资，应当由单位领导班子集体研究决定。

（三）加强对投资项目的追踪管理，及时、全面、准确地记录对外投资的价值变动和投资收益情况。

（四）建立责任追究制度。对在对外投资中出现重大决策失误、未履行集体决策程序和不按规定执行对外投资业务的部门及人员，应当追究相应的责任。

第五节　建设项目控制

第四十六条　单位应当建立健全建设项目内部管理制度。

单位应当合理设置岗位，明确内部相关部门和岗位的职责权限，确保项目建议和可行性研究与项目决策、概预算编制与审核、项目实施与价款支付、竣工决算与竣工审计等不相容岗位相互分离。

第四十七条　单位应当建立与建设项目相关的议事决策机制，严禁任何个人单独决策或者擅自改变集体决策意见。决策过程及各方面意见应当形成书面文件，与相关资料一同妥善归档保管。

第四十八条　单位应当建立与建设项目相关的审核机制。项目建议书、可行性研究报告、概预算、竣工决算报告等应当由单位内部的规划、技术、财会、法律等相关工作人员或者根据国家有关规定委托具有相应资质的中介机构进行审核，出具评审意见。

第四十九条　单位应当依据国家有关规定组织建设项目招标工作，并接受有关部门的监督。

单位应当采取签订保密协议、限制接触等必要措施，确保标底编制、评标等工作在严格保密的情况下进行。

第五十条　单位应当按照审批单位下达的投资计划和预算对建设项目资金实行专款专用，严禁截留、挪用和超批复内容使用资金。

财会部门应当加强与建设项目承建单位的沟通，准确掌握建设进度，加强价款支付审核，按照规定办理价款结算。实行国库集中支付的建设项目，单位应当按照财政国库管理制度相关规定支付资金。

第五十一条　单位应当加强对建设项目档案的管理。做好相关文件、材料的收集、整理、归档和保管工作。

第五十二条　经批准的投资概算是工程投资的最高限额，如有调整，应当按照国家有关规定报经批准。

单位建设项目工程洽商和设计变更应当按照有关规定履行相应的审批

程序。

第五十三条 建设项目竣工后，单位应当按照规定的时限及时办理竣工决算，组织竣工决算审计，并根据批复的竣工决算和有关规定办理建设项目档案和资产移交等工作。

建设项目已实际投入使用但超时限未办理竣工决算的，单位应当根据对建设项目的实际投资暂估入账，转作相关资产管理。

第六节　合同控制

第五十四条 单位应当建立健全合同内部管理制度。

单位应当合理设置岗位，明确合同的授权审批和签署权限，妥善保管和使用合同专用章，严禁未经授权擅自以单位名义对外签订合同，严禁违规签订担保、投资和借贷合同。

单位应当对合同实施归口管理，建立财会部门与合同归口管理部门的沟通协调机制，实现合同管理与预算管理、收支管理相结合。

第五十五条 单位应当加强对合同订立的管理，明确合同订立的范围和条件。对于影响重大、涉及较高专业技术或法律关系复杂的合同，应当组织法律、技术、财会等工作人员参与谈判，必要时可聘请外部专家参与相关工作。谈判过程中的重要事项和参与谈判人员的主要意见，应当予以记录并妥善保管。

第五十六条 单位应当对合同履行情况实施有效监控。合同履行过程中，因对方或单位自身原因导致可能无法按时履行的，应当及时采取应对措施。

单位应当建立合同履行监督审查制度。对合同履行中签订补充合同，或变更、解除合同等应当按照国家有关规定进行审查。

第五十七条 财会部门应当根据合同履行情况办理价款结算和进行账务处理。未按照合同条款履约的，财会部门应当在付款之前向单位有关负责人报告。

第五十八条 合同归口管理部门应当加强对合同登记的管理，定期对合同进行统计、分类和归档，详细登记合同的订立、履行和变更情况，实行对合同的全过程管理。与单位经济活动相关的合同应当同时提交财会部门作为账务处理的依据。

单位应当加强合同信息安全保密工作，未经批准，不得以任何形式泄露合同订立与履行过程中涉及的国家秘密、工作秘密或商业秘密。

第五十九条　单位应当加强对合同纠纷的管理。合同发生纠纷的，单位应当在规定时效内与对方协商谈判。合同纠纷协商一致的，双方应当签订书面协议；合同纠纷经协商无法解决的，经办人员应向单位有关负责人报告，并根据合同约定选择仲裁或诉讼方式解决。

第五章　评价与监督

第六十条　单位应当建立健全内部监督制度，明确各相关部门或岗位在内部监督中的职责权限，规定内部监督的程序和要求，对内部控制建立与实施情况进行内部监督检查和自我评价。

内部监督应当与内部控制的建立和实施保持相对独立。

第六十一条　内部审计部门或岗位应当定期或不定期检查单位内部管理制度和机制的建立与执行情况，以及内部控制关键岗位及人员的设置情况等，及时发现内部控制存在的问题并提出改进建议。

第六十二条　单位应当根据本单位实际情况确定内部监督检查的方法、范围和频率。

第六十三条　单位负责人应当指定专门部门或专人负责对单位内部控制的有效性进行评价并出具单位内部控制自我评价报告。

第六十四条　国务院财政部门及其派出机构和县级以上地方各级人民政府财政部门应当对单位内部控制的建立和实施情况进行监督检查，有针对性地提出检查意见和建议，并督促单位进行整改。

国务院审计机关及其派出机构和县级以上地方各级人民政府审计机关对单位进行审计时，应当调查了解单位内部控制建立和实施的有效性，揭示相关内部控制的缺陷，有针对性地提出审计处理意见和建议，并督促单位进行整改。

第六章　附则

第六十五条　本规范自 2014 年 1 月 1 日起施行。